Dr. Deepak Chopra
DIE HEILENDE KRAFT

Christine Zelenter

Dr. Deepak Chopra

DIE HEILENDE KRAFT

Ayurveda, das altindische
Wissen vom Leben, und die modernen
Naturwissenschaften

Gustav Lübbe Verlag

Maharishi Mahesh Yogi
in tiefer Dankbarkeit gewidmet

© 1989 by Deepak Chopra
Titel der Originalausgabe: Quantum Healing.
Exploring the Frontiers of Mind/Body Medicine
Published by arrangement with Bantam Books, a division
of Bantam Doubleday Dell Publishing Group, Inc.

Translation © 1990 by Gustav Lübbe Verlag GmbH,
Bergisch Gladbach
Aus dem Amerikanischen von Michael Larrass
Redaktion: Anita Krätzer
Foto Schutzumschlag: Huber, Garmisch-Partenkirchen
Satz: Kremer-Druck GmbH, Lindlar
Druck und Einband: Friedrich Pustet, Regensburg

Printed in West Germany
ISBN 3-7857-0551-4

3. Auflage Mai 1991

Von Deepak Chopra sind bisher auf deutsch erschienen:
Gesundsein aus eigener Kraft
Die Rückkehr des Rishi

INHALT

EINE PERSÖNLICHE EINLEITUNG

»Ich habe einen chinesischen Patienten mit Nasenhöhlenkrebs im Endstadium. Sein Gesicht ist schon befallen, und er hat fast die ganze Zeit Schmerzen. Aber da er ebenfalls Arzt ist, meine ich, sollte er hören, was Sie zu sagen haben.« Ich nickte über den Tisch hinweg.

Ein später Oktobertag in Tokyo im Jahre 1987. Ich war in der Klinik eines japanischen Krebsspezialisten zu Besuch, von dem ich hoffte, daß er mir bei der Überprüfung einer neuen medizinischen Theorie helfen könnte. Mich beschäftigte eines der größten medizinischen Geheimnisse: der Heilungsprozeß. Worüber mein Gastgeber und ich seit mehr als einer Stunde sprachen, dafür besaß ich damals noch keinen Namen. Erst später fand ich den Begriff *Quantenheilung*.

Wir standen beide auf und machten uns auf den Weg zu den Stationen. Von den Fenstern sah man makellos gepflegte Zen-Gärten. Die Kinder schliefen schon auf ihrer Station, und so gingen wir eine Weile lang schweigend. Schließlich blieb mein Gastgeber vor einem Einzelzimmer stehen und öffnete die Tür. »Dr. Liang, haben Sie ein paar Minuten Zeit?« fragte er. Der Raum lag im Dämmer. Vor uns im Bett lag ein Mann von Mitte Vierzig – etwa so alt wie ich. Müde wandte er den Kopf. Wir drei hatten eines gemeinsam: Wir kamen aus Asien, aus dem Osten, und waren in den Westen gegangen, um uns in der dort praktizierten Medizin ausbilden zu lassen. Mein Gastgeber war Japaner, sein Patient Taiwanese und ich bin Inder von Geburt. Was uns unterschied: Der Mann im Bett würde in einem Monat tot sein. Er war Herzspezialist und vor weniger als einem Jahr war bei ihm ein Nasen-Rachen-Krebs festgestellt worden. Breite Binden verbargen schon sein Gesicht bis fast zu den Augen. Das gegenseitige Vorstellen war ein heikler Moment. Als ich Liang begrüßte, senkte ich meinen Blick nicht – aber er. »Wir sind gekommen, um ein wenig zu plaudern«, murmelte der japanische Arzt. »Sind Sie sehr müde?«

Der Mann im Bett machte eine höfliche Geste, und wir rückten unsere Stühle heran. Ich begann, die wichtigsten Ideen zu umreißen, die ich meinem Gastgeber schon mitgeteilt hatte. Es ging im wesentlichen um meine Überzeugung, daß die Heilung in erster Linie nicht ein körperlicher, sondern vielmehr ein geistiger Vorgang ist. Wenn wir Zeugen der Heilung eines gebrochenen Knochens oder der Rückbildung eines bösartigen Tumors werden, so neigen wir als Ärzte dazu, zunächst und vor allem auf die körperlichen Vorgänge zu achten. Doch was wir sehen, ist eher eine Art Bildschirm. Dahinter, so erklärte ich, liege etwas viel Abstrakteres, etwas, das weder gesehen noch berührt werden könne. Und doch sei ich mir dessen sicher, daß hier eine mächtige Kraft wirke, die wir noch nicht erfaßt hätten. Ungeachtet aller unserer Bemühungen, den Heilungsprozeß anzuregen, wenn er einmal ins Stocken gerät, handelt die Medizin doch voll Unverständnis. Heilung ist etwas Lebendiges, Komplexes und Ganzheitliches. Wir beschäftigen uns damit in unserer eigenen beschränkten Vorstellungswelt, und sie scheint unseren beschränkten Vorstellungen meistens zu entsprechen. Wenn jedoch etwas außerhalb der Norm geschieht, also beispielsweise ein fortgeschrittener Krebs plötzlich und auf unerklärliche Weise zum Stillstand kommt und verschwindet, so ist die medizinische Theorie am Ende. Unser Verständnis und die Wirklichkeit klaffen auseinander.

In meiner eigenen Praxis sind verschiedene Krebspatienten vollkommen gesund geworden, nachdem sie zunächst als unheilbar bezeichnet worden waren und man ihnen nur noch wenige Monate zu leben gegeben hatte. Für mich waren das keine Wunder, vielmehr meine ich, daß die Heilungen ein Beweis dafür waren, daß der menschliche Geist tief genug reichen kann, um sogar die nicht greifbaren Muster zu verändern, nach denen unser Körper Gestalt annimmt. Wohlgemerkt, ich spreche vom Geist, nicht vom Verstand. Der Geist kann sozusagen Fehler aus dem Programm löschen und damit Krankheiten vernichten – Krebs, Diabetes, koronares Herzversagen –, die das Grundmuster gestört haben.

Meine Worte sprudelten hier am Krankenbett nur so aus mir hervor, denn ich stand noch ganz unter dem Eindruck des bedeutendsten Erlebnisses meiner ärztlichen Laufbahn: Wenige Wochen zuvor hatte mir bei meinem Besuch in Indien – ich lebe schon seit vielen Jahren in den USA – einer der größten lebenden Weisen einige Techniken vermittelt, die Tausende von Jahren alt sind und die, wie er sagte, dem Geist seine Heilkräfte zurückgeben würden. Ich spreche von Maharishi Mahesh Yogi, der im Westen weithin als der Begründer der Transzendentalen Meditation (abgekürzt: TM) bekannt ist. Ich selbst meditiere seit fast acht Jahren und verordne TM regelmäßig in meiner Praxis. Ironie des Schicksals: Ich erlernte die Meditation von einem Amerikaner in Boston und nicht etwa in Indien.

Ich saß eines Nachmittags mit Maharishi in der sich rasch ausbreitenden Siedlung Maharishi Nagar, etwa fünfundsiebzig Kilometer westlich der Hauptstadt New Delhi im Norden des Landes. Wir waren allein in dem bescheidenen Haus, das er dort inmitten der noch im Bau befindlichen Klinikgebäude und der Schule bewohnt. Dies ist einer der seltenen Orte, die ich als wahrhaft indisch bezeichne. Man fühlt, daß hier eine große alte Kultur ihre Würde und ihre unermeßliche Weisheit bewahrt. Durch die Gegenwart Maharishis scheinen die Weisen der ältesten Schriften, die wir *Veden* nennen, nicht in fernen Zeiten zu weilen, durch Tausende von Jahren von uns getrennt, sondern sehr nah zu sein. Der Ort selbst liegt in der Nähe der Stelle, wo der mythische Held Krishna die Nacht damit verbrachte, den großen Krieger Arjuna in die Geheimnisse der Erleuchtung einzuweihen – diese Geschichte ist in den Versen des altindischen Epos der *Bhagavadgītā* aufgezeichnet.

Unvermittelt wandte sich Maharishi mir zu und sagte: »Ich möchte dich morgen allein in meinem Zimmer sprechen. Kannst du gleich nach der Morgenmeditation kommen?« Ich war sehr erstaunt, drang aber nicht mit Fragen auf ihn ein. Als ich am nächsten Morgen in seiner Tür stand, saß Maharishi im Lotussitz auf einem seidenbespannten Sofa. Er winkte mich herein, und wir saßen eine Weile schweigend beisammen. Dann sagte er ganz einfach: »Ich habe lange Zeit gewartet, um einige spezielle Techniken zu vermitteln. Ich glaube, sie werden die Medizin der Zukunft werden. Sie waren in ferner Vergangenheit bekannt, gingen aber in den Wirren der Zeit verloren. Heute möchte ich, daß du sie lernst, und gleichzeitig möchte ich, daß du in klaren und wissenschaftlichen Begriffen erklärst, wie sie wirken.«

In den folgenden Stunden lehrte er mich eine Reihe geistiger Techniken, einschließlich derer, die er *Urklänge* nannte. Die Art und Weise wie sie benutzt werden, ist der Meditation vergleichbar, doch werden sie für spezifische Krankheiten verschrieben, darunter solche, die wir im Westen als unheilbar bezeichnen, wie beispielsweise Krebs. Maharishi unterstrich, daß diese die stärksten Heiltechniken des *Ayurveda* seien, der uralten Tradition der indischen Heilkunst. Er lehrte sie mich in sehr einfacher Weise, und ich hatte keine Schwierigkeiten, das zu lernen, was ich dann zu Hause mit meinen Patienten zu tun hatte. Gleichzeitig wurde mir bewußt, daß er mich aufforderte, weit über die Grenzen des Aufgabenbereiches eines Arztes westlicher Prägung hinauszugehen.

Als wir fertig waren, hatte ich mehrere Seiten meines Notizbuches mit seinen Anweisungen gefüllt. Maharishi lächelte in seiner durchdringenden, mitfühlenden Güte, die ich immer vor Augen habe, wenn ich an ihn denke.»Dieses Wissen ist äußerst machtvoll«, wiederholte er.»Verglichen damit sind die Medikamente und chirurgischen Techniken, die ihr allgemein anwendet, sehr grob. Es wird eine Weile dauern, aber die Menschen werden es schließlich begreifen.« Damit wandte er sich ganz ungezwungen von mir ab, um andere Besucher zu empfangen, die mit ihm über die Einschulung der Kinder in Maharishi Nagar sprechen wollten.

Einige Minuten später stand ich allein auf der Veranda und blickte hinaus auf die kahle ockerfarbene Wüstenlandschaft in der Ferne. Wir waren an einem Ort, von dessen Existenz die meisten meiner Zeitgenossen kaum etwas wissen. Würden sie es wirklich glauben, daß hier ein richtungsweisender Wandel im ärztlichen Denken begann? Ich kenne viele medizinische Forscher, und ich mußte lachen, als ich mir ihre Reaktionen vorstellte. Die physische Grundlage der Wissenschaft ist sehr solide und in den Augen jedes Arztes sehr überzeugend. Äußerst fragwürdig erscheint dagegen vielen die Kraft des Geistes.

Um die Wahrheit zu sagen: Meine Zweifel hatten es in diesem Moment schwer, zu mir durchzudringen. Ich ging den ausgetretenen Pfad entlang auf meine Unterkunft zu. Die glühende indische Sonne brannte mir auf den Nacken. Ich fühlte mich in einer Weise erhoben, die nichts zu tun hatte mit dem Gefühl eigener Wichtigkeit, sondern mit einer fast unpersönlichen, unbezähmbaren Freude. Ich wußte nicht, warum, aber ein großes Geheimnis war mir eröffnet worden, und das ließ mich wie auf Wolken gehen. Mir war gewährt worden, hinter die Maske der Materie zu schauen, und für einen Moment waren die Hitze, der Staub und alle materiellen Zwänge bedeutungslos geworden. Ich machte mir keine Gedanken über meine eigene Skepsis, obwohl mir klar war, daß sie mich nur allzu bald überfallen würde.

Einige schwere Entscheidungen lagen vor mir: Ich mußte einen Weg finden, um diese Techniken glaubwürdig zu machen. Manche Kritiker würden sie als Wunderheilung abtun, andere würden mich als Verkäufer falscher Hoffnungen anprangern. Ich mußte beweisen, daß es sich hierbei um eine eigenständige Wissenschaft handelte – aber wie? Das würde sich finden. Das indische Denken gründet seit eh und je auf der Überzeugung, daß allein Satya, die Wahrheit, den Sieg davonträgt. »Die Wahrheit ist einfach«, hatte Maharishi mich ermutigt. »Mache die Sache klar und deutlich, laß sie für sich selbst sprechen, und verzettle dich nicht in Einzelheiten.«

Der Begriff *Ayurveda* entstand vor über viertausend Jahren. Er bedeutet in der altindischen Sprache Sanskrit *Wissenschaft vom Leben* oder auch *Wissen vom Leben*. Auch wenn man, wie ich, in Indien aufwächst, erfährt man nicht unbedingt etwas über diese uralte Wissenschaft. Meine Großmutter rieb gewöhnlich bei uns Kindern Insektenstiche mit Gelbwurz (Curcuma) ein und warnte uns davor, jemals Zitrusfrüchte mit Milch zusammen zu verzehren. Das war Ayurveda bei uns zu Hause. Im allgemeinen ist auch in Indien der Ayurveda von der westlichen, naturwissenschaftlichen Medizin verdrängt worden, durch den Fortschritt aus seinem eigenen Lande verstoßen. Außerhalb der kulturell verwandten Länder Indien, Tibet, Nepal und Sri Lanka ist der Ayurveda so gut wie un-

bekannt, auch wenn seine Spuren überall deutlich sichtbar sind.
Letztlich beruhen die auch im Westen populären östlichen Thera-
pieformen wie beispielsweise die jahrtausendealte chinesische
Akupunktur auf ayurvedischen Grundlagen.

Über die Jahrhunderte hinweg wurde das ursprüngliche ayurvedische Wissen in alle Winde zerstreut. Derjenige Teil der indischen
Bevölkerung – es sind meistens die Landbewohner –, der sich
noch allgemein an die alten Traditionen hält, befolgt auch heute
noch ayurvedische Regeln, doch sind diese in vielfältiger Weise
ausgelegt worden. Die meisten von ihnen sind sehr einseitig, ja sogar engstirnig. Jeder *Vaidya* – das sind die ayurvedischen Ärzte –
beruft sich auf die alten Meister des Ayurveda, Charaka und Sus-
ruta, doch bedeutet das nicht, daß er dasselbe verschreibt wie der
Vaidya im nächsten Dorf. Viele ayurvedische Techniken sind völlig
in Vergessenheit geraten, und leider sind gerade sie es, die für die
moderne Medizin von größtem Nutzen sein könnten. Die Ärzte des
alten Indien waren zugleich große Weise, und ihre Hauptüberzeu-
gung war, daß der Körper »aus Bewußtsein« erzeugt ist. Ein großer
Yogi oder Swami, wie man bestimmte Weise auch nennt, hätte genau dasselbe geglaubt. Ihr Medizinsystem gründete auf einem be-
wußtseinsorientierten Ansatz, und ihre Behandlung stieß durch
den stofflichen Körper bis in die Urgründe des Bewußtseins vor.

Wenn Sie eine ayurvedische anatomische Bildtafel betrachten,
so finden Sie dort nicht die vertraute Ansammlung der Organe wie
im Duden-Bildwörterbuch, sondern ein Schaubild der verborgenen
Bahnen, die der Geist *bei der Erzeugung des Körpers* entlangfließt.
Diesen Fluß behandelt der Ayurveda. Oder vielmehr: behandelte.
Bevor ich Maharishi traf, hielt ich den Ayurveda für eine Volksme-
dizin, denn alles, was ich zu sehen bekam, hatte einen sehr volks-
tümlichen Charakter: Kräuter, Diätvorschriften, Körperübungen
und geradezu unglaublich komplizierte Regeln für die Tagesroutine.

Maharishis Interesse richtete sich jedoch vordringlich auf den
verschollenen Teil des Ayurveda und dessen Lehre, Heilungen
durch nicht-materielle Mittel zu bewirken. Nun hatte er mir das
Wissen um diese Mittel gegeben und erwartete, daß ich den Menschen mitteilte, wie sie wirkten. Das war der Grund dafür, warum

ich mit interessierten Ärzten sprechen wollte, wie beispielsweise mit meinem Gastgeber in Tokyo. Und nun wiederholte ich dies alles am Krankenlager eines Mannes, der hier Tausende von Kilometern von zu Hause und weit von seiner geistigen Heimat entfernt den Tod erwartete.

Meine Worte verklangen in der Stille des dämmrigen Raumes. Man merkte, daß Dr. Liang sehr müde geworden war. Er hatte nichts gesprochen. Doch als wir schließlich gehen wollten, berührte er meinen Arm:»Hoffen wir, daß Sie recht haben«, sagte er. »Ich danke Ihnen.« Ich sollte Dr. Liang nie mehr sehen.

Als wir durch die Flure zurückgingen, warf ich noch einen Blick auf die winzigen Zen-Gärten vor den Fenstern. Fast versteckt in Nischen, die kaum größer als ein Krankenzimmer waren, war jeder ein Beispiel hingebungsvoller Fürsorge. Die mit größter Präzision gestutzten Bäume sahen wunderschön aus im warmen Licht des Oktobertages. Wir gingen hinaus auf den Parkplatz. Bei meinem Wagen angekommen, schüttelten wir uns freundschaftlich die Hände. Ich sagte meinem japanischen Gastgeber, daß ich meine neuen Techniken zunächst in Amerika ausprobieren würde, daß ich ihn aber über jeden einzelnen Schritt auf dem laufenden halten wollte.

Als ich zurück in die Stadt zu meinem Hotel fuhr, beschloß ich, ihm einige Worte Maharishis über das Leben eines Vaidya, eines ayurvedischen Arztes, zu schicken:»Ein Vaidya ist ein unbesiegbarer Kämpfer, denn er bekämpft das Element des Todes. Ein Vaidya gibt. – Er ist ein Lebensspender, und als solcher wird er in der ganzen Natur geschätzt.« Diese Worte bedeuten, daß ein Arzt eine innere Reise antreten und sein Verständnis über die Grenzen des physischen Körpers hinaus ausdehnen muß, um in den Kern einer tieferen Wirklichkeit vordringen zu können. Seine Aufgabe ist es, das Rätsel von Leben und Tod zu lösen. Man ahnt die ferne Lösung mit derselben Intensität und Freude, die auch die Weisen der Vorzeit zutiefst bewegt hat. Mit einem gewaltigen Sprung über die Kluft von Zeit und Raum, die Wogen der Zerstörung überdauernd, die immer wieder über die Menschheit hereinbrechen, erreicht uns heute die uralte vedische Weisheit mit ihrer tiefgründigen Einfachheit: Im vollkommenen Plan der Natur stirbt niemals etwas. Ein

menschliches Wesen ist so dauerhaft wie ein Stern; beide sind von
demselben Funken der Wahrheit erleuchtet.

Jeden Tag fühle ich die Wichtigkeit der inneren Reise. Ich
glaube noch immer, daß ich erst am Anfang meines Weges bin, aber
ich möchte meine ersten Schritte in diesem Buch für andere aufzeichnen. Die Ausübung der ärztlichen Kunst ist heute für mich
voller Verheißung. Ich brauchte das Wissen des Ayurveda nicht, um
herauszufinden, daß Ärzte einen Kampf mit dem Tod führen. Aber
ich brauchte es, um herauszufinden, daß wir siegen werden.

1 DIE VERBORGENE KRAFT DES KÖRPERS

*»In der tieferliegenden Wirklichkeit
jenseits von Raum und Zeit sind wir vielleicht
alle Glieder eines einzigen Körpers.«*
James Jeans

NACH DEM WUNDER

Während meiner ärztlichen Laufbahn war es mir mehrmals vergönnt, Zeuge einer »Wunderheilung« zu sein. Die letzte begann im vergangenen Jahr, als eine 32jährige Inderin zu mir in meine Praxis außerhalb von Boston/USA kam. Sie saß mir still gegenüber in ihrem blauen Seidensari. Um Haltung zu bewahren, hielt sie die Hände fest in ihrem Schoß verschränkt. Sie hieß Chitra, und zusammen mit ihrem Mann Raman führte sie einen kleinen Importladen in New York.

Vor wenigen Monaten hatte Chitra einen kleinen Knoten in ihrer linken Brust entdeckt, der sehr druckempfindlich war. Sie unterzog sich einer Operation, um ihn entfernen zu lassen, aber unglücklicherweise kam der Chirurg zu der Erkenntnis, daß der Tumor bösartig war, und nach eingehender Untersuchung stellte er fest, daß sich der Krebs bereits auf ihre Lungen ausgebreitet hatte. Nach Entfernung der befallenen Brust und eines breiten Streifens angrenzenden Gewebes verordnete Chitras Arzt ihr zunächst eine Strahlenbehandlung und anschließend eine intensive Chemotherapie, das heißt eine Heilmethode mit chemischen Präparaten. Das ist das übliche Vorgehen bei Brustkrebs und rettet vielen Menschen das Leben. Aber der Lungenkrebs würde wesentlich schwerer zu behandeln sein, und es war jedem klar, daß Chitras Lage bedrohlich war.

Als ich sie untersuchte, fiel mir auf, daß sie sehr ängstlich war. Ich versuchte, sie aufzumuntern, worauf sie mich mit einer Bemerkung überraschte, die mich sehr rührte: »Es macht mir nicht um meiner selbst willen etwas aus, daß ich sterben muß«, sagte sie. »Aber mein Mann wird ohne mich einsam sein. Manchmal tue ich so, als ob ich schlafe und liege dann die ganze Nacht wach und denke an ihn. Ich weiß, daß Raman mich liebt, aber wenn ich nicht

mehr da bin, wird er sich mit amerikanischen Mädchen einlassen.
Ich möchte ihn nicht an ein amerikanisches Mädchen verlieren.«
Sie hielt inne und sah mich mit leiderfüllten Augen an. »Ich weiß,
ich sollte das nicht sagen, aber Sie verstehen mich sicher.« Man
kann sich dem Kummer, den Krebs verursacht, nicht entziehen.
Aber hier empfand ich diesen Kummer noch tiefer, denn ich wußte,
daß die Zeit Chitras Feind war. Sie sah immer noch gesund aus,
und es war ihr sogar gelungen, ihre Krankheit vor ihrer Verwandtschaft zu verbergen, denn sie fürchtete sich vor den Blicken, mit
denen man ihren Verfall verfolgen würde. Wir wußten beide, daß es
für sie sehr schlimm werden würde.

Niemand kann behaupten, daß er eine zuverlässige Therapie gegen Brustkrebs im fortgeschrittenen Stadium kennt. Die konventionelle Medizin hatte alles in ihrer Macht Stehende getan. Da Chitras
Krebs jedoch schon ein anderes Organ befallen hatte, lag ihre stati-
stische Chance, nach fünf Jahren noch am Leben zu sein, selbst bei
dem stärksten ärztlich noch vertretbaren Einsatz von Chemotherapie bei unter zehn Prozent.

Ich forderte sie auf, mit einer anderen Therapie zu beginnen,
die völlig neu war und auf dem Ayurveda beruhte. Wie auch ich war
Chitra in Indien aufgewachsen, wußte aber so gut wie nichts vom
Ayurveda. Die Generation ihrer Großeltern war wahrscheinlich die
letzte Generation gewesen, die noch daran glaubte; heutzutage
würde jeder fortschrittliche, in der Großstadt lebende Inder eine
Behandlung im westlichen Stil vorziehen, sofern er sie sich leisten
kann. Um Chitra begreiflich zu machen, warum ich sie anscheinend darum bat, dem Fortschritt den Rücken zu kehren, erzählte
ich ihr, daß ihr Krebs nicht nur eine rein körperliche Krankheit
war, sondern ein ganzheitliches Phänomen. Ihr ganzer Körper
wisse, daß sie Krebs habe, und leide darunter. Eine Gewebeprobe
aus ihren Lungen würde ergeben, daß bösartige Zellen dorthin gewandert waren, während eine Probe aus ihrer Leber womöglich einen negativen Befund erbringen würde. Und dennoch ströme durch
ihre Leber dasselbe Blut, so daß auch sie die aus der Lunge kommenden Krankheitssignale empfange, was wiederum ihre eigene
Funktionsweise beeinträchtige. In derselben Weise würden Signale
durch ihren ganzen Körper gehen, hin zum Gehirn und von dort aus

zurück, sobald sie einen Schmerz in der Brust fühle oder sich aus
Atemnot hinsetzen müsse. Wenn das Gehirn einen Schmerz spüre,
habe es zu reagieren. Die Müdigkeit, die sie verspüre, zusammen
mit ihrer Niedergeschlagenheit und Angst, sei eine Reaktion des
Gehirns, die sich dann körperlich auswirke. Es sei also falsch, sich
den Krebs lediglich als einen isolierten Tumor vorzustellen, der
vernichtet werden müsse. Sie habe eine ganzheitliche Krankheit,
und dafür brauche sie eine ganzheitliche Medizin.

Das Wort »ganzheitlich«, durch das sich die Schulmedizin immer wieder provoziert fühlt, bezeichnet schlicht und einfach einen
Ansatz, der sowohl Geist als auch Körper gleichermaßen einbe-
zieht. Ich bin der Ansicht, daß der Ayurveda hierin leistungsfähiger
ist als irgendeine andere alternative Heilkunde, obwohl dies auf
den ersten Blick hin nicht so scheinen mag. Tatsächlich sind auch
viele der überall angepriesenen Geist-Körper-Techniken wie Hypnose oder Biofeedback wesentlich werbewirksamer als der Ayurveda. Wäre Chitra zu Hause in Bombay erkrankt, so hätte ihre
Großmutter ihr vielleicht eine besondere Diät verordnet, ihr in einer braunen Papiertüte aus der ayurvedischen Apotheke einige
Heilkräuter gebracht und darauf bestanden, daß sie das Bett hüte.
Man hätte verschiedene Abführmittel und Ölmassagen verschreiben können, um den Körper von den Krebsgiften zu reinigen. Gäbe
es in der Familie eine spirituelle Tradition, so hätte sie zu meditieren begonnen. Im wesentlichen war es das auch, worum ich sie bit-
ten wollte, und dazu noch ein paar andere Dinge. Es gibt noch
keine wissenschaftliche Begründung dafür, warum dies alles wirkt.
Es wirkt eben. Der Ayurveda berührt Grundzusammenhänge der
Natur. Sein Wissen gründet auf keiner Technologie im westlichen
Sinne, sondern auf einer Weisheit, die ich als ein zuverlässiges
Wissen über den menschlichen Organismus definieren würde, das
über die Jahrhunderte hinweg zusammengetragen wurde.

»Ich möchte, daß Sie für eine oder zwei Wochen in eine Spezial-
klinik bei Boston gehen«, sagte ich zu Chitra. »Einiges von dem,
was dort mit Ihnen geschehen wird, mag Ihnen recht ungewöhnlich
erscheinen. Sie sind an ein Krankenhaus mit Atemgeräten, Trans-
fusionsanlagen und Chemotherapie gewöhnt. Gemessen an diesen
Kriterien wird das, was wir in dieser Klinik für Sie tun, nutzlos er-

scheinen. Was ich im Grunde möchte, ist, daß Ihr Körper in einen Zustand tiefer, tiefer Ruhe versetzt wird.«

Chitra war sehr vertrauensvoll und stimmte der Behandlung zu, natürlich auch deswegen, weil sie keine andere Wahl hatte. Das gesamte Arsenal der modernen Medizin war im Frontalangriff gegen ihren Krebs ausgeschöpft worden. Der anfängliche Vorteil dieser Strategie besteht in der Hoffnung, die Krankheit damit so bald wie möglich auf körperlicher Ebene auszulöschen. Der enorme Nachteil davon ist, daß der gesamte Körper bei diesem Angriff auf einen einzigen seiner Teile in Mitleidenschaft gezogen wird. Im Falle einer chemotherapeutischen Behandlung besteht die akute Gefahr, daß das Immunsystem so geschwächt wird, daß künftigem Krebsbefall Tür und Tor geöffnet werden. Andererseits gilt ein unbehandelter Brustkrebs als tödlich. Da die Medizin heute mit ihrer kurzfristigen Strategie sehr erfolgreich ist, zieht der Patient in einem von Angst beherrschten Meinungsklima die Risiken der Behandlung denen der Krankheit vor.

Ich überwies Chitra in die Klinik, an der ich arbeite, an das Maharishi Ayurveda Health Center in Lancaster, Massachusetts. Sie blieb dort eine Woche und unterzog sich verschiedenen Behandlungen. Auch wurde ihr dort ein Programm für die Behandlung zu Hause vermittelt, das eine besondere Diät, ayurvedische Kräuterpräparate, eine spezielle Tagesroutine mit Yogaübungen und die Einführung in die Transzendentale Meditation mit sich brachte. Diese Maßnahmen sind oberflächlich gesehen sehr verschieden, doch zielten sie auf tieferer Ebene gemeinsam darauf ab, ihr Alltagsleben in ruhige, ausgeglichene Bahnen zu lenken, um so eine Basis für eine Heilung zu schaffen. Im Ayurveda ist ein Zustand völliger, tiefer Entspannung die wichtigste Voraussetzung für die Behandlung jeder Krankheit. Dem liegt die Auffassung zugrunde, daß der Körper selbst weiß, wie er sein »inneres« Gleichgewicht aufrechterhält, solange er nicht von einer Krankheit erschüttert wird. Wenn man also dem Körper seine ihm innewohnende Selbstheilungskraft zurückgeben will, so muß man zunächst alles tun, um das Gleichgewicht wiederherzustellen. Das ist eine sehr einfache Vorstellung, die jedoch weitreichende Auswirkungen hat. Zusätzlich lernte Chitra zwei geistige Techniken, die direkt am Ursprung

ihrer Krebserkrankung ansetzten. Darüber werde ich an späterer
Stelle noch sprechen.

Gewissenhaft befolgte sie meine Anweisungen und kam alle
sechs Wochen zu mir in die Praxis. Gleichzeitig setzte sie auch die
chemotherapeutische Behandlung ihres Hausarztes fort. Wenn das
Gespräch darauf kam, sagte ich: »Wenn ich Sie in vollem Vertrauen
ausschließlich ayurvedisch behandeln könnte, so würde ich das
tun. Die Verschlimmerung Ihres körperlichen Zustandes würde sicher geringer sein. Aber als Sie zu mir kamen, waren Sie sehr
krank, und wir wissen, daß Chemotherapie als äußerer Ansatz
seine Wirkung hat. Nutzen wir also beide, den inneren und den äußeren Ansatz, und hoffen wir, daß beide gemeinsam zu einer wirklichen Heilung führen.«

Ich beobachtete Chitras Fortschritte fast ein ganzes Jahr lang.
Sie hörte mir stets vertrauensvoll zu, doch war bei jeder Sprechstunde deutlich zu sehen, daß es ihr nicht besser ging. Die Röntgenaufnahmen von ihrer Lunge ergaben weiterhin einen schlechten
Befund, ihre Atemnot nahm zu, und sie sah zunehmend schwächer
und niedergedrückter aus, weil die Krankheit fortschritt. In ihrer
Stimme schwang Panik mit. Und schließlich kam der Tag, an dem
Chitra nicht in die Sprechstunde kam. Ich wartete bis zum Wochen-
ende. Dann rief ich bei ihr an.

Die Nachricht war nicht erfreulich. Ihr Ehemann berichtete mir,
daß Chitra plötzlich hohes Fieber bekommen habe und ins Krankenhaus eingeliefert worden sei. Eine Zeitlang sei Flüssigkeit aus
ihren Lungen in den Brustraum eingedrungen, und ihr Arzt habe
befürchtet, daß es zu einer Infektion gekommen sei. Angesichts der
schlechten Prognose sah es nicht so aus, als ob Chitra das Krankenhaus lebend verlassen würde.

Dann aber geschah etwas sehr Seltsames. Nach ein oder zwei
Tagen der Behandlung mit Antibiotika ging Chitras Fieber von 40
Grad auf Normaltemperatur zurück, sehr zum Erstaunen des behandelnden Arztes. Es ist sehr ungewöhnlich, daß hohes Fieber so
unvermittelt zurückgeht, wenn die diagnostizierte Ursache eine Infektion bei einem Kranken im Endstadium einer schweren Krankheit ist. Sollte es außer der Infektion eine andere Ursache geben?
Chitras Arzt beschloß, eine Röntgenaufnahme zu machen, und am

nächsten Tag rief mich Raman an – begeistert und zugleich verwirrt.

»Sie hat keinen Krebs mehr!« kam Ramans jubelnde Stimme durchs Telefon.

»Was sagen Sie da?« fragte ich verblüfft.

»Die Ärzte können keine Krebszellen mehr finden – überhaupt keine mehr«, rief er, fast außer sich vor Freude. »Chitras Krebsarzt war erst sicher, daß sie die falsche Patientin geröntgt hatten, und ordnete neue Aufnahmen an. Aber jetzt ist er sicher.«

Überglücklich, erleichtert und unfähig, diese plötzliche Rettung zu erklären, betrachtete Raman die Genesung seiner Frau als ein Wunder.

Als ich Chitra in ihrem Krankenzimmer anrief, war alles, was sie am Telefon unter Tränen hervorstieß: »Sie haben es geschafft, Deepak«, während ich beteuerte: »Nein, Chitra, Sie selbst haben es geschafft.« Ich hätte nie vermutet, daß ihre Behandlung, egal, ob chemotherapeutisch oder ayurvedisch, eine solch rasche Heilung bewirken würde. In der Rückschau betrachtet, war ihr Fieber eine Art Verbrennungshitze des sterbenden Krebses gewesen, ein Prozeß, der zwar als Tumornekrose bekannt ist, dessen genauer Mechanismus sich jedoch bislang einer Erklärung entzieht. Wenn es so etwas wie Wunderheilungen gibt, dann war das wohl eine.

Innerhalb weniger Wochen verging beiden von uns jedoch die Freude. Chitras Wunder war nicht von Dauer. Zuerst verlor es in ihr selbst an Boden. Anstatt auf ihre unerklärliche Heilung zu vertrauen, verfiel sie in Zweifel und war krankhaft besorgt, daß der Krebs zurückkehren werde. Sie rief mich an, um zu fragen, ob sie wieder mit der Chemotherapie beginnen solle.

»Es ist jetzt zwei Monate her, seitdem der Krebs verschwunden ist«, sagte ich. »Hat Ihr Arzt irgendwelche neuen Krebszellen festgestellt?«

»Nein«, gab Chitra zu. »Aber er meint, daß es die Chemotherapie war, die mich geheilt hat, und daß ich damit weitermachen solle.«

Ich war enttäuscht. Ich wußte, ebenso wie ihr behandelnder Arzt, daß die spezielle Chemotherapie, der Chitra sich unterzog, nicht dafür bekannt war, daß sie plötzliche, vollständige Heilungen dieser Art bewirkte, und ganz gewiß nicht in fortgeschrittenen Fällen, wo der Krebs schon auf andere Körperbereiche übergegriffen hat. Auch war klar, daß sie die Grenze des Ertragbaren erreicht hatte. Die Chemotherapie hatte bei ihr ständig Übelkeit verursacht, und ihr Haar fiel in Büscheln aus, was ihre Beschämung über die Verstümmelung durch die Brustoperation noch verstärkte. All dies beeinträchtigte die ayurvedische Behandlung, mit der wir begonnen hatten. Wenn nun auch noch höhere Dosen von Chemotherapie verabreicht werden würden, so würde sie noch niedergeschlagener, noch anfälliger für Infektionen und in jeder Hinsicht schwächer werden.

Andererseits jedoch hatte ich auch keinen ausreichenden Grund, um ihr davon abzuraten. Was wäre, wenn sie in sechs Monaten einen Rückfall hätte und stürbe? »Machen Sie also mit Ihrer Chemotherapie weiter«, sagte ich, »aber befolgen Sie außerdem meine Anweisungen, ja?« Sie stimmte zu.

Während mehrerer Monate blieb Chitra auch weiterhin von der Krankheit verschont, aber sie war gleichzeitig beunruhigt und verwirrt. Es schien so, als ob der Krebs selbst leichter zu besiegen war als der unheilvolle Zweifel, der sich wieder in Chitras Leben einschlich und sie daran hinderte, gesund zu sein. Chitras ausgewegloses Leiden ist der eigentliche Ausgangspunkt dieses Buches. Um wieder gesund zu werden, brauchte sie eine Erklärung. Was geschah mit ihr? War ihre Heilung ein Wunder, wie sie zunächst angenommen hatte, oder nur ein Aufschub der Urteilsvollstreckung, wie sie fürchtete? In dem Maße, wie wir uns eingehender mit der Geist-Körper-Verbindung befassen, werden wir, so glaube ich, eine Antwort finden.

Die amerikanischen und japanischen Forschungen über Spontanheilungen bei Krebs haben ergeben, daß, kurz bevor die Heilung eintritt, fast jeder Kranke einen tiefgreifenden Bewußtseinswandel durchmacht. Er weiß, daß er geheilt wird, er spürt, daß die dafür verantwortliche Kraft in ihm selbst steckt, sich aber nicht auf ihn beschränkt, daß sie sich über seine persönlichen Grenzen hinweg über die ganze Natur erstreckt. Plötzlich fühlt er: »Ich bin nicht auf meinen Körper beschränkt. All das, was um mich her besteht, ist ein Teil meiner selbst.« In solch einem Moment »springen« diese Patienten auf eine neue Bewußtseinsebene, die Krebs unmöglich machen. Dann verschwinden die Krebszellen in manchen Fällen buchstäblich über Nacht oder zumindest stabilisiert sich der Krebs, ohne dem Körper weiteren Schaden zuzufügen.

Dieser Bewußtseinssprung scheint der Schlüssel zu sein. Er muß jedoch nicht wie ein Blitz kommen. Chitra arbeitete mit ihren ayurvedischen Techniken zielstrebig daran. Dadurch blieb sie auf einer höheren Wahrnehmungsebene, was sich so erstaunlich auf ihren Zustand auswirkte. Irgendwie konnte sie das Fernbleiben des Krebses bewirken, genauso leicht konnte sie ihm jedoch auch wieder verfallen. Das Wort, das dem Wissenschaftler in den Sinn kommt, wenn er an solche plötzlichen Wechsel denkt, ist »Quantensprung«. Dieses Wort bezeichnet einen Sprung der kleinsten meßbaren Elementarteilchen (Quanten) von einer Energiestufe auf die nächste.

Das »Quant« ist ein Begriff, der früher nur in der Physik verwendet wurde, heute aber zunehmend Allgemeingut wird. Einfach gesprochen, ist das Quant ein Baustein, der verschiedene Namen trägt: So besteht Licht aus Photonen, Elektrizität aus der Ladung von Elektronen, Gravitation (Schwerkraft) aus einem hypothetischen Quant, dem Graviton, das bislang experimentell nicht nachzuweisen war, und so fort. Jede Energieart hat als Grundbestandteil ein Quant, das nicht in kleinere Einheiten zerlegt werden kann.

Da mir sowohl die Vorstellung von dem Sprung auf eine andere Energieebene als auch die von der Unzerlegbarkeit der feinsten Energieebene auf Fälle wie Chitras anwendbar scheinen, möchte ich den Begriff *Quantenheilung* einführen, um das zu beschreiben, was mit ihr geschah. Der Begriff ist zwar neu, der Vorgang jedoch ist es nicht. Es gibt seit jeher Patienten, deren Krankheitsverlauf nicht dem üblichen Muster entspricht. Eine verschwindend kleine Minderheit stirbt nicht an ihrem Krebs; andere haben Tumore, die wesentlich langsamer wachsen, als es der Statistik nach der Fall sein sollte. Viele Heilungen, die auf geheimnisvolle Ursprünge zurückgehen – Wunderheilungen, Spontanheilungen oder der wirksame Einsatz von Placebos –, weisen ebenfalls auf einen solchen »Quantensprung« hin. Warum? In allen diesen Fällen scheint die Fähigkeit zu einer inneren Wachheit einen deutlich spürbaren

Schub im Heilungsmechanismus und damit den Sprung auf ein höheres Energieniveau ausgelöst zu haben, eben den Quantensprung.

Bewußtsein ist eine Kraft, die von den meisten von uns unterschätzt wird. Im allgemeinen ist unsere innere Aufmerksamkeit nicht gebündelt, und wir machen uns ihre wirkliche Kraft noch nicht einmal in schwierigen Krisenmomenten zunutze. Das mag der Grund dafür sein, warum »Wunderheilungen« mit einer Mischung aus Ehrfurcht und Skepsis zur Kenntnis genommen werden. Und doch besitzt ein jeder von uns Bewußtsein. Vielleicht sind »Wunder« nur Erweiterungen unserer normalen Fähigkeiten? Wenn unser Körper einen gebrochenen Knochen heilt, warum ist das kein Wunder? Der Heilungsprozeß ist höchst komplex, zu komplex, als daß man ihn medizinisch erfassen könnte. Er bringt eine unvorstellbare Anzahl vollkommen synchroner Abläufe mit sich. Die Medizin kann sie nur unzureichend beschreiben, und wenn, dann nur in groben Zügen.

Der Grund dafür, daß wir es für ein Wunder halten, wenn wir mit unserem Krebs selbst fertig werden, nicht aber, wenn unser gebrochener Arm heilt, hat etwas mit unserer Geist-Körper-Einstellung zu tun. Der gebrochene Knochen scheint auf physische Weise zu heilen, ohne das Eingreifen des Geistes, während eine Spontanheilung von Krebs – so wird allgemein angenommen – auf einer besonderen Eigenschaft des Geistes beruht, auf einem tiefverwurzelten Lebenswillen, einer beinahe grenzenlosen positiven Einstellung oder irgendeiner anderen raren Fähigkeit. Das bedeutet, daß es für uns zwei Arten der Heilung gibt: eine normale und eine außergewöhnliche.

Meiner Ansicht nach ist diese Unterscheidung falsch. Der gebrochene Arm heilt, weil das Bewußtsein diese Heilung bewirkt, und dasselbe trifft auch für die unbegreiflichen Krebsheilungen zu, für ein langes Überleben mancher AIDS-Kranker und selbst für die Eigenschaft, ohne Krankheit ein hohes Alter zu erreichen. Nicht jeder schöpft jedoch den Heilungsprozeß in seinem vollen Umfang aus, weil ihn nicht jeder gleichermaßen anregen kann.

Das sieht man daran, wie verschiedene Menschen auf eine Krankheit reagieren. Ein sehr geringer Teil, weit weniger als ein Prozent aller Patienten, bei denen eine unheilbare Krankheit diagnostiziert wird, schafft es, sich selbst zu heilen. Ein größerer Teil, aber immer noch weniger als fünf Prozent, lebt länger als man in diesem Fall erwartet. Dazu gehören zwei Prozent der AIDS-Patienten, die noch acht Jahre nach der Diagnose am Leben sind, während die überwiegende Mehrheit innerhalb der beiden ersten Jahre ihrer Krankheit erliegt. Diese Beobachtungen beschränken sich nicht allein auf unheilbare Krankheiten. Untersuchungen zeigen, daß lediglich zwanzig Prozent aller Patienten mit schweren, aber behandelbaren Krankheiten ausgezeichnete Heilerfolge aufweisen. Es bleiben also fast achtzig Prozent, die entweder gar nicht oder nur teilweise genesen. Warum sind Mißerfolge so sehr in der Überzahl? Was zeichnet einen Überlebenden gegenüber einem Aufgebenden aus?

Offensichtlich haben es die erfolgreichen Patienten gelernt, ihre Selbstheilungskräfte zu aktivieren, und die erfolgreichsten sind weit darüber hinaus gelangt: Sie haben das Geheimnis der Quantenheilung entdeckt. Sie sind die Genies der Geist-Körper-Verbindung. Die moderne Medizin ist weit davon entfernt, ihre Heilungsprozesse nachvollziehen zu können, denn kein Heilverfahren, das sich auf Medikamente oder Chirurgie stützt, ist zeitlich so genau abgestimmt, so wunderbar koordiniert, so wohltuend und frei von Nebenwirkungen, so mühelos wie das ihre. Ihre Fähigkeit speist sich aus einer so tiefen Ebene, daß ein tieferes Vordringen nicht möglich ist. Wenn wir wüßten, was ihre Gehirne taten, um ihre Körper zu motivieren, so würden wir den Schlüssel des Heilungsprozesses besitzen.

Bislang ist der Medizin der Quantensprung jedoch noch nicht gelungen, und das Wort »Quant« hat keine klinische Bedeutung. Da die Quantenphysik mit Hochenergie-Teilchenbeschleunigern arbeitet, könnte man vielleicht denken, daß die Quantenheilung Radioisotope oder Röntgenstrahlen benutzt. Das wäre jedoch das genaue Gegenteil von dem, was es bedeutet. Die Quantenheilung nimmt Abstand von den Methoden einer äußerlichen Spitzentechnologie und bewegt sich auf den innersten Kern des Geist-Körper-Systems zu. In diesem Kern beginnt die Heilung. Um dorthin zu gelangen und den Heilungsprozeß auslösen zu lernen, müssen wir alle gröberen Ebenen unserer Physiologie durchdringen – also Zel-

len, Gewebe, Organe sowie Organsysteme –, um schließlich den
Verbindungspunkt zwischen Geist und Materie zu erreichen, den
Punkt, wo das Bewußtsein tatsächlich zu wirken beginnt.

Das Quant selbst – was es ist, wie es sich verhält – ist Gegenstand des ersten Teils dieses Buches. Die zweite Hälfte verbindet
dann das Quant mit dem Ayurveda. Durch dieses Verbinden zweier
Kulturbereiche werden wir versuchen, eine einzige Antwort zu finden. Dann wird es nicht mehr überraschen, wie sehr die naturwissenschaftliche Weitsicht des Westens die Weltschau der alten indischen Weisen bestätigt.

Wir haben eine Reise vor uns, die Begrenzungen beseitigt und
kulturelle Schranken überschreitet. Ich habe mir vorgenommen,
nichts auszulassen. Chitra bat mich darum, und so schreibe ich für
sie und alle Patienten, die in ihrer Lage sind. Bis sie eine Antwort
finden, hängt ihr Leben weiterhin an einem seidenen Faden.

DER KÖRPER
HAT SEINEN EIGENEN GEIST

Als ich sagte, daß niemand guten Gewissens behaupten kann, er wisse ein sicheres Mittel gegen Brustkrebs, war dies nicht ganz richtig. Denn wenn ein Patient den Heilungsmechanismus von innen her in Gang setzen könnte, so wäre das Mittel gegen Krebs gefunden. Genesungen wie in Chitras Fall kommen zustande, wenn sich ein grundlegender innerer Wandel vollzieht, der Angst und Zweifel im selben Zuge beseitigt wie die Krankheit. Doch dieser Wandlungsprozeß selbst ist in ein Geheimnis gehüllt. Schon die erste Grundfrage übersteigt ärztliches Wissen: Fand der Wandel in Chitras Geist statt oder in ihrem Körper oder in beiden? Um dieser Frage auf den Grund zu gehen, rücken seit kurzem einige westliche Mediziner von Medikamenten und Chirurgie etwas ab, die bislang die wichtigsten Waffen des Arztes waren, und sie nähern sich dem schwer faßbaren und oft verwirrenden Bereich, der als »Geist-Körper-Medizin« bezeichnet wird. Dieser Richtungswechsel war nicht gerade freiwillig, denn die einstige Zuverlässigkeit des bisherigen Körperkonzepts war fragwürdig geworden.

Die Geist-Körper-Medizin erfüllt viele Ärzte mit Unbehagen. Sie haben das Gefühl, es handle sich dabei eher um ein Phantasiegebilde als um ein nüchtern-reales Arbeitsgebiet. Wenn ein Arzt die Wahl zwischen einer neuen Idee und der vertrauten Chemie hat, wird er natürlich die Chemie vorziehen, denn Penicillin, Digitalis, Schmerz- und Betäubungsmittel bedürfen keiner neuen Einstellung, weder von seiten des Patienten noch von seiten des Arztes, um zu wirken. Das Problem tritt erst dann auf, wenn der chemische Wirkstoff nicht mehr wirkt. Umfragen jüngeren Datums in England und in den USA ergaben, daß etwa achtzig Prozent aller Patienten das Gefühl hatten, ihr eigentliches Problem, weswegen sie den Arzt aufgesucht hatten, sei beim Verlassen der Praxis nicht

zufriedenstellend gelöst gewesen. Klassische Studien, die gegen
Ende des Zweiten Weltkriegs an der Yale University / USA durchgeführt wurden, zeigen, daß manche Patienten des angeschlossenen
Lehrkrankenhauses bei Behandlungsende kränker waren als bei
der Aufnahme. Bestätigt werden diese Ergebnisse durch Studien,
die belegen, daß sich der Zustand von Patienten mit psychischen
Störungen stärker besserte, solange sie noch auf der Warteliste eines Psychiaters standen, als nach der therapeutischen Sitzung –
die Situation wird also nicht schon dadurch besser, daß wir den
Körperarzt durch den Kopfarzt ersetzen.

Eine »Wunderheilung« weist also mit Nachdruck auf die Notwendigkeit hin, einige Grundkonzepte der Medizin zu überprüfen.
Unsere gegenwärtige Logik des Heilungsprozesses kann sehr ein-
drucksvoll sein, zumindest ist sie ausreichend, wenn wir beispielsweise Penicillin benutzen, um eine Infektion unter Kontrolle zu
bringen. Die Logik der Natur kann jedoch ehrfurchtgebietend sein.
Viele Ärzte haben mit großem Erstaunen solche Heilungen wie die-
jenige Chitras miterlebt, ohne auch nur ansatzweise eine Erklärung
dafür zu haben. Der Fachausdruck heißt zwar »Spontanheilung«,
doch ist dieser Begriff eigentlich nichtssagend, denn er drückt lediglich aus, daß der Patient aus eigener Kraft gesund wurde. Spontanheilungen sind recht selten – eine Untersuchung aus dem Jahre
1985 kam zu dem Ergebnis, daß eine Spontanheilung einmal bei
20 000 diagnostizierten Krebserkrankungen auftritt. Anderen Spe-
zialisten zufolge sind diese Fälle noch seltener (weniger als
1 : 100 000), doch weiß niemand etwas Genaues.

Ich verbrachte kürzlich einen Abend mit einem führenden
Krebsspezialisten, der jährlich Tausende von Patienten behandelt.
Als ich ihn nach seiner Erfahrung mit Spontanheilungen befragte,
zuckte er mit den Schultern. »Ich höre diesen Ausdruck nur un-
gern«, sagte er. »Ich habe gesehen, wie sich Tumore völlig zurück-
bildeten. Es ist sehr selten, aber es kommt vor.« Kam es zu diesen
Rückbildungen ohne irgendein äußeres Zutun? Er gab zu, daß dies
gelegentlich der Fall war. Er dachte einen Moment nach und erwähnte dann, daß bestimmte Melanome – das Melanom ist eine besonders heimtückische Krebsart, die gewöhnlich sehr schnell zum
Tode führt – dafür bekannt sind, daß sie von selbst verschwinden.

Warum das geschah, konnte er nicht erklären. »Ich halte mich mit solchen Dingen nicht auf«, sagte er. »Krebsbehandlung ist bis zu einem gewissen Grund eine Frage der Statistik. Eine große Anzahl von Patienten spricht auf bestimmte Therapieformen an, und wir haben einfach nicht die Zeit, uns mit der verschwindend kleinen Minderheit derer zu befassen, die aus unbekanntem Grund genesen. Auch ist es unsere Erfahrung, daß viele dieser Rückbildungen nur vorübergehend auftreten.«

Auf meine Frage, ob die Wahrscheinlichkeit völliger Tumorrückbildungen geringer als eins zu einer Million sei, meinte er, daß es sicher häufiger vorkomme.

Ich bohrte ein bißchen weiter. Ob er denn als Wissenschaftler nicht den zugrundeliegenden Mechanismus herausfinden wolle, selbst wenn die Wahrscheinlichkeit eins zu einer Million oder sogar eins zu zehn Millionen sei? Er zuckte erneut mit den Schultern. »Natürlich muß es da einen Mechanismus geben«, gestand er zu. »Aber meine Praxis erlaubt es mir nicht, mich damit zu befassen. Ich will Ihnen ein Beispiel geben: Vor acht Jahren kam ein Mann zu mir, der sich über Husten mit Brustschmerzen beklagte. Wir röntgten ihn und stellten fest, daß er einen großen Tumor zwischen den Lungenflügeln hatte. Im Krankenhaus wurde dann eine Gewebeuntersuchung durchgeführt, wobei der untersuchende Arzt Haferzellenkrebs diagnostizierte, einen sehr tückischen, schnellwachsenden bösartigen Tumor. Ich sagte meinem Patienten, daß er sofort operiert werden müsse, um ihn von dem durch die Geschwulst verursachten Druck zu befreien, und daß er anschließend mit Bestrahlung und Chemotherapie fortfahren müsse. Er war äußerst verstört von diesen Plänen und verweigerte die Behandlung. Ich verlor ihn danach völlig aus den Augen. Vor kurzem kam ein Mann mit einem geschwollenen Lymphknoten am Nacken zu mir. Ich machte eine Gewebeuntersuchung, deren Ergebnis dieselbe seltene Krebsart ergab. Es war der Mann von vor acht Jahren. Röntgenaufnahmen der Brust ergaben keine Spur von Krebs. Normalerweise sterben 99,99 Prozent aller unbehandelten Patienten innerhalb von sechs Monaten; etwa neunzig Prozent sterben selbst bei maximaler Behandlungsintensität vor Ablauf von fünf Jahren. Ich fragte ihn, was er gegen seinen ersten Krebs unternommen habe, worauf er mir antwortete, daß er nichts getan habe – er wollte einfach nicht an Krebs sterben. Und vielleicht wird er jetzt auch bei seinem zweiten Krebs die Behandlung verweigern.«

Definitionsgemäß hat die naturwissenschaftliche Medizin etwas mit vorhersagbaren Ergebnissen zu tun. Wenn jedoch Spontanheilungen auftreten, ist deren Zustandekommen jedesmal völlig unvorhersagbar. Sie können ohne jegliche Therapie oder auch bei normaler Krebsbehandlung auftreten. Die unzähligen alternativen Krebstherapieansätze, die es heutzutage gibt, haben alle ihre unzweifelhaften Vorteile, doch fördern sie Spontanheilungen nicht mehr als die übliche Bestrahlung und Chemotherapie. Schlechter sind sie offensichtlich nicht. Auch scheint es keine Rolle zu spielen, wie weit der Krebs schon vorangeschritten ist. Sowohl winzige Tumore wie ausgedehnte bösartige Wucherungen können binnen kürzester Zeit verschwinden. Wegen ihrer Seltenheit und weil sie wie zufällig auftreten, haben wir über Spontanheilungen bislang wenig lernen können, weder über die Ursachen von Krebs noch darüber, wie eine solche »unmögliche« Heilung vonstatten geht.

Es scheint, als ob der Körper ständig gegen Krebs ankämpft und in der überwältigenden Mehrzahl der Fälle auch diesen Kampf gewinnt. Zahlreiche Krebsarten können künstlich erzeugt werden, entweder im Reagenzglas oder bei Versuchstieren durch Verwendung von Karzinogenen – das sind krebserzeugende Gifte –, Nahrung mit hohem Fettgehalt, radioaktiven Strahlen, hohem Streßpegel, Viren und anderem mehr. Da wir all diesen Faktoren in geradezu unglaublichem Maße ausgesetzt sind, müssen sie in uns Schaden anrichten. Bekanntlich kann die DNS unter diesen extremen Belastungen zusammenbrechen. Die DNS, eine Nukleinsäure, ist Trägerin unserer Erbinformation. Sie ist im allgemeinen fähig, sich selbst zu reparieren oder beschädigte Teile ihrer selbst ausfindig zu machen und herauszuscheiden. Das heißt, daß möglicherweise beständig im Entstehen begriffene Krebswucherungen ermittelt und bekämpft werden. Wenn man diesen Prozeß nun verstärkt, so erreicht man das »Wunder« einer Spontanheilung. Es handelt sich dabei also durchaus um kein Wunder, sondern um einen natürlichen Vorgang, der nur noch nicht erklärt ist. Es ist ähnlich wie bei der Heilung von Lungenentzündung, die auch ein Wunder wäre, wenn man sie nicht mit der bakteriellen Krankheitsursache erklären könnte. Der springende Punkt ist, daß der Mechanismus nichts mit Zufall zu tun hat – er ist es wert, untersucht zu werden.

Im ärztlichen Alltag wendet sich der Arzt, nachdem das Wunder stattgefunden hat, wieder der Routine zu, einschließlich seiner Routinebegriffe. Diese jedoch, die zum Standard jeder ärztlichen Ausbildung gehören, sind fragwürdig geworden. Um nur ein Beispiel zu nennen: Seit ihren Anfängen als rationale, naturwissenschaftliche Disziplin hat die Medizin den Verfall der Gehirnfunktionen als natürliches Phänomen des Alterungsprozesses angesehen. Dieser Verfall war durch zahlreiche »harte« Fakten belegt – wenn wir altern, schrumpft unser Gehirn, wird leichter und verliert jährlich Millionen von Nervenzellen, Neuronen. Wir Menschen haben mit zwei Jahren unsere komplette Neuronenausstattung, und im Alter von etwa dreißig Jahren beginnt ihre Zahl abzunehmen. Der Verlust einer Gehirnzelle ist unwiderruflich, da sich Neuronen nicht regenerieren. Auf der Grundlage dieser allgemein bekannten Tatsache schien der Verfall des Gehirns wissenschaftlich belegt zu sein. Es war zwar traurig, aber offenbar unvermeidlich so, daß das Altern einherging mit Gedächtnisschwund, verminderter Intelligenzleistung und ähnlichen Symptomen.

Diese althergebrachten Annahmen haben sich jedoch inzwischen als falsch erwiesen. Sorgfältige Untersuchungen an gesunden alten Menschen, also nicht an stationär behandelten Kranken, auf die die Medizin üblicherweise ihr Augenmerk richtet, ergaben, daß achtzig Prozent aller gesunden Amerikaner auch mit zunehmendem Alter unter keinem nennenswerten Gedächtnisschwund leiden, sofern keine psychischen Störungen durch Vereinsamung, Depression oder fehlende Anregungen durch ihre Mitmenschen vorlagen. Die Fähigkeit, Information zu speichern, kann zwar abnehmen, weswegen ältere Menschen Telefonnummern, Namen oder beispielsweise die Absicht vergessen, mit der sie einen Raum betraten, aber die Fähigkeit, sich an vergangene Ereignisse zu erinnern – das sogenannte Langzeitgedächtnis – wird sogar besser. Ein bekannter Altenforscher zitierte Cicero, der gesagt haben soll: »Ich habe noch nie von einem alten Mann gehört, der vergessen hat, wo er sein Geld versteckt hat.«

In Langzeitgedächtnistests, in denen 70jährige mit 20jährigen
verglichen wurden, übertrafen die älteren in dieser Hinsicht stets
die jüngeren. Nachdem sie ihr Kurzzeitgedächtnis einige Minuten
pro Tag trainiert hatten, erreichten die Älteren fast die Werte der
jüngeren Testpersonen, die sich auf dem Höhepunkt ihrer geistigen
Leistungskraft befanden. Vielleicht sollte dieser »Höhepunkt des
Lebens« zu verlängern sein. Das Geheimnis, wie bei fast allen anderen »natürlichen« altersbedingten Verfallserscheinungen, liegt
in den geistigen Gewohnheiten, nicht in den Schaltkreisen des Nervensystems begründet. Solange ein Mensch geistig aktiv ist, wird er
so intelligent bleiben wie in seiner Jugend und in seinen »besten
Jahren«. Zwar wird der Mensch auch weiterhin während seines Lebens über eine Milliarde Neuronen verlieren, durchschnittlich
achtzehn Millionen pro Jahr, doch wird dieser Verlust ausgeglichen
durch eine verstärkte Vernetzung der Dendriten – das sind die Fort-
sätze der Nervenzellen, die die zahllosen Nervenzellen untereinan-
der verbinden.

Eine Nervenzelle ist im allgemeinen klar und deutlich aufge-
baut. Sie besteht aus einem Hauptkörper, aus dem wie bei einem
Tintenfisch dünne »Arme« wachsen, die in einem Büschel winziger
Fasern enden. Diese Fasern wurden von den ersten Forschern mit
Bäumen verglichen und daher nach dem griechischen Wort für
Baum *Dendriten* genannt. Diese Dendriten, von denen eine Zelle
weniger als ein Dutzend oder aber über tausend haben kann, die-
nen als Kontaktstellen, über welche die Nervenzelle, das *Neuron*,
Signale an seine Nachbarn weiterleitet. Durch Vermehrung seiner
Dendriten kann sich eine Nervenzelle in jeder Richtung neue Kom-
munikationswege erschließen, ähnlich wie man von einem Schalt-
pult aus neue Leitungen verlegen kann.

Es ist nicht bekannt, wie ein Gedanke innerhalb dieses Gehirn-
zellen-Netzwerks entsteht oder nach welchem System die unvorstellbar vielen Nervenzellen miteinander kommunizieren. Millionen von Dendriten laufen an wichtigen Schaltstellen des Körpers
zusammen, beispielsweise im Sonnengeflecht, dem Solarplexus in
der Brust, ganz zu schweigen von den Milliarden und Abermilliarden im Gehirn selbst. Experimente haben ergeben, daß während
des ganzen Lebens neue Dendriten entstehen, bis ins hohe Alter

hinein. Aus heutiger Sicht verdanken wir diesem Nachwachsen die physische Grundlage für ein Funktionieren des Gehirns. In einem gesunden Gehirn ist Vergreisung nicht die physiologische Norm. Eine reichliche Vermehrung der Dendriten könnte sogar der Grund dafür sein, daß Menschen im hohen Alter weise werden, in einem Lebensalter also, wo das Leben mehr und mehr in seiner Ganzheit erlebt wird – mit anderen Worten: Ältere Menschen sehen die Welt in »vernetzterer« Weise, genauso wie die Nervenzellen durch ihre neuen Dendriten stärker miteinander verknüpft sind.

Dieses Beispiel verdeutlicht, wie sehr sich die Medizin irren kann, wenn sie darauf besteht, daß die Materie dem Geist überlegen ist. Die Behauptung, daß eine Nervenzelle Gedanken erzeugt, mag wahr sein, doch ist es genauso wahr, daß das Denken Nervenzellen erzeugt. Es ist der regelmäßige Vorgang des Denkens, des Erinnerns und der geistigen Aktivität, der das neue Gewebe entstehen läßt. Auch ist dies keine vereinzelte Beobachtung. Interessanterweise erschienen zahlreiche körperliche Verfallsprozesse in neuem Licht, als man sich mit der Vorstellung von einem Alter ohne Vergreisung anfreundete.

Solange der Mensch körperlich aktiv ist, wird seine Muskulatur nicht verfallen und seine Körperkraft wird ein ganzes Leben lang weitgehend aufrechterhalten bleiben. Nur die Leistungsdauer wird etwas nachlassen. Wir können auch im Alter von fünfundsechzig Jahren noch Marathonlauf trainieren, vorausgesetzt, wir sind in guter körperlicher Verfassung und übertreiben das Training nicht. Gleichermaßen verändert sich auch unser Herz mit zunehmendem Alter. Es wird weniger elastisch und pumpt pro Herzschlag weniger Blut durch den Körper, doch ist man heutzutage der Ansicht, daß Herzkrankheiten und Arteriosklerose, die noch vor wenigen Jahrzehnten als normale Alterserscheinungen galten, durch richtige Ernährung und richtige Lebensgewohnheiten zu vermeiden sind.

Herzinfarkte – ein anderes Anzeichen des Verschleißes – sind im vergangenen Jahrzehnt um vierzig Prozent zurückgegangen, dank der wirksameren Behandlung von Bluthochdruck und des geringeren Fettgehalts unserer Nahrung. Ein großer Prozentsatz angeblich unvermeidbarer Vergreisung läßt sich auf Vitaminmangel, schlechte Ernährung und Entwässerung zurückführen. Kurz: der

Alterungsprozeß muß in völlig neuem Lichte gesehen werden. Weniger offenkundig ist, daß der ganze Körper in jedem Lebensalter aber auch neu gedacht werden muß ...

In allen Bereichen der Medizin wird deutlich, daß der gesunde Körper ganz offensichtlich widerstandsfähiger und anpassungsfähiger ist, als dies bislang vermutet wurde. Während die Schulmedizin lehrt, daß der Bazillus A die Krankheit B verursacht und mit Medikament C behandelt werden muß, scheint die Natur der Ansicht zu sein, daß dies nur eine unter vielen Auswahlmöglichkeiten ist. Der geistige Behandlungsansatz bei Krebs wäre beispielsweise noch vor einem Jahrzehnt belacht worden. Aber anscheinend sind Patienten fähig, sich an ihrer Krebsbehandlung zu beteiligen und sogar den Verlauf der Krankheit durch Gedankenimpulse zu steuern.

Im Jahre 1971 traf der Arzt Carl Simonton, ein Radiologe (Bestrahlungsexperte) an der University of Texas, einen 61jährigen Mann, der Kehlkopfkrebs hatte. Die Krankheit war schon sehr fortgeschritten; der Patient konnte kaum noch schlucken und war bis auf 45 Kilo abgemagert. Nicht nur waren die Heilungschancen sehr gering – nach Ansicht der Ärzte standen die Chancen, daß er nach der Behandlung fünf Jahre später noch leben würde, eins zu zwanzig –, sondern der Patient war außerdem schon äußerst geschwächt, und es erschien sehr unwahrscheinlich, daß Bestrahlungen, die Standardtherapie in seinem Stadium, eine günstige Wirkung haben würden. In seiner Ratlosigkeit, aber auch aus Neugierde, einen psychologischen Therapieansatz auszuprobieren, bat Simonton den Mann, die Bestrahlung durch sogenannte Visualisierung zu unterstützen. Er brachte ihm bei, sich seinen Krebs so bildhaft wie möglich vorzustellen. Der Patient wurde aufgefordert, ein beliebiges Bild zu wählen, um sich zu vergegenwärtigen, wie in seinem Immunsystem weiße Blutkörperchen erfolgreich die Krebszellen angriffen und aus dem Körper hinauswarfen, bis schließlich nur noch gesunde Zellen übrigblieben.

Der Mann berichtete, er stelle sich seine Immunzellen wie einen Schneesturm vor, dessen weiße Flocken den schwarzen Tumorfelsen zudeckten. Simonton entließ den Mann nach Hause und wies ihn an, diese Visualisierung mehrmals am Tag zu wiederholen. Bald darauf schien sich der Tumor zurückzubilden. Nach Verlauf weniger Wochen war er eindeutig kleiner, und die Bestrahlungen erfolgten fast ohne Nebenwirkungen. Binnen zwei Monaten war der Tumor verschwunden. Natürlich war der Arzt erstaunt und verwirrt, zugleich aber beglückt über die Wirksamkeit des psychologischen Therapieansatzes. Wie konnte ein Gedanke eine Krebszelle besiegen? Der Mechanismus war völlig unverständlich – ja, es mochte sein, daß er angesichts der unerhörten Komplexität des Immunsystems und des Nervensystems, die hier ganz offensichtlich beide eine Rolle spielten, letztendlich nicht erklärbar war. Der Patient seinerseits nahm die Heilung ohne große Überraschung hin. Er erzählte Simonton, daß die Arthritis in seinen Beinen ihn davon abhalte, so oft er wolle angeln zu gehen. Wo nun der Krebs überwunden war, warum sollte man da nicht versuchen, sich auch der Arthritis auf diese Weise zu entledigen? Innerhalb weniger Wochen war der Versuch erfolgreich, und der Mann blieb während der folgenden sechs Jahre, während derer die Nachfolgeuntersuchungen durchgeführt wurden, beschwerdefrei.

Dieser mittlerweile berühmte Fall ist ein anerkannter Meilenstein in der Geist-Körper-Medizin, aber leider ist das nicht die ganze Geschichte. Carl Simontons Visualisierungstherapie, die ein breites Geist-Körper-Programm hervorgebracht hat, ist keine zuverlässige Krebstherapie. Soweit ich weiß, hat eine meiner Patientinnen sie mit Erfolg bei sich selbst angewandt, um sich von Brustkrebs zu heilen, wobei sie allerdings die Technik auf eigene Faust und ohne ärztliche Betreuung ausübte. Langzeitstudien werfen jedoch die Frage auf, ob solche sporadischen Ergebnisse der konventionellen Behandlung wirklich überlegen sind. Heutzutage hat die konventionelle Therapie einen gewaltigen Vorsprung: Wenn beispielsweise eine Frau einen örtlich begrenzten Tumor im Anfangsstadium entdeckt, liegen für sie die Heilungschancen bei über neunzig Prozent. »Heilung« bedeutet hier, daß innerhalb von drei Jahren kein erneuter Krebsbefall auftritt. Im Verhältnis dazu liegt die Anzahl der Spontanheilungen selbst bei sehr wohlwollender Schätzung unter eins zu tausend. Solange eine geistige oder eine andere alternative Therapie die Chemotherapie und Bestrahlung nicht an Wirksamkeit übertrifft, wird sie nicht viele Anhänger finden. Es ist zwar so, daß die Patienten solche Ansätze herbeisehnen, doch stoßen sie bei den meisten Ärzten immer noch auf Angst und Mißtrauen.

Doch selbst wenn Simontons Patient ein Einzelfall wäre, so wäre das ausreichend, um unsere Vorstellung davon, wie der Körper sich selbst heilt, zu erschüttern. Hier bahnt sich die Natur einen Weg, den Tod zu überwinden, den kein Arzt zuvor beschritten hat, und hier deutet sich auch dunkel an, daß die normalen Methoden der Ärzte der Natur nicht helfen, sondern sie unterdrücken.

Engagierte Ärzte haben während des letzten Jahrzehnts in Scharen mit neuen Geist-Körper-Techniken experimentiert, von Biofeedback über Hypnose und Visualisierung bis hin zu Verhaltensänderungen. Die Ergebnisse sind durchweg zu unterschiedlich und zu schwer greifbar, als daß sie sich zusammenfassend interpretieren ließen. Der Psychologe Michael Lerner führte über drei Jahre hinweg eine sorgfältige Studie an über vierzig Kliniken durch, die alternative Krebstherapien anbieten, einschließlich Heilkräuterbehandlung, Makrobiotik und Visualisierung positiver Gedankenbilder. Er stellte fest, daß diese »alternativen Krebszentren« von Patienten aufgesucht wurden, die im allgemeinen einen hohen Bildungsgrad und einen hohen sozialen Status hatten, und daß die Ärzte, die diese Kliniken leiteten, seriös und voller guter Absichten waren, daß aber nirgendwo auch nur im entferntesten eine wirksame Krebstherapie entdeckt worden war.

Als er die Patienten befragte, war eine recht große Anzahl von ihnen, etwa vierzig Prozent, der Meinung, daß sie zumindest vorübergehend eine Verbesserung ihrer Lebensqualität erfahren hätten. Weitere vierzig Prozent berichteten, daß sich ihr Zustand tatsächlich gebessert habe, wobei die von ihnen angegebene Dauer zwischen wenigen Tagen und mehreren Jahren schwankte. Am jeweils äußersten Rand des Spektrums gab es schließlich zwei Gruppen, von denen die eine der Ansicht war, daß ihnen die Behandlung nichts gebracht habe, während die andere angab, teilweise oder sogar völlig von ihrer Krankheit genesen zu sein. Allgemein läßt sich über alternative Therapien sagen, daß sie den Patienten ein gewisses Maß an Trost und Erleichterung bringen, daß sich aber bedauerlicherweise die Heilerfolge nicht wesentlich von denen der Schulmedizin unterscheiden.

Es gibt noch andere Probleme, die schwerer wiegen als lediglich widersprüchliche Ergebnisse: Der ganze Bereich der Geist-
Körper-Therapien ist auch heute noch außerstande, einen eindeutigen Beweis für seine Grundannahme zu erbringen: daß der Geist
den Körper beeinflußt – weder in Richtung Gesundheit noch in
Richtung Krankheit. Es scheint absolut selbstverständlich zu sein,
daß sich kranke und gesunde Menschen in verschiedenen Bewußtseinszuständen befinden, doch steht der Nachweis für den Kausalzusammenhang immer noch aus.

Eine größere Studie über Brustkrebs, die 1985 an der University
of Pennsylvania/USA durchgeführt wurde, um den Zusammenhang
zwischen der geistigen Einstellung von Patienten und ihren Überlebenschancen für die folgenden zwei Jahre zu erforschen, kam zu
keinem schlüssigen Ergebnis. In einem die Studie begleitenden
Leitartikel, der in dem angesehenen »New England Journal of Medicine« erschien, wurde grundsätzlich in Frage gestellt, daß Gefühle einen Einfluß auf den Krebs haben. »Unser Glaube, daß
Krankheit ein direkter Ausdruck geistiger Zustände ist«, so schloß
der Leitartikel, »ist im großen und ganzen ein Ammenmärchen.«
Daraufhin überschwemmte eine Flut von Leserbriefen die Redaktion, zumeist von Ärzten, welche die Schlußfolgerung des Leitartikels heftig angriffen. In der Tat erscheint es unsinnig, die Rolle geistiger Einstellungen beim Entstehen von Krankheiten zu bestreiten
und sie gar als Ammenmärchen abzutun. Jeder praktizierende Arzt
weiß, daß der Wille eines Patienten zu genesen ein wesentlicher
Bestandteil seiner Behandlung ist. Wie sehr sie auch mit ihrer Medizin der »harten Fakten« verheiratet sein mögen, können sich die
meisten Ärzte dennoch nicht mit dem Gedanken abfinden, daß
Einstellung, Glaube und Gefühle belanglos sind. An der Schwelle
der westlichen Medizin steht die Aussage des Hippokrates: »Ein
Patient, der schon vom Tode gezeichnet ist, kann dennoch durch
den Glauben an die Kunst seines Arztes genesen.« Zahlreiche moderne Studien haben dies bestätigt, indem sie zeigten, daß Menschen, die ihrem Arzt vertrauen und sich seiner Fürsorge ganz
überlassen, größere Heilungschancen haben als jene, die sich ihm
mit Mißtrauen, Angst und innerem Widerstand nähern.

Die Folge des Leitartikels war die Bildung zweier Lager, während die ganze Angelegenheit ständig verworrener wurde. Zwei Studien über die Überlebensquoten bei Brustkrebs, die in der Mitte der achtziger Jahre entstanden, kamen zu völlig unterschiedlichen Ergebnissen. In der einen wurde die Tendenz deutlich, daß Frauen, die eine stark positive Einstellung hatten, diejenigen überlebten, die negativ eingestellt waren, wobei es keine Rolle spielte, wie weit ihre Krankheit fortgeschritten war. Positive Gefühle, so schien es, waren selbst dann noch bei der Heilung hilfreich, wenn es schon zur Bildung von Metastasen, also zu Tochtergeschwulsten, gekommen war. Dagegen starben Patientinnen mit negativen Gefühlen auch an kleinen Tumoren, die schon in relativ frühem Stadium erkannt worden waren.

Eine zweite Studie kam hingegen zu dem Ergebnis, daß jede beliebige, aber deutliche Einstellung, sofern sie ausgedrückt und nicht zurückgehalten wurde, bei der Überwindung dieser tödlichen Krankheit hilfreich war.

Bestätigt das erste Ergebnis den gesunden Menschenverstand, daß nämlich eine positive Haltung besser als eine negative ist, so trifft dies auf die zweite Studie ebenfalls zu, wenn auch aus dem Blickwinkel, daß Kampf besser ist als Resignation. Das Interesse der Öffentlichkeit richtete sich auf die sogenannte »Krebspersönlichkeit«, die Gefühle aufstaut und diese Unterdrückung irgendwie in bösartige Zellen umwandelt. Dem wurde der »Ich-will-überleben-Typ« gegenübergestellt, der entweder positiv oder negativ eingestellt sein konnte.

In all dem liegt eine gewisse Logik, die der erwähnten Studie im »New England Journal« völlig abgeht. Sie wurde aber durch weitere Studien bestätigt, denen zufolge es *keinen* Zusammenhang zwischen Gefühlsmustern und den über zwei Jahre hinausreichenden Überlebenschancen bei Brustkrebs gibt. Das alles weist darauf hin, daß selbst bei zunehmender Popularität das Konzept der Geist-Körper-Medizin, eine der ersehntesten Neuerungen seit Erfindung des Kinderlähmungs-Impfstoffs, weiterhin eine Herausforderung darstellt.

Im Verlauf der Zeit ist ein mittlerweile vertrautes Muster entstanden, daß nämlich die Öffentlichkeit zunächst über einen begeisternden Durchbruch informiert wird, der sich anschließend als klinisch wertlos erweist, was dann jedoch im allgemeinen nur im engeren Kreis der Ärzteschaft bekannt wird.

Ein klassisches Beispiel dafür ist die Unterteilung von Herzinfarktpatienten, von denen über drei Viertel Männer im mittleren Alter waren, in risikoreichen A-Typ-Persönlichkeiten und in B-Typ-Persönlichkeiten mit geringerem Risiko. Der A-Typ wurde dargestellt als arbeitssüchtiger Ellenbogenmensch, der ständig darauf aus ist, Terminrekorde zu brechen und der sein Nervensystem mit Streßhormonen in Aufruhr versetzt. Ihm gegenübergestellt wurde der entspannte, tolerante und ausgeglichenere B-Typ. Der A-Typ krankte daran, stets gehetzt zu sein. Es erschien daher nur folgerichtig, daß sein Herz sich schließlich auflehnen würde – in Form einer akuten Erkrankung der Herzkranzgefäße. Leider führten gründliche Studien zu dem Ergebnis, daß sich diese beliebte Unterteilung nicht so eindeutig bestätigen ließ. Es stellte sich heraus, daß die meisten Männer sowohl etwas vom A-Typ als auch vom B-Typ an sich haben und daß die Streßtoleranz sehr stark variiert, ja, daß es sogar Gruppen gibt, für die laut eigener Aussage Streß das Lebenselixier ist. Eine Studie aus dem Jahre 1988 kam schließlich zu dem Ergebnis, daß dann, wenn ein Mann tatsächlich einen Herzinfarkt hatte, der A-Typ eher überlebt als der B-Typ. Ihr Erfolgsdrang erweist sich hier offensichtlich als Lebensretter.

Die verwickelte Frage nach der Beziehung zwischen Geist und Körper war nicht so leicht zu beantworten. Fragt man, warum sich nicht eine eindeutige Beziehung zwischen positiver Einstellung und guter Gesundheit herstellen läßt – dies scheint eines der offenkundigsten Fakten des Lebens zu sein –, so hängt die Antwort vor allem davon ab, was man mit »Einstellung« überhaupt meint. Das ist keine lebensferne Frage, sondern eine sehr praktische. Wenn ein Patient mit Krebs ankommt, ist dann sein geistiger Zustand danach zu beurteilen, wie er sich am Tag der Diagnose fühlt, oder danach, wie er sich lange Zeit zuvor gefühlt hat oder wie er sich lange Zeit danach fühlt? Lawrence LeShan, Verfasser bahnbrechender Studien aus den fünfziger Jahren, in denen Zusammenhänge zwischen Gefühlen und Krebs untersucht wurden, ging bis in die Kindheit seiner Krebspatienten zurück, um den schwarzen Samen zu finden, der ihre Psyche vergiftet hatte. Er stellte die Theorie auf, daß die-

ser über Jahre hinweg im Unterbewußtsein verborgen lag, um dann
schließlich den Krankheitsprozeß in Gang zu setzen.

In meiner eigenen Praxis hatte ich einen Patienten mit Lungenkrebs, der fünf Jahre lang beschwerdefrei mit einem kleinen, pfen-
niggroßen Lungenschatten gelebt hatte. Er hatte nicht den leise-
sten Verdacht, daß es Krebs sein könnte, und da er schon um die
sechzig war, wuchs der Schatten recht langsam. Sobald ich ihm jedoch mitgeteilt hatte, daß es sich dabei um Lungenkrebs handelte,
geriet er in heftige Aufregung. Innerhalb eines Monats begann er,
blutig auszuhusten; nach drei Monaten starb er. Wenn es sein Geisteszustand war, der zu dieser unglücklichen Überstürzung beitrug,
so traf die Wirkung offensichtlich sehr schnell ein. Der Patient
konnte zwar mit seinem Tumor leben, nicht aber mit der Diagnose.

Noch grundlegender ist folgende Frage: Was ist der »Geist«, für
den sich der Arzt interessiert? Ist es die Gesamtpersönlichkeit des
Patienten, sein Unterbewußtsein, seine Ansichten, seine tiefsten
Überzeugungen oder irgend etwas noch nicht von der Psychologie
Verstandenes und Definiertes?

Es mag sogar sein, daß der wesentliche psychische Faktor, der
über Erkrankung oder Genesung entscheidet, noch nicht einmal
spezifisch menschlich ist. In einer in den 70er Jahren an der University of Ohio/USA durchgeführten Studie über Herzerkrankungen
wurden Versuchskaninchen mit toxischen, cholesterinreichen Substanzen ernährt, womit eine Verstopfung ihrer Arterien erreicht
werden sollte, wie sie durch eine vergleichbare Ernährung beim
Menschen auftritt. Bei allen Versuchsgruppen gab es übereinstim-
mende Ergebnisse, mit einer Ausnahme: Eine Gruppe wies seltsamerweise sechzig Prozent weniger Krankheitssymptome auf.
Nichts in der Physiologie dieser Kaninchen gab Aufschluß über
ihre hohe Widerstandsfähigkeit gegenüber dem Giftfutter, und nur
durch Zufall entdeckte man, daß der mit dem Füttern beauftragte
Student die Tiere gern hochnahm und sie streichelte. Er hielt jedes
Kaninchen vor dem Füttern ein paar Minuten lang liebevoll auf
dem Arm, und dies allein schien auszureichen, daß die Tiere mit
dem Gift in ihrer Nahrung fertig wurden. Wiederholungen des Experiments, in denen je eine Gruppe neutral behandelt wurde, eine
andere mit Zuwendung, erbrachten vergleichbare Ergebnisse.

Auch hier läßt sich der Mechanismus, der diese Widerstandsfähigkeit hervorbringt, kaum durchschauen. Schließlich ist es doch verblüffend, daß die Natur in den Geist des Kaninchens eine Immunreaktion einprogrammiert hat, die von menschlicher Zärtlichkeit ausgelöst werden kann.

Manche Ärzte glauben sogar, daß der Geist vom medizinischen Standpunkt aus eine Fiktion ist. Wenn wir denken, daß der Geist krank ist, so ist nach Auffassung dieser Ärzte das eigentlich Kranke das Gehirn. Dieser Ansicht entsprechend sind die klassischen Geistesstörungen – Depression, Schizophrenie und Psychose – in Wirklichkeit Gehirnstörungen. Diese Meinung ist jedoch ganz offensichtlich unzulänglich; denn es wäre so, als würde man behaupten, an den Verkehrsunfällen seien die Autos schuld. Aber da das Gehirn ein Körperorgan ist, das gewogen und seziert werden kann, gibt es der Medizin eher ein Gefühl der Sicherheit als der Geist, der sich auch nach Jahrhunderten der Innenschau und Analyse noch immer dem Zugriff der Definition entzieht. Die Ärzte sind schließlich doch ganz froh, wenn sie nicht als Philosophen gefordert sind.

Die Möglichkeit, mit bewußtseinsverändernden Drogen die Hauptsymptome von Geisteskrankheiten wie Depressionen, Manien, Ängste oder Halluzinationen zu lindern, stellt alles bisher Dagewesene in den Schatten. Die medikamentöse Psychiatrie wird sehr wahrscheinlich versuchen, ihrer Gegenspielerin, der Geist-Körper-Medizin, den Rang als medizinische Revolutionärin der Moderne streitig zu machen. Sie kann sich auf zuverlässige klinische Daten sowie auf zahlreiche Hinweise stützen, daß es einen direkten Zusammenhang zwischen chemischen Anomalien im Gehirn und Geistesstörungen gibt.

Es dürfte kaum ein überzeugenderes Beispiel geben als den ausgewachsenen Irrsinn eines chronisch Schizophrenen, der von Wahnbildern und inneren Stimmen verfolgt wird und unter verworrenen Gedanken sowie häufig unter völliger Orientierungslosigkeit leidet. Einen Schizophrenen zu fragen, welcher Tag gerade ist, kann ihn in Verwirrung und schlotternde Angst versetzen. Und doch kann der Unterschied zwischen diesem Geisteszustand und normalem Verhalten auf eine winzige biochemische Substanz namens

Dopamin zurückgeführt werden, die vom Gehirn ausgeschüttet wird. Schizophrene erzeugen, so wird seit etwa zwei Jahrzehnten angenommen, zu viel von dieser Substanz, die eine wichtige Rolle bei der Verarbeitung von Gefühlen und Wahrnehmungen spielt. So wäre eine Halluzination eine Wahrnehmung der Außenwelt, die durch eine Fehlkodierung der Gehirnsubstanzen verdreht wurde.

Diese Hypothese wurde 1984 noch weiter vereinfacht, als Rafiq Waziri, ein Psychiater an der University of Iowa/USA, alle bisherigen Erkenntnisse über die Gehirnchemie von Schizophrenen zusammenfaßte und schließlich den Defekt auf ein noch kleineres Molekül namens Serin zurückführte, eine gewöhnliche Aminosäure, die in den meisten proteinhaltigen Nahrungsmitteln vorkommt. Man nimmt an, daß Serin eine Vorstufe bei der Erzeugung von Dopamin ist. Wegen ihrer Unfähigkeit, das Serin richtig umzuwandeln, erzeugen die Gehirne von Schizophrenen offensichtlich überschüssiges Dopamin, um den Mangel auszugleichen, wobei der genaue Vorgang noch unbekannt ist.

Könnte es also sein, daß eine ausgewachsene Schizophrenie, die als die eigenartigste und komplexeste aller Geistesstörungen angesehen wird, davon abhängig ist, wie gut jemand sein Essen verdaut? Frühere Ergebnisse am Massachusetts Institute of Technology/USA haben bereits darauf hingewiesen, daß die grundlegenden chemischen Strukturen unseres Gehirns so beweglich sind, daß eine einzige Mahlzeit sie verändern kann.

Waziri untermauerte seine Theorie dadurch, daß er einer Gruppe langjährig Schizophrener einen Nahrungsmittelzusatz namens Glyzin verabreichte, eine Substanz, von der man annimmt, daß sie durch Serin beim Dopaminaufbau erzeugt wird. Vielleicht – so überlegte Waziri – würde das überschüssige Glyzin den Serinmangel beheben helfen und das Dopamin wieder ins Gleichgewicht bringen. In der Versuchsgruppe schlug die Therapie bei einigen Patienten in spektakulärer Weise an: Sie konnten ihre Medikamente absetzen, ohne daß es zu psychotischen Anfällen kam. Zum ersten Mal seit Jahren war ihr Denken von ihrer Krankheit wie auch von den bewußtseinslähmenden Medikamenten befreit, mit denen sie behandelt worden waren.

Ein diätischer Behandlungsansatz bei Geisteskrankheiten wäre

sehr viel günstiger als die heute üblichen Therapien. Die Möglichkeit, neue Ernährungszusammenhänge zu entdecken, läßt manchen
natürlich etwas sehr weit vorpreschen. Zumindest ein Bestseller
unter den Diätbüchern kam so auch ins Kreuzfeuer der Kritik, da
er »glückliche Nahrungsmittel« und »traurige Nahrungsmittel«
auflistete und seine Liste auf die Annahme stützte, daß die Aminosäuren in diesen Nahrungsmittel direkt ins Gehirn wandern und
dort zu Substanzen umgewandelt werden, die entweder positive
oder negative Stimmungen erzeugen. Milch, Geflügel, Bananen
und Blattgemüse zählen danach angeblich zu den glückserzeugen-
den Nahrungsmitteln, da sie die Ausschüttung von Dopamin und
anderen »positiven« Gehirnsubstanzen anregen sollen. Zucker-
und fetthaltige Nahrungsmittel seien typische Traurigmacher, da
sie die Erzeugung von Azetylcholin bewirken, das als »negativ«
gilt. Kritiker wenden mit gutem Grund ein, daß die Gehirnchemie
nicht so simpel ist: Kann der hohe Dopaminspiegel eines Schizophrenen etwa als positiv angesehen werden? Auch ist es anscheinend nicht so, daß eine veränderte Aufnahme von Aminosäuren
unmittelbar zu einer Zunahme der gewünschten chemischen Substanzen im Gehirn führt, genausowenig, wie der Cholesteringehalt
unserer Nahrung eine unmittelbare Auswirkung auf den Cholesterinspiegel unseres Blutes hat.

Wenn man sich aber in gute Laune oder gar geistig gesund essen kann, dann werden die grundlegenden Probleme der Geist-
Körper-Medizin noch unübersichtlicher. Ist es glaubhaft, daß der
Geist uns von Arthritis heilen kann, und kann man gleichzeitig be-
haupten, daß der Verzehr von Schokolade Depressionen auslöst?
Dies wäre wohl ein Widerspruch in sich, da dann der Geist die Ma-
terie beherrscht, außer in denjenigen Fällen, wo die Materie den
Geist beherrscht. In der gegenwärtigen Atmosphäre widersprüch-
licher Analyseergebnisse hängen die Anhänger beider Lager – die
Befürworter einer Behandlung des Körpers durch den Geist und die
Befürworter einer Behandlung des Geistes durch den Körper – gleichermaßen in der Luft.

Viele Ärzte wären auf Grund ihrer materialistischen Voreingenommenheit sehr erfreut, wenn chemische Wirkstoffe die Antwort
auf alle unsere geistigen und körperlichen Geheimnisse darstell-

ten. Ich glaube nicht, daß dem so ist. In meinem Fachbereich, der Endokrinologie, die sich mit der Funktion der innersekretorischen Drüsen befaßt, wurden einige der chemischen Substanzen zuerst entdeckt, die den Geist beeinflussen. Täglich habe ich es mit Patienten zu tun, die psychische Symptome aufweisen, die von Anomalien in ihrem Hormonhaushalt herrühren – dazu gehören das zusammenhanglose Denken eines Diabetikers, der an seiner Unterzuckerung leidet, die Gemütsschwankungen von Frauen während der Menstruation oder sogar eine charakteristische Depression, die das erste Warnzeichen bei bestimmten Krebsarten ist – Bauchspeicheldrüsenkrebs kann beispielsweise zu klein sein, um ihn zu sehen; dennoch schüttet er Cortison und andere »Streßhormone« in den Blutkreislauf aus und ruft damit bei Patienten Niedergeschlagenheit hervor.

Dennoch scheint mir das Argument fraglich, daß uns lediglich ein umfassenderes biochemisches Wissen zum Erfolg fehlt. Der Körper besitzt zu viele chemische Substanzen, buchstäblich Tausende davon, die in unvorstellbar komplexen Mustern erzeugt werden und oft in Bruchteilen von Sekunden entstehen und zerfallen. Was steuert diesen ständigen Fluß? Wir können den Geist nicht völlig aus der Geist-Körper-Verbindung ausklammern. Zu behaupten, der Körper heile sich selbst unter ausschließlicher Verwendung von chemischen Verbindungen, hieße, daß ein Auto die Gänge wechselt, indem es lediglich die Gangschaltung benutzt. Aber wir brauchen doch wohl einen Fahrer, der weiß, was er tut. Zwar hat sich die Medizin mehrere Jahrhunderte an die Vorstellung geklammert, daß sich der Körper selbst steuert, wie ein Automat, doch muß es auch hier »jemanden« geben, der sich auskennt. Sonst wäre die Chemie unseres Körpers eine chaotische Masse herumirrender Moleküle und nicht der unvorstellbar geordnete und genaue Mechanismus, wie wir ihn kennen.

In einem weniger aufgeklärten Zeitalter stellte man sich den Bediener dieser Maschine als einen winzigen Mann vor, den sogenannten Homunkulus, der seinen Sitz im Herzen hatte und alle zur Funktion des Körpers nötigen Hebel bewegte. Der Homunkulus verschwand in der Renaissance, als Anatomen erstmals öffentlich sezierten und nachforschten, was in ihnen war. Der Homunkulus war nicht im Herzen aufzufinden, auch die Seele nicht, was eine gewaltige, offensichtliche Lücke in unserer Vorstellung von der Bindung zwischen Geist und Körper sichtbar machte. Viele Wissenschaftler haben seither versucht, die Lücke mit Vorstellungen von der Wirkungsweise des Gehirns zu schließen. Ihrer Ansicht nach ist es die Aufgabe des Gehirns, alle Körperfunktionen zu ordnen und zu steuern. Doch fordert diese Antwort eine neue Frage heraus, denn das Gehirn ist ja selbst auch nur eine Maschine. Auch hier bedarf es wohl eines Bedieners. Ich meine, daß es tatsächlich einen gibt, aber er muß von viel abstrakterer Art sein als der Homunkulus oder sogar das Gehirn – er ist in die intelligente Kraft eingebaut, die uns leben, handeln und denken läßt.

Ist das überprüfbar? Der nächste Schritt ist für uns, daß wir uns eingehender mit der inneren Intelligenz des Körpers befassen und herauszufinden versuchen, was ihn bewegt. Die Geist-Körper-Medizin kennt keine Vorgaben und keine starren Regeln, was nur von Vorteil ist. Jahrzehntelang hat die Medizin bestätigt, daß achtzig Prozent aller Krankheiten teilweise eine psychosomatische Ursache hatten. Diese Komponente greifen zu wollen ist jedoch so, als wolle man den Wind einfangen. In uns muß es so etwas wie einen »Denkkörper« geben, der den Befehlen des Geistes gehorcht. Aber wo könnte das sein und woraus besteht er?

SKULPTUR ODER FLUSS?

Die Zahl der Zellen des menschlichen Körpers zu zählen, ist so schwierig wie die Zählung der Weltbevölkerung. Man schätzt die Anzahl der Zellen auf fünfzig Billionen oder etwa das Zehntausendfache der heutigen Menschheit. Wenn man sie isoliert unter einem Mikroskop betrachtet, sehen die verschiedenen Zellen – Herz-, Leber-, Gehirn-, Nierenzellen und so weiter – für das ungeübte Auge ziemlich gleich aus. Eine Zelle ist wie ein Beutel mit einer äußeren Membran, der Zellwand, und ist im Inneren mit einer Mischung aus Wasser und darin herumwirbelnden chemischen Substanzen gefüllt. Den Mittelpunkt aller Zellen, die roten Blutkörperchen ausgenommen, bildet ein Zellkern, in dem die enggewickelte DNS-Spindel sitzt, die das Erbmaterial enthält. Wenn Sie ein winziges Lebergewebe auf der Fingerspitze halten, so sieht es wie Kalbsleber aus, und es würde Ihnen kaum gelingen, seine spezifisch menschliche Herkunft auszumachen. Selbst ein geübter Genetiker würde nur zwei Prozent Unterschied zwischen unserer DNS und der eines Gorillas feststellen. Das bloße Betrachten kann uns keinen Aufschluß über die laut letzter Zählung mehr als fünfhundert Funktionen der Leber geben.

Wie undurchsichtig die ganze Geist-Körper-Angelegenheit mittlerweile auch ist, eines steht fest: Irgendwie haben die menschlichen Zellen einen Zustand überwältigender Intelligenz erreicht. Zu jedem Zeitpunkt ist die Anzahl der in unserem Körper koordinierten Abläufe so gut wie unendlich. Wie die Ökosysteme der Erde scheint unser Körper in unterschiedlichen Bereichen zu funktionieren, die tatsächlich aber unsichtbar miteinander verbunden sind: Wir essen, atmen, sprechen, denken, verdauen, halten Infektionen in Schach, reinigen unser Blut von Giftstoffen, erneuern unsere Zellen, scheiden Abfallstoffe aus, und anderes mehr. Jede die-

ser Aktivitäten ist mit dem Ganzen verflochten. Unsere persönliche
Ökologie ist der unseres Planeten sehr viel ähnlicher als viele gewahr werden. Auf unserer Körperoberfläche wimmelt es von Krea-
turen, die sich unserer Riesengröße ebenso wenig bewußt sind wie
wir uns ihrer Winzigkeit. Ganze Kolonien von Milben verbringen
beispielsweise ihr gesamtes Leben in unseren Wimpern.

Der Heilungsmechanismus befindet sich irgendwo in der Komplexität des Gesamten, doch ist er nicht so recht faßbar. Es gibt
kein Heilungsorgan. Wie weiß also der Körper, was zu tun ist,
wenn ein Schaden eintritt? Die Medizin hat dafür keine einfache
Antwort. Jeder der Prozesse, die selbst bei der Heilung einer ober-
flächlichen Schnittwunde ablaufen – beispielsweise die Blutgerinnung – ist so unglaublich komplex, daß bei einem Versagen dieses
Mechanismus, wie es bei Blutern der Fall ist, sich die moderne naturwissenschaftliche Medizin außerstande sieht, die gestörte Funktion wieder ins Lot zu bringen. Ein Arzt kann zwar Medikamente
verschreiben, die den fehlenden Gerinnungsfaktor ersetzen, doch
ist deren Wirkung nur von kurzer Dauer, und da sie künstlich sind,
haben sie zahlreiche unliebsame Nebenwirkungen. Die vollkom-
mene zeitliche Koordinierung des Körpers wie die bewunderns-
werte Vernetzung eines guten Dutzends darauf bezogener Prozesse
fehlt. Ein allopathisches Medikament ist einem Fremden vergleichbar, der in ein Land kommt, in dem alle blutsverwandt sind. Er
wird nie an dem Wissen der anderen teilhaben. Der Körper hat seinen eigenen Geist. Sobald wir diesen ebenso geheimnisvollen wie
grundlegenden Aspekt unseres Wesens verstehen, sollte die Krebs-
heilung ihre Wunderhaftigkeit verlieren. Jedermanns Körper weiß,
wie er eine Schnittwunde zu heilen hat; nur wenige Menschen haben dagegen einen Körper, der weiß, wie er mit Krebs fertig wird.

Jeder Arzt ist sich bewußt, daß die Natur die Krankheiten heilt.
Diese Aussage schrieb schon Hippokrates vor zweitausend Jahren
nieder. Wo ist dann der Unterschied zwischen der gewöhnlichen Art
der Heilung und der ungewöhnlichen oder gar »wunderbaren« Heilung? Vielleicht ist der Unterschied klein und existiert nur in unserem Kopf. Wenn Sie sich beim Kartoffelschälen in den Finger
schneiden, so heilt die Wunde ganz von selbst, und Sie sind deswegen natürlich nicht überwältigt, denn der Heilungsprozeß – das Ge-

rinnen des Blutes zur Schließung der Wunde, die Bildung von
Wundschorf und die Bildung neuer Haut und Blutgefäße – erscheint völlig normal.

Dennoch sollten wir uns bewußt sein, daß dieses Gefühl der
Normalität nicht heißt, daß wir wissen, was Heilen ist und wie der
Heilungsprozeß gesteuert werden kann. Es ist ernüchternd festzustellen, daß das Wissen in medizinischen Fachbüchern nur sehr
wenig mit dem Leben, dafür um so mehr mit dem Tod zu tun hat.
Wohl deswegen, weil das meiste davon durch das Sezieren von Lei-
chen, die Untersuchung von Gewebeproben unter dem Mikroskop
und die Analyse von Blut, Urin und anderen isolierten Nebenpro-
dukten des Körpers entstanden ist. Natürlich werden auch lebende
Patienten untersucht, und man kann Tests zu vielen verschiedenen
Körperfunktionen durchführen. Aber das so erworbene Wissen ist
verglichen mit den Bänden voller wissenschaftlicher Daten über
den Tod doch recht gering. Der englische Dichter Wordsworth
schrieb knapp und bündig: »Wir morden, um zu sezieren.« Es gibt
kaum eine wahrere Aussage über die Begrenzungen medizinischer
Forschung.

Das erste, was im Labor getötet wird, ist das feine Intelligenzgewebe, das den Körper zusammenhält. Wenn ein Blutkörperchen
an eine Wunde eilt, um sie zu versiegeln, so ist es nicht zufällig
dorthin gelangt. Es weiß genau, wohin es zu reisen und was es bei
seiner Ankunft zu tun hat, genauso wie ein Sanitäter – oder sogar
noch genauer, denn es handelt völlig spontan und ohne fehlzulau-
fen. Aber selbst dann, wenn wir sein Wissen in immer feinere
Wissensteilstücke unterteilen, um ein winziges Hormon oder Bo-
tenenzym aufzuspüren, werden wir keinen Proteinstrang mit dem
Etikett »Intelligenz« finden. Und dennoch gibt es keinen Zweifel
daran, daß hier Intelligenz am Werk ist.

Ein Teil dieser Intelligenz widmet sich dem Heilen, und es
scheint sich dabei um eine sehr mächtige Kraft zu handeln. Jede
tödliche Krankheit – nicht nur der Krebs – hat ihre geheimnisvollen Überlebenden. Obwohl mir keine Spontanheilungen bei AIDS
bekannt sind, gibt es doch Langzeit-Überlebende (nach fünf Jahren
noch lebende Patienten), deren Immunsystem sich irgendwie gegen
diese Krankheit verteidigt hat, die unter normalen Bedingungen

absolut vernichtend ist. Forscher neigen dazu, solche außergewöhnlichen Physiologien als biochemische Laune der Natur anzusehen. Durch Blutproben und Isolierung ungewöhnlicher Bestandteile der Immunzellen hoffen die Biologen, eine unbekannte Komponente zu entdecken, die diese Menschen schützt. Kann dies erreicht werden – und es ist angesichts der Komplexität unseres Immunsystems eine langwierige und schwierige Aufgabe –, dann kann nach jahrelangen Versuchen und Investitionen in Millionenhöhe ein neues Medikament entstehen, das der gesamten Gesellschaft Nutzen bringen kann.

Was in Wahrheit jedoch jeder braucht, ist die Fähigkeit, dieses Wundermittel selber herzustellen. Diese Fähigkeit aber kommt nicht aus der Retorte. Ist nicht das gekaufte Medikament so gut wie das selber erzeugte? Nein, das ist es längst nicht. Verglichen mit der ursprünglichen, vom Körper erzeugten Substanz enthält der Wirkstoff in einem synthetischen Medikament nur sehr wenig Heilwissen. Es wäre angemessener, ihn als bloßen Füllstoff zu bezeichnen.

Der Grund dafür liegt in unseren Zellen. Die äußere Zellmembran oder Zellwand ist mit zahlreichen sogenannten Rezeptoren, biochemischen Aufnahmestellen, ausgestattet. Die Zellwand selbst ist glatt; dafür sind die Rezeptoren »klebrig« – sie bestehen aus komplexen Molekülketten, deren letztes Kettenglied aufnahmebereit ist und darauf wartet, daß ein bestimmtes anderes Molekül vorbeikommt und sich dort binden läßt. Mit anderen Worten: Rezeptoren sind wie Schlüssellöcher, in die nur ganz bestimmte Schlüssel passen. Damit ein Medikament wirken kann, muß es der Schlüssel zu einem ganz genau ausgewählten Rezeptor in der Zellwand sein.

Die von unserem Körper erzeugten Hormone, Enzyme und anderen biochemischen Substanzen wissen ausgezeichnet Bescheid, in welche Rezeptoren sie passen. Die Moleküle scheinen tatsächlich fähig zu sein, ihre Zielorte auszuwählen und anzusteuern. Es ist geradezu unheimlich, unter dem Mikroskop zu verfolgen, mit welcher Zielsicherheit sie sich dorthin bewegen, wo sie gebraucht werden. Auch kann der Körper Hunderte verschiedener Substanzen gleichzeitig ausschütten und sie unter Berücksichtigung des Ganzen steuern.

Wenn Sie den Auspuffknall eines Sportflitzers draußen vor dem
Fenster hören und im gleichen Moment vor Schreck fast vom Stuhl
springen, dann ist diese Sofortreaktion das Ergebnis eines komplexen inneren Ablaufs. Ausgelöst wird das Ganze durch einen Adre-
nalinstoß aus Ihren Nebennieren. In den Kreislauf ausgeschüttet,
gibt das Adrenalin Signale an Ihr Herz weiter, das schneller zu
pumpen beginnt; sowie an Ihre Blutgefäße, die sich verengen und
den Blutdruck hochtreiben; an Ihre Leber, die zusätzlichen Brennstoff in Form von Glukose bereitstellt; an Ihre Bauchspeicheldrüse,
die Insulin absondert, so daß mehr Zucker umgewandelt werden
kann; und schließlich an Ihren Magen und Ihre Därme, die sofort
aufhören zu verdauen, so daß mehr Energie in andere Körperbereiche umgeleitet werden kann. Diese ganzen Aktivitäten, die mit
Blitzesschnelle und mit starken Auswirkungen im ganzen Körper
vonstatten gehen, werden vom Gehirn koordiniert, das mit Hilfe
der Hirnanhangdrüse, der Hypophyse, viele der eben beschriebe-
nen Hormonsignale sowie zahlreiche andere chemische Signale
steuert, die durch die Neuronen (die Nervenzellen) zu Ihren Augen
rasen, um sie auf das »bedrohende« Objekt auszurichten, zu Ihren
Rückenmuskeln, um Sie auffahren zu lassen; zu Ihrem Kopf, der
sich erschrocken wendet.

Damit diese ganze Reaktion ablaufen und schließlich wieder
abklingen kann – denn anders als bei einem synthetischen Medikament kann der Körper jeden dieser Prozesse genauso präzise umkehren wie er ihn begann – ist überall derselbe Schlüssel-Schloß-
Mechanismus am Werk. All das ist oberflächlich gesehen sehr
einfach; versucht man jedoch, das Ereignis durch ein Medikament
auszulösen, so sind die Ergebnisse nicht annähernd so präzise,
geordnet und wunderbar aufeinander abgestimmt. Um es genau zu
sagen, sie sind chaotisch. Wird Adrenalin, Insulin oder Glukose
einzeln in einen Körper injiziert, so erhält dieser einen heftigen
Schock. Die Substanzen überschwemmen sämtliche Rezeptoren,
da das Gehirn sie nicht alle koordinieren kann. Anstatt mit dem
Körper zu verhandeln, greifen sie ihn mit rücksichtslosem Nachdruck an. Auch wenn die chemische Zusammensetzung des Medikaments naturidentisch ist – egal, woher es stammt –, muß als wesentlicher Bestandteil Intelligenz vorhanden sein. Ist dies nicht so,

dann ist die Wirkung des Medikaments eine unzureichende Kopie der natürlichen Substanz.

Hier ein Beispiel, das die komplizierten Auswirkungen eines scheinbar einfachen Medikaments verdeutlicht. Patienten mit Bluthochdruck wird allgemein geraten, diesen durch Diuretika, das sind Arzneien, die Wasser aus den Zellen abziehen, das dann über die Harnwege ausgeschieden wird, zu senken. Das gehört zur ständigen Arbeit der Nieren, wenn sie behutsam die Blutchemie regeln und sicherstellen, daß Wasser, auszuscheidende Stoffe und die notwendigen Salze, Elektrolyten, sich in einem feinabgestimmten Gleichgewicht befinden. Ein Diuretikum hat jedoch nur eines im Sinn und ist geradezu besessen von seinem einen Zweck: Es bahnt sich rücksichtslos seinen Weg durch den Körper und fordert von jeder Zelle, der es begegnet, seinen Wassertribut.

Die Folge ist, daß zwar die Flüssigkeitsspannung in den Blutgefäßen nachläßt, was ja auch vom Arzt bezweckt worden war, doch ist auch überall sonst der Flüssigkeitsspiegel betroffen. Das Gehirn mag gezwungen sein, einen Teil seines Wassers abzugeben, was es sonst nur in akuten Notfällen tut und was im Patienten Schwindelgefühle und Schläfrigkeit hervorruft. In vielen Fällen geschieht nichts Schwerwiegenderes, doch bisweilen kann es auch zu Störungen anderer Gehirnfunktionen kommen. Dies ist besonders bei älteren Patienten der Fall: Selbst wenn diese auch nur wenig Alkohol trinken, können sie so verwirrt werden, daß sie vergessen, genug Wasser zu trinken oder sich richtig zu ernähren. Dies kann zu Unterernährung und akuter Dehydrierung führen. Nach Ansicht mancher amerikanischer Endokrinologen ist dortzulande eine durch Diuretika im Verbund mit Alkohol oder Beruhigungsmitteln verursachte Dehydrierung die hauptsächliche Todesursache bei älteren Menschen.

Alle diese Folgeerscheinungen, ob schwächer oder stärker ausgeprägt, werden im allgemeinen als unerwünschte Nebenwirkungen von Diuretika bezeichnet. Doch ist diese Bezeichnung in Wahrheit irreführend. Denn es sind einfach nur ihre Wirkungen – die guten wie die schlechten stecken unweigerlich in ein und demselben Paket. Ein Diuretikum wirkt schlicht dadurch, daß es sich an Natriumatome anbindet, was den Körper veranlaßt, überschüssiges

Salz auszuscheiden. Dies wiederum senkt den Flüssigkeitsspiegel
in den Zellen, da das Wasser in unserem Körper wie das Meerwasser an Salz gebunden ist. Das Diuretikum kann nichts dafür, wenn
auch dort zu viel Salz entnommen wird, wo Wasser noch nötig ist.
Da Kalium dem Natrium im Aufbau seiner Atome sehr ähnlich ist,
verursacht auch hier das Diuretikum einen Abbau, was Schwäche,
Müdigkeit und Beinkrämpfe hervorrufen kann. Weniger unliebsame
Auswirkungen sind allgemein beobachtbar beim Verlust anderer
Spurenelemente wie Zink und Magnesium. Außer diesen bekannten Anzeichen von Kaliummangel kann es zu Unverträglichkeit mit
anderen Medikamenten kommen. Digitalis, ein Medikament, das
üblicherweise Herzkranken zur Stärkung des Herzschlags verordnet wird, wird toxischer, wenn der Körper wenig Kalium besitzt.
Ironischerweise vermutet man heute, daß Kaliummangel ein auslö-
sender Faktor für Bluthochdruck ist, was bedeutet, daß das Diuretikum letztendlich gerade den Zustand fördert, den es eigentlich beheben sollte.

Die frustrierende Wirklichkeit – zumindest, was die medizinische Forschung anbelangt – ist, daß wir heutzutage wissen, daß der
Körper die beste Apotheke darstellt, die jemals eingerichtet wurde.
Sie bringt Diuretika hervor, Schmerzmittel, Beruhigungsmittel,
Schlafmittel, Antibiotika und im Grunde all das, was die pharmazeutische Industrie herstellt, nur sehr, sehr viel besser. Die Dosierung ist immer genau und kommt zum richtigen Zeitpunkt; Nebenwirkungen sind minimal oder entfallen gänzlich; und die
Gebrauchsanweisungen sind im Medikament enthalten, als Teil seiner ihm innewohnenden Intelligenz.

Ich habe über diese bekannten Tatsachen nachgedacht und bin
dabei zu drei Schlußfolgerungen gelangt: Erstens, daß Intelligenz
überall in unserem Körper vorhanden ist. Zweitens, daß unsere innere Intelligenz allem überlegen ist, was wir von außen her ersetzen können. Und drittens, daß Intelligenz wichtiger ist als die Materie des Körpers, da ohne sie diese Materie richtungslos, formlos
und chaotisch wäre. Intelligenz macht den Unterschied aus zwischen dem von einem Architekten entworfenen Haus und einem
Steinhaufen.

Lassen wir zunächst unsere Definition des Wortes »Intelligenz«

so einfach und praktisch wie möglich. Anstatt damit die Intelligenz eines Genies zu bezeichnen, was sowohl überheblich als auch zu abstrakt klingen mag, definiere ich Intelligenz einfach als Wissen. Es gibt keinen Zweifel daran, daß der Körper mit einem enormen Wissensschatz ausgestattet sein muß – egal, was Sie über Intelligenz im abstrakten Sinne denken mögen.

Das innere Wissen des Körpers ist so machtvoll, daß der Arzt es mit einem wirklich angsteinflößenden Gegner zu tun hat, wenn es aus dem Gleis gerät. Jede Zelle unseres Körpers ist beispielsweise durch ihre DNS, also ihre Erbinformation, programmiert, sich in bestimmten Zeitabständen zu teilen, wodurch dann zwei neue Tochterzellen entstehen. Wie alles andere von unserer inneren Intelligenz Geregelte ist auch dieser Vorgang nicht rein mechanisch. Eine Zelle teilt sich infolge einer inneren Information, gepaart mit Signalen aus den benachbarten Zellen, dem Gehirn und entfernteren Organen, die mit ihr über chemische Botenstoffe kommunizieren. Die Zellteilung ist das Ergebnis eines vielschichtigen, umsichtsvollen Entscheidungsprozesses – außer dann, wenn es sich um Krebs handelte.

Krebs ist ein wildes, sozusagen asoziales, rücksichtsloses Verhalten, durch das sich eine einzelne Zelle radikal fortpflanzt, ohne auf irgendwelche Signale zu hören, außer auf die ihrer eigenen, entgleisten DNS. Warum dies geschieht, weiß niemand. Es ist sicher nicht falsch anzunehmen, daß der Körper selbst weiß, wie er den Vorgang rückgängig machen kann, doch aus irgendeinem unbekannten Grund ist er dabei nicht immer erfolgreich. Sobald der Krankheitsprozeß beginnt, ist es nur eine Frage der Zeit, bis die Krebszellen ein lebenswichtiges Organ überfallen, dessen normale Zellen verdrängen und den Tod verursachen. Wenn der Tod eintritt, sterben die Krebszellen mit dem übrigen Körper, von ihrem eigenen ungezügelten Expansionsdrang zum Untergang verurteilt.

Die Medizin hat bislang noch keine Möglichkeit entdeckt, wie man den Krebszellen beizeiten eine Botschaft schicken kann, um das traurige Schicksal abzuwenden, das sie – auch sich selbst – bereiten. Die Substanzen, die ein Arzt gewöhnlich gegen den Krebs einsetzt, sind in bezug auf ihre Intelligenz absolut unwirksam. Der Krebs ist mit dem Genie eines Wahnsinnigen ausgestattet, neben

dem die Medikamente recht einfältig wirken. Daher greift der
Krebsspezialist zu einer viel grobschlächtigeren Strategie und bekämpft den Krebs mit Gift. Das gewöhnlich eingesetzte Krebsmittel
hat eine giftige, also toxische Wirkung auf den ganzen Körper; da
aber Krebszellen sehr viel schneller wachsen als normale Zellen,
nehmen sie mehr von diesem Gift auf und sterben daher auch
schneller. Die ganze Strategie ist die eines kalkulierten Risikos.
Der Patient muß Glück haben, und sein Arzt muß sich sehr genau
mit der Dosierung und dem zeitlichen Ablauf der Chemotherapie
auskennen, die beide über Erfolg oder Mißerfolg der Therapie entscheiden. Nur dann kann der Krebs aus dem Feld geschlagen und
das Leben des Patienten um viele Jahre nützlicher Existenz verlän-
gert werden.

Ironischerweise kann eine Therapie deswegen fehlschlagen,
weil sie den Körper gerade jener Intelligenz beraubt, die ihn sonst
vor Krankheiten schützt, denn zahlreiche Krebsmittel sind äußerst
schädlich für das Immunsystem unseres Körpers. Sie beeinträchtigen das Knochenmark, in dem unsere weißen Blutkörperchen erzeugt werden, was zu deren erschreckender Verminderung führt. Im
Verlauf der Chemotherapie wird der Patient stets anfälliger für neue
Krebsarten, und in einer bestimmten Anzahl von Fällen – bei
Brustkrebs sind es sogar dreißig Prozent – tritt ein neuer Krebs
auf, und der Patient stirbt. Darüber hinaus ist es manchmal einfach
nicht möglich, alle bösartigen Zellen zu vernichten. Schätzungen
zufolge sind im Körper eines typischen Krebspatienten zehn Milliarden Krebszellen. Auch wenn seine Chemotherapie zu 99,99
Prozent wirksam war, überleben immer noch eine Million Krebszellen in seinem Körper – mehr als genug für ein neues Krebsge-
schwür.

Krebszellen sind nicht alle gleich ausgestattet; manche sind
kräftiger als andere und damit schwerer abzutöten. Es kann sogar
sein, daß durch die Vernichtung der schwachen Zellen eine Art
Darwinscher Auswahl getroffen wird, wobei dann die Stärksten
überleben. In diesem Fall würde die Chemotherapie letztlich eine
aggressivere Form der Krankheit fördern. In ähnlicher Weise sind
die hartnäckigen Staphylokokken-Infektionen, die sich Patienten
in Krankenhäusern zuziehen, oft sehr widerstandsfähig gegenüber

Antibiotika, denn nur die tückischsten Bakterien können in der sterilen Atmosphäre von Operationssälen und unter dem ständigen Bombardement Hunderter von Penizillinschüssen überleben. Man kann sich leicht eine neue Krebsart vorstellen, die aus der Verbindung zweier bösartiger Zellen entsteht, welche sich der Therapie gegenüber als am widerstandsfähigsten erwiesen haben.

In jedem Fall ist nach der anfänglichen Hoffnung der fünfziger Jahre, daß die Chemotherapie den Krebs in unserer Generation auslöschen werde, heute Ernüchterung eingetreten. Zwar werden einzelne Krebsarten wie lymphatische Leukämie bei Kindern oder gewisse Varianten der Hodgkin-Lymphomen erfolgreich behandelt, doch ist anderen Hauptkillern wie Lungen- und Gehirnkrebs mit Chemotherapie so gut wie nicht beizukommen.

Nichts von dem, was ich bis jetzt über die Intelligenz des Körpers behauptet habe, ist nur Mutmaßung. Ärzte wie Patienten wissen um das wunderbare Netzwerk des Körpers. Dennoch stellen wir uns weiterhin den Körper in einer überholten Weise vor, als eine Art Apparat mit einem ausgezeichneten Techniker im Inneren, der das Ganze bewegt und steuert. Dieser Techniker wurde einst Seele genannt. Heute wird er auch als »Geist in der Maschine« bezeichnet, doch bleibt die Sichtweise dieselbe. Da wir unseren Körper sehen und berühren können, sein massives Gewicht mit uns herumtragen und gegen Türen rennen, wenn wir nicht aufpassen, scheint die Realität des Körpers vorrangig materiell zu sein – so unsere heutige Einstellung. Doch diese Sichtweise klammert etwas Wichtiges aus: Trotz der überwältigenden Überlegenheit des dem Körper eigenen Wissens, das jeder Wissenschaftler ohne Zögern anerkennt, verwenden wir nur einen Bruchteil unserer Zeit und unserer Ressourcen darauf, den lebendigen Körper als Ganzes zu erfassen – und das aus gutem Grund. Der griechische Philosoph Heraklit tat den berühmten Ausspruch: »Du steigst nicht zweimal in denselben Fluß.« Denn der Fluß verändert sich ständig durch das neu vorbeifließende Wasser. Genau dasselbe trifft auf den Körper zu.

Wir alle gleichen eher dem Fluß als einer in Zeit und Raum erstarrten Skulptur.

Könnten Sie Ihren Körper sehen, wie er wirklich ist, so würden Sie ihn nie zweimal in derselben Weise sehen. Neunundneunzig

Prozent der Atome Ihres Körpers waren vor einem Jahr nicht da. Das Skelett, das doch so fest erscheint, war vor drei Monaten ein ganz anderes. Die Anordnung der Knochenzellen bleibt zwar einigermaßen konstant, doch Atome aller Art wandern ungehindert durch die Zellwände hindurch, so daß Sie alle drei Monate ein neues Skelett erhalten.

Die Haut erneuert sich monatlich, und die Magenschleimhaut sogar alle vier Tage, wobei die eigentlichen Oberflächenzellen, die mit der Nahrung in Berührung kommen, alle fünf Minuten ersetzt werden. Die Leberzellen werden nur sehr langsam ausgetauscht, doch fließen ständig neue Atome durch sie hindurch, wie Wasser in seinem festen Bett, bis schließlich nach Verlauf von sechs Wochen eine neue Leber entstanden ist. Selbst im Gehirn, dessen Zellen nicht ersetzt werden, sind die Bestandteile an Kohlenstoff, Stickstoff, Sauerstoff und so weiter nach einem Jahr nicht mehr dieselben.

Es ist so, als lebten Sie in einem Haus, dessen einzelne Bausteine systematisch jedes Jahr ausgetauscht würden. Hielte man sich dabei an denselben Bauplan, so würde es stets gleich aussehen. In Wahrheit aber wäre es nicht mehr dasselbe Gebäude. Auch der menschliche Körper ändert sich nicht merklich von einem Tag zum andern, doch tauscht er sich durch Atmung, Verdauung, Ausscheidung und so fort ständig mit der übrigen Welt aus.

Manche Atome – Kohlenstoff, Sauerstoff, Wasserstoff und Stickstoff – wandern sehr schnell durch den Körper, da sie ein wesentlicher Bestandteil der Dinge sind, die wir am schnellsten umsetzen. Bestünden wir lediglich aus diesen vier Elementen, so würden wir uns buchstäblich jeden Monat neue Körper schaffen. Doch wird das Tempo der Erneuerung durch andere Elemente verlangsamt, die nicht so rasch durch uns hindurchfließen. Das in unseren Knochen eingelagerte Calcium braucht bis zu einem Jahr, um sich zu erneuern, einige Experten sprechen sogar von mehreren Jahren. Eisen, das den roten Blutkörperchen ihre Farbe verleiht, hält der Körper recht lange zurück; es verläßt den Körper hauptsächlich mit den abgestoßenen Hautzellen oder durch Blutverlust.

Wenn auch die Austauschgeschwindigkeit jeweils verschieden sein mag, findet der Wechsel doch ständig statt. Was ich »Intelligenz« nenne, übernimmt dabei die Aufgabe, diesen Wechsel so zu steuern, daß wir nicht zu einem Haufen Backsteinen zusammenfallen. Dies ist eines der augenfälligsten physiologischen Fakten, doch ist die Intelligenz so veränderlich, so unvorstellbar beweglich, mit anderen Worten: so quicklebendig, daß ihr in den medizinischen Fachbüchern so gut wie kein Platz eingeräumt wird.

Um sich eine Vorstellung davon zu machen, wie begrenzt unsere heutigen Kenntnisse sind, betrachten wir einmal den Aufbau eines Neurons: Die Neuronen, aus denen unser Gehirn und unser Zentralnervensystem besteht, verständigen sich miteinander über Spalte hinweg, die *Synapsen* genannt werden. Diese Spalte trennen die winzigen, astähnlichen Nervenfasern, die aus den Nervenzellen herauswachsen.

Jeder von uns besitzt Milliarden dieser Zellen in seinem Gehirn und in seinem Zentralnervensystem. Und wie wir bereits sahen, ist jede davon fähig, Dutzende und sogar Hunderte von Dendriten (Ästen) hervorzubringen – insgesamt schätzungsweise einhundert Billionen. Das bedeutet nun, daß zu jedem beliebigen Zeitpunkt mehr Signalkombinationen im Gehirn möglich sind, als es Atome im Universum gibt. Darüber hinaus existieren zahlreiche, blitzschnelle Verbindungen zwischen diesen Signalträgern. Beim Lesen dieses Satzes braucht Ihr Gehirn nur einige Tausendstelsekunden, um aus Millionen von Signalen ein präzises Muster (also eine exakte Information) herzustellen, das unmittelbar danach wieder aufgelöst wird und in dieser Form niemals mehr entsteht.

Während meines Medizinstudiums wurde uns die Neuronenkommunikation äußerst einfach veranschaulicht: Eine elektrische Ladung baut sich auf einer Seite der Synapse auf, und sobald sie stark genug ist, überspringt sie die Lücke wie ein Funke, um ein Signal an eine andere Zelle weiterzugeben. Selbst wenn dies der tatsächliche Ablauf wäre – in Wirklichkeit ist dies nicht so –, gab diese Beschreibung in unseren neurologischen Lehrbüchern des Jahres 1966 so gut wie keine Auskunft darüber, wie sich Neuronen im Leben verhalten. Das Buchmodell erfaßt nur eine einzelne, isolierte, in der Zeit erstarrte und ihres Zusammenhangs beraubte Nervenzelle. In Wirklichkeit ist das, was sich in den Lücken unseres Nervensystems abspielt, eher einem kosmischen Computer vergleichbar, den man auf mikroskopische Dimensionen verkleinert hat. Dieser Computer ist ständig in Betrieb, verarbeitet Hunderte von Programmen gleichzeitig, verarbeitet mehrere Millionen Bits pro Sekunde und – dies ist das größte aller Wunder – programmiert und bedient sich selbst.

Wie sollte ein Lehrbuch jemals diesen ganzen Vorgang beschreiben?

Denken bedeutet, daß wir in uns Muster erzeugen, die ebenso komplex, flüchtig und vielfältig sind wie die Wirklichkeit selbst.

Unser Denken ist ein Spiegel der Welt und nichts weniger. Die Naturwissenschaft hat einfach nicht das Werkzeug, um ein solches Phänomen zu beobachten, das unendlich und lebendig zugleich ist. Der lebendige Körper wird stets ein Gegenstand der Forschung sein, zumindest als Ganzes. Wenn also der Körper die Wissenschaft aufrüttelt, wie im Falle von Spontanheilungen bei Krebs, so wird die Medizin plötzlich verwirrt innehalten und feststellen, daß sich das Leben nicht so eindeutig verhält, wie es Laborversuche bisweilen vermuten lassen.

Aufgerüttelt wurde so zum Beispiel die Medizin im Jahre 1986, als ein mexikanischer Neurochirurg, Ignacio Madrazo, erfolgreich gesunde neue Zellen in das Gehirn eines Patienten mit Parkinsonscher Krankheit verpflanzte. Diese Transplantation könnte den ganzen Bereich der Gehirnforschung auf den Kopf stellen, denn nicht nur nistete sich das Transplantat ein, was bis zu diesem Zeitpunkt für unmöglich gehalten wurde, sondern die Körperfunktionen des Patienten normalisierten sich zu fünfundachtzig Prozent – ein erstaunliches Ergebnis. Vor dem Eingriff war der Patient, ein fast vierzig Jahre alter mexikanischer Bauer, durch die Krankheit praktisch ein Invalide gewesen.

Die Parkinsonsche Krankheit befällt ungefähr ein Prozent aller Menschen über fünfzig Jahre. Sie beginnt mit Muskelzittern, Starrheit in den Gliedern oder einem schleppenden Gang. Die unmittelbare Ursache der Symptome ist ein Mangel an Dopamin, derselben chemischen Gehirnsubstanz, die in hoher Konzentration Schizophrenie auslöst. Aus noch unbekannten Gründen sterben die im Gehirnstamm befindlichen und das Dopamin erzeugenden Nervenzellen ab, was den Mangel hervorruft. Ohne ausreichende Versorgung mit Dopamin ist die Fähigkeit des Gehirns, die Muskelbewegungen zu steuern, beeinträchtigt und geht schließlich ganz verloren.

Jedes einzelne oder alle drei der Symptome dieser Krankheit verschlimmern sich mit der Zeit, bis der Patient schließlich völlig handlungsunfähig ist. Bei dem Dramatiker Eugene O'Neill trat die Parkinsonsche Krankheit auf, als er Mitte Fünfzig war. Sein Zittern nahm an Heftigkeit zu, und es wurde für ihn immer beschwerlicher zu schreiben. Er hatte geplant, einen Zyklus von vier Theaterstükken zu schreiben, der die Krönung seines Werkes sein sollte. Doch die Krankheit machte alles zunichte. Mit heldenhafter Selbstüberwindung gelang es ihm, seine Worte zu Papier zu bringen, doch war niemand jemals fähig zu entschlüsseln, was sie uns sagen wollen.

Obgleich jünger als die meisten Parkinson-Kranken, war der Patient von Madrazo in Mexiko an sein Bett gefesselt, da er unter ständigen, rhythmischen Zuckungen litt, die es ihm unmöglich machten, ohne fremde Hilfe zu gehen. Nach dem Eingriff konnte er wieder gehen, rennen, essen, in seinem Garten arbeiten und – wie ein Film über ihn zeigt – seine kleinen Kinder in die Arme nehmen. Madrazos Operation öffnete die Tür der Hoffnung für andere Parkinson-Patienten. Bis Ende 1987 wurden weltweit 200 ähnliche Eingriffe vorgenommen; zwanzig davon führte Ignacio Madrazo durch, alle mit beachtlichem Erfolg. Vorhergehende Eingriffe derselben Art waren fehlgeschlagen und auch viele seither. Madrazo ist der Ansicht, daß seine Erfolge darauf zurückzuführen sind, daß er die Implantationsstelle genauestens auswählt. Doch der langfristigen Konsequenzen beginnt man sich erst jetzt bewußt zu werden – plötzlich sehen Gehirnforscher die Möglichkeit einer Gehirntransplantation.

Was jede Verpflanzung von Gehirngewebe für einen Mediziner so bemerkenswert macht, ist die Tatsache, daß immer davon ausgegangen wurde, daß sich das Gehirn nicht selbst heilen kann – ein Grund, warum fast alle Gehirnschädigungen, sei es durch Unfall oder durch Krankheit, als irreparabel angesehen wurden. Erst 1969 wies ein Forscher in Cambridge, Godfrey Raisman, mit einem Elektronenmikroskop nach, daß beschädigte Nervenzellen nachwachsen können. Und nun zeigte Madrazo, daß das Gehirn sich

nicht nur regenerieren, sondern sogar Gewebe aus anderen Organen aufnehmen kann. Das von ihm verwendete Transplantat
stammte aus der Nebenniere, die ebenfalls Dopamin erzeugt, doch
kann der Eingriff ebenso mit Transplantaten von fremden Spendern
und sogar aus Schweineföten durchgeführt werden.

Gehirnforscher arbeiten gegenwärtig an der Hypothese, daß das
Gehirn mit einem komplexen chemischen Reparatursystem ausgestattet ist, das noch vor wenigen Jahren fast völlig unbekannt war.
Ein schwedisches Forscherteam hat nachgewiesen, daß Gedächtnisschwund bei Ratten dadurch umgekehrt werden kann, daß man
ihnen eine der wichtigsten Reparatursubstanzen des Gehirns, ein
Schlüsselprotein, einspritzt. In derselben Weise kann die bei der
Alzheimerschen Krankheit auftretende Gehirnschädigung, die
ebenfalls zu einem irreversiblen Gedächtnisschwund führt, behandelt werden. Das schwedische Experiment stellte gegenüber der
Gewebetransplantation einen Fortschritt dar, da hierbei kein lebendiges Gewebe mit seinen Komplikationen verwendet und kein Eingriff vorgenommen werden mußte.

Ein anderes schwedisches Team hat gezeigt, daß Nervenzellen
in die Netzhaut des Auges verpflanzt werden können, deren Oberfläche lediglich eine Verlängerung und Ausstülpung des Sehnervs
ist. Nach ihrer Implantation beginnen die Zellen sich erneut zu ver-
ästeln, was bestätigt, daß die Regeneration des Gehirns möglich
und normal ist. Wieder einmal bezog sich die Forschung nur auf
Versuchstiere und nicht auf menschliche Versuchspersonen, doch
liegen die Anwendungsmöglichkeiten bei Blinden auf der Hand,
und auch Patienten, die Opfer von Gehirnverletzungen, Gehirn-
schlägen oder anderen Gehirnstörungen sind, können aus diesen
Transplantationen Nutzen ziehen. Ich möchte betonen, daß keiner
dieser Fortschritte ohne einen entsprechenden Wandel in der wissenschaftlichen Weltanschauung möglich gewesen wäre. Es ist bestürzend zu sehen, daß diejenigen Ärzte, die im Jahre 1989 so völlig selbstverständlich über die Heilung des Gehirns sprechen,
genau dieselben sind, die noch 1985 das Ganze als unmöglich ab-
taten.

Die Ursprünge der Gehirntransplantation liegen etliche Jahre
zurück, als nämlich 1912 Elizabeth Dunn, eine Forscherin am be-

kannten Rockefeller-Institut, eine erfolgreiche Transplantation von Nervenzellen in das Gehirn einer Maus vornahm. Ihre Forschung wurde völlig ignoriert. Dies erinnert daran, daß die antibakterielle Wirkung des Penizillin-Schimmelpilzes über 140mal beobachtet und in der Fachliteratur beschrieben worden war, bevor schließlich Alexander Fleming diese Tatsache »entdeckte«. Alle anderen Forscher vor ihm hatten sich darüber geärgert, daß ihre sorgfältig herangezüchteten Laborkulturen durch das Eindringen des grünen Schimmels verdorben wurden. Fleming selbst warf anfangs seine verseuchten Bakterienkulturen ebenfalls hinaus und wurde erst später gewahr, daß er ein potentielles Wunderheilmittel vor sich hatte. Ein anderer Pionier im Bereich der Gehirntransplantation, Don M. Gash von der University of Rochester, wurde zu Beginn seiner Laufbahn von einem älteren Fakultätsmitglied auf die Seite genommen und belehrt: »Dr. Gash, Sie sind ein junger Mann mit einer vielversprechenden Karriere vor sich. Verschwenden Sie Ihre Zeit nicht mit einer verrückten Idee, aus der nichts werden kann.«

Kritiker des Verfahrens von Madrazo haben bemerkt, daß die Rekonvaleszenz seiner Patienten, die innerhalb weniger Wochen nach dem Eingriff sichtbar wird, zu rasch einsetzt, als daß das neue Gewebe schon hätte aufgenommen werden können. Es mag sein, daß das Gehirn sich völlig selbständig heilt, indem es auf die Operationswunde mit der Ausschüttung chemischer Substanzen reagiert und nicht etwa auf Grund der neu eingepflanzten Zellen – ähnlich wie eine Auster, die auf einen Fremdkörper in ihrer Schale mit der Bildung von Perlmutt reagiert.

Vielleicht sind diese Ergebnisse kein Hinweis für uns, noch mehr Transplantationen durchzuführen, als vielmehr, nach neuen Fähigkeiten des Gehirns als lebendigem, dynamischem Organ zu forschen. Bei aller Aufmerksamkeit, die dem Gehirn durch die moderne Medizin zuteil wird, ist es dennoch der regloseste Teil des Modells von der »erstarrten Skulptur« geblieben, als die man den Körper heutzutage noch sieht. Bei näherer Betrachtung ist dies jedoch eher unwahrscheinlich. Alle Zellen Ihres Körpers – ob Haar-, Nerven- oder Herzzelle – entstanden im Augenblick der Zeugung aus einem einzigen DNS-Doppelstrang. Alles, was wir tun können – denken, sprechen, laufen, Geige spielen, ein Land regieren – ist

eine in dieses ursprüngliche Molekül einprogrammierte Fähigkeit.
Zu sagen, daß ein Neuron sich nicht regenerieren kann, hieße,
seine DNS sei verkrüppelt. Ist dies eine vernünftige Annahme?
Natürlich hat die DNS der Gehirnzelle sich entschlossen, eine Gehirnzelle zu erzeugen anstatt einer Herzzelle, wie es theoretisch
möglich wäre. Das bedeutet die Realisierung eines Teils aller Ent-
wicklungsmöglichkeiten der Zelle, während andere unterdrückt
werden. Aber das ist etwas ganz anderes, als die Behauptung, daß
die DNS sämtliche Fähigkeiten eingebüßt habe. Nichts in der DNS
geht je verloren. Jede Zelle unseres Körpers enthält die Gesamtheit
der nahezu unendlichen Möglichkeiten der DNS, angefangen vom
Moment der Empfängnis bis hin zum Tod.

Den Beweis dafür erbringt das Verfahren des *Klonens*. Es ist
theoretisch möglich, der Innenseite unserer Wange eine Zelle zu
entnehmen und unter den richtigen Bedingungen daraus eine na-
turgetreue Kopie des ganzen Menschen herzustellen – oder sogar
Millionen identischer Kopien. Das Genie der Natur besteht darin,
daß sie sich nicht mit einer Million identischer Klone begnügte.
Tatsächlich bestehen nur die niedrigsten Organismen aus identi-
schen Zellen, wobei die meisten von ihnen Einzeller wie die
Amöbe sind.

Amöbe und Mensch gemeinsam ist, daß die Entwicklungsinfor-
mation von beiden im DNS-Paket steckt. Kein Wunder, wenn ein
menschliches Neuron unter noch nicht genau bekannten Umständen sich tatsächlich regeneriert. Seine DNS ist eben durchaus nicht
verkrüppelt.

Der Kern der ganzen Problematik ist, daß das Gehirn einerseits
zu komplex ist, um daraus ein Modell zu machen, daß aber andererseits die Naturwissenschaft grundsätzlich mit Modellen arbeitet.
Modelle sind sicher nützlich, doch haben sie ausnahmslos irgendwelche Mängel. Um sich die Gehirnfunktion oder überhaupt irgendeine Körperfunktion ohne Modell vorzustellen, muß man sie
sich als etwas höchst Abstraktes und anscheinend Widersprüch-
liches vergegenwärtigen, so etwa wie Unwandelbarkeit, die inmitten dynamischen Wandels aufrechterhalten wird.

Als Unwandelbares ist der Körper fest und stabil, einer erstarrten Skulptur vergleichbar. Als Wandelbares ist er beweglich und

fließend wie ein Fluß. In unserem von Newton begründeten naturwissenschaftlichen Weltbild war es fast unmöglich, sich dieser beiden Aspekte gleichzeitig bewußt zu sein. Das Newtonsche Universum ähnelt einem Billardspiel, und die klassische Physik beschäftigt sich mit einer Ansammlung fester Objekte – den Billardkugeln – die sich nach festgelegten Bewegungsgesetzen auf geraden Bahnen bewegen. Das Spiel besteht darin, ihre Bahn, Geschwindigkeit, Beschleunigung und so fort zu berechnen, so wie dies ein englischer Gentleman am Abend im Club tut. Um diese Berechnungen durchzuführen, muß man jedoch das Spiel anhalten und ein vollständiges Modell davon entwerfen, mit Formeln für die richtigen Winkel, Bahnen und anderes mehr.

Die Naturwissenschaft hat im wesentlichen eine starre, geometrische Vorgehensweise akzeptiert, um alle Ereignisse in der materiellen Welt aufzeichnen zu können, so daß die Vorstellung von einer Skulptur natürlich näher liegt als die Vorstellung von einem Fluß. Aber der Fluß steht nicht still, nur um der Naturwissenschaft zu Gefallen zu sein. Das Wunderbare am menschlichen Körper ist, daß er sich ständig erneuert. Nur – wie läßt sich der in ständigem Wandel begriffene Körper modellhaft darstellen? Das ist das Problem, mit dem wir uns als nächstes auseinandersetzen müssen. Wenn wir es lösen können, werden wir unserem Ziel sehr viel näher kommen, nämlich nicht noch vollere Bibliotheken zu schaffen, sondern neue Fähigkeiten der Programmierung unseres kosmischen Computers zu wecken.

BOTEN AUS DEM
INNEREN KOSMOS

Stellt man sich das menschliche Gehirn wie eine Bergfestung der Inkas vor, dann muß sie Botenläufer haben, die die Befehle bis in die entferntesten Garnisonen des Reiches bringen. Im Falle des menschlichen Körpers bis zum großen Zeh. Die physischen Bahnen sind deutlich sichtbar – das Zentralnervensystem verläuft im Spinalkanal die Wirbelsäule hinab und verzweigt sich an den einzelnen Wirbeln nach beiden Seiten hin. Diese Hauptnerven fächern sich dann in Millionen kleinere Bahnen auf, die mit allen Bereichen des Körpers in Verbindung stehen. Die ersten Anatomen entdeckten die Hauptnerven im sechzehnten Jahrhundert, doch barg das Nervensystem ein Geheimnis: Wer waren die Läufer, die die Boten vom und zum Gehirn trugen?

Viele Menschen denken immer noch, daß die Nerven elektrisch arbeiten, wie ein Telegraphennetz, denn bis vor fünfzehn Jahren war dies allgemeine Lehre. In den siebziger Jahren wurde jedoch eine Reihe wichtiger Entdeckungen gemacht: unbekannte, winzige Moleküle – die sogenannten Neurotransmitter. Diese Neurotransmitter übertragen Nervenimpulse; ihre Funktion in unserem Körper ist die von »Botenmolekülen«, mittels derer die Nervenzellen (Neuronen) des Gehirns mit denen des übrigen Körpers kommunizieren können.

Neurotransmitter sind die Botenläufer, die hin zum Gehirn und zurückeilen und jedem unserer Organe unsere Gefühle, Wünsche, Erinnerungen, Intuitionen und Träume mitteilen. Keines von diesen inneren Ereignissen ist auf das Gehirn allein beschränkt. Genauso ist keines von ihnen ausschließlich geistiger Art, denn jedes kann auch chemisch erfaßt werden. Neurotransmitter berühren das Leben jeder Zelle. Wohin auch immer ein Gedanke gehen möchte, dorthin müssen auch diese Substanzen gehen. Andererseits können ohne sie Gedanken nicht existieren. Denken bedeutet, chemische Prozesse im Gehirn zu erzeugen und eine Flut von Reaktionen im ganzen Körper auszulösen. Wir haben bereits gesehen, daß Intelligenz in Form von Wissen die Physiologie durchdringt – hier hat sie nun eine materielle Grundlage. Damit wäre zwar das Thema des jetzigen Kapitels abgesteckt, nicht jedoch die ganze Geschichte preisgegeben. Tatsächlich war kein anderes biomedizinisches Ereignis der letzten Jahre so bahnbrechend wie diese Entdeckung. Die Entdeckung von Neurotransmittern läßt die Wechselwirkung zwischen Geist und Materie noch wesentlich beweglicher und fließender erscheinen als zuvor – es wird noch mehr unserem Flußmodell vergleichbar. Sie helfen auch die Lücke füllen, die scheinbar Geist und Körper trennt und die eines der tiefsten Geheimnisse darstellt, mit denen sich der Mensch beschäftigt hat, seitdem er begann, über sich selbst nachzusinnen.

Um das Jahr 1973 nahm man zunächst an, es seien nur zwei Neurotransmitter notwendig: einer, um eine entfernte Zelle zu aktivieren – beispielsweise eine Muskelzelle –, und ein anderer, um diese Aktivität zu verlangsamen. Zwei Gehirnsubstanzen – Acetylcholin und Noradrenalin – sind dafür bekannt: Sie sind quasi die Signale »Start« und »Langsamer« für das Nervensystem. Damals betrachtete man ihre Entdeckung als revolutionär, da sie zeigte, daß der von einer Zelle zur anderen gesandte Impuls nicht elektrischer, sondern chemischer Art war. Mit einem Schlag war die gängige Vorstellung von winzigen Funken, die von Neuron zu Neuron springen, völlig überholt. Aber das neue chemische Modell hielt weiterhin an der grundlegenden Theorie fest, daß nur zwei Signale notwendig waren. Computer arbeiten mit solch einem binären Schalter, und offensichtlich machte es das Gehirn ebenso.

Als dann jedoch Molekularbiologen weltweit der Sache auf den Grund gingen, traten immer neue Neurotransmitter zutage, jeder mit seiner eigenen Molekularstruktur und offensichtlich einer jeweils anderen Aufgabe. Strukturell waren viele von ihnen miteinander verwandt, da sie aus Peptiden bestanden. Das sind solche komplexe Aminosäureketten, wie sie im Protein jeder Zelle einschließlich der Gehirnzellen vorkommen.

Viele Rätsel konnten direkt oder indirekt gelöst werden, als diese Entdeckungen gemacht wurden. Wenn man einer schlafenden Katze eine winzige Menge ihrer Rückenmarksflüssigkeit entnimmt und diese einer wachen Katze injiziert, wird diese zweite Katze sofort einschlafen. Der Grund dafür ist, daß das Gehirn den Körper auf chemische Weise, mit einem körpereigenen Schlaftrunk, zum Einschlafen bringt. Damit das Tier wieder aufwacht, muß die entgegengesetzte Substanz, ein Wecksignal, in die Wirbelsäule injiziert werden. Beim Menschen, der dieselben Mechanismen aufweist, wird der Körper am Morgen nicht etwa durch einen schrillen inneren Wecker aufgeweckt, sondern durch eine Reihe zeitlich abgestimmter Signale, die zunächst sehr schwach sind und mit der Zeit stärker werden, so daß wir nach und nach den Schlaf verlassen. Der ganze Vorgang ist ein in fünf Wellen ablaufender, allmählicher Übergang von der Biochemie des Schlafes zu der des Wachbewußtseins. Wird dieser Vorgang unterbrochen, so ist man nicht wirklich so wach, wie man es sein sollte, denn die Biochemie zweier getrennter Phasen ist vermischt worden. Das ist der Grund, warum Eltern von Säuglingen, die nachts mehrmals aufstehen müssen, sich tagsüber nie ganz geistesanwesend fühlen. Auch Wecker reißen uns aus unseren natürlichen Aufwachmustern heraus, was dann dazu führt, daß man sich möglicherweise den ganzen Tag über angeschlagen fühlt, bis der nächste Zyklus von Einschlafen und Aufwachen die Geist-Körper-Chemie wieder ins Lot bringt.

Ein Beispiel mag dies veranschaulichen. Alle Kamele besitzen eine ungewöhnlich hohe Schmerztoleranz – sie können ruhig auf Dornen herumkauen, während sie von einem wütenden Kameltreiber geprügelt werden. Neugierige Forscher untersuchten die Gehirnzellen von Kamelen und stellten fest, daß sie große Mengen einer besonderen Substanz erzeugen, die auch bei anderen Tieren Schmerzunempfindlichkeit bewirkte, wenn man sie ihnen spritzte. Schlaf und Schmerztoleranz sind damit von genau bestimmbaren Botenstoffen abhängig, die im Gehirn erzeugt werden.

Nach und nach wurden verschiedene andere Funktionen, die einst allein im Kopf lokalisiert worden waren, mit eigenen Neurotransmittern in Verbindung gebracht, die zwischen Geist und Körper vermitteln. Einem unter Halluzinationen und Gedankenverwirrung leidenden Schizophrenen kann oft deutlich geholfen werden, wenn man ihn an ein Dialysegerät anschließt, das Unreinheiten aus seinem Blut herausfiltert. Wie wir bereits sahen, hat die Gehirnforschung festgestellt, daß ein Neurotransmitter namens Dopamin im Gehirn von Schizophrenen in abnorm hoher Konzentration vorhanden ist. Die heutige pharmazeutische Behandlung dieser Störung beruht auf dem Einsatz psychoaktiver Medikamente, die das Dopamin unterdrücken. Möglicherweise wird Dopamin oder ein verwandtes Nebenprodukt vom Dialysegerät aus dem Blutkreislauf entfernt.

Mitte der achtziger Jahre, kaum zehn Jahre nach dem medizinischen Durchbruch, waren über fünfzig solcher Neurotransmitter und Neuropeptide bekannt. Alle fünfzig können auf einer Seite der Synapse von unseren verschiedenen Neuronen erzeugt werden, und sobald sie die Synapse durchqueren, können alle von den Empfängern (Rezeptoren) auf der anderen Seite empfangen werden. Das bedeutet eine unvorstellbare Flexibilität der Kommunikation von Zelle zu Zelle. Das einzelne Neuron wurde nunmehr als ein Erzeuger von Botschaften angesehen, die über das »Ja« oder »Nein« eines Computers um einiges hinausgehen. Das Vokabular des Gehirns umfaßt Tausende von Kombinationen einzelner Signale, ohne daß ein Ende der Entdeckungen in Sicht wäre, da ständig in kurzen Abständen immer neue Neurotransmitter entdeckt werden.

Was für Botschaften tauschen die Nervenzellen miteinander aus? Die Antwort ist schwierig, denn bestimmte Abschnitte unseres chemischen Vokabulars scheinen genauso exakt zu sein wie die Alltagssprache, während andere sehr vieldeutig sind. Wir haben schon eine andere Gruppe von biochemischen Substanzen erwähnt, die in den siebziger Jahren entdeckten Endorphine und Enkephaline, welche als körpereigene Schmerzmittel wirken. Das Wort »Endorphin« bedeutet »körpereigenes Morphium«, also ein vom Körper selbst erzeugtes Schmerzmittel, und »Enkephalin« bedeutet »im Gehirn befindlich«. Auch hierbei handelt es sich um ein Schmerzmittel, das vom Körper, hier vom Gehirn selbst erzeugt wird und in seiner Wirkung dem Morphium ähnelt.

Die Entdeckung dieser bislang unbekannten Fähigkeit des Körpers, eigene Opiate zu erzeugen, war eine wirkliche Sensation. Man hatte schon vermutet, daß der Körper fähig war, die Schmerz-

empfindung zu regulieren, denn selbst wenn Schmerzen sehr hartnäckig sind, nehmen wir sie nicht immer bewußt wahr. So können
starke Gefühle Schmerzsignale aus dem Körper überdecken, beispielsweise, wenn eine Mutter in ein brennendes Haus stürzt, um
ihr Kind zu retten oder wenn ein verwundeter Soldat trotz seiner
Wunden weiterkämpft. Wir alle können unsere Aufmerksamkeit von
einem schwachen Schmerz ablenken; wir kümmern uns beispielsweise nicht um unsere schmerzenden Mandeln, wenn wir uns ange-
regt mit jemandem unterhalten.

Trotz dieser allgemeinen Erfahrung, daß die Schmerzschwelle
einmal höher, einmal niedriger liegt, war der diesbezügliche Mechanismus nie erklärt worden. Nun aber konnte die Medizin mit
Hilfe dieser körpereigenen Schmerzmittel, die jedes Neuron beliebig erzeugen kann, diese Erklärung liefern. Sehr schnell wurde der
Öffentlichkeit mitgeteilt, das Gehirn erzeuge Narkotika, die fast
zweihundertmal stärker wirkten als alles, was man so kaufen
könnte, und die den zusätzlichen Vorteil hätten, daß sie keine Abhängigkeit verursachten. Vielleicht wird es in Zukunft eine Lokal-
anästhesie geben, bei welcher der Arzt im Gehirn seines Patienten
einen bestimmten Bereich stimuliert, was der westlichen Medizin
eine naturwissenschaftliche Form der chinesischen Akupunktur in
die Hand geben würde.

Morphium und Endorphine unterdrücken beide den Schmerz,
indem sie einen bestimmten Rezeptor am Neuron füllen und so die
Anbindung anderer Substanzen, die ein Schmerzsignal mit sich tragen, verhindern. Ohne die Weiterleitung dieser Substanzen kann es
keine Schmerzempfindung geben, unabhängig davon, wie stark die
rein physische ist. Das Endorphinmolekül wirkt wie ein bestimmtes Signal mit dem Inhalt »Schmerz verweigert«. Wir können uns
vorstellen, daß, wann immer das Signal »Schmerz« die Aufmerksamkeit des Gehirns erregt, dieses die Wahl hat, mit »Schmerz verweigert« zu antworten. Leider wurde dieses einfache Bild von der
unmittelbar darauf einsetzenden Forschung zerstört.

Man stellte fest, daß es kein direktes Verhältnis zwischen dem
Endorphinspiegel im Körper und der Schmerzintensität gab. Dies
kann mit Hilfe von Placebos, also Scheinmedikamenten ohne
Wirkstoffe, nachgewiesen werden: Patienten, die unter Schmerzen

leiden, kann oft durch die Verschreibung eines Placebos geholfen werden. Es handelt sich hierbei im allgemeinen um Milchzuckertabletten, die dem Patienten als starkes Schmerzmittel dargestellt werden. Nicht alle Patienten reagieren darauf, aber ein bestimmter Prozentsatz – allgemein zwischen dreißig und sechzig Prozent – berichten, daß ihre Schmerzen verschwunden sind. Dieses Ergebnis, der sogenannte Placebo-Effekt, ist zwar seit Jahrhunderten bekannt, ist aber in keiner Weise vorhersagbar. Der Arzt kann nicht im voraus sagen, bei welchen Patienten das Placebo anschlagen wird und in welchem Umfang. Warum sollte eine völlig unwirksame Zuckerpille Schmerzen lindern, sogar die stechenden Schmerzen eines Magengeschwürs oder bei einem schweren chirurgischen Eingriff? Die Antwort – so erkannte man jetzt – mußte bei den Endorphinen liegen. Es gibt eine Substanz namens Nalaxon, die die Schmerzblocker aus ihren Rezeptoren verdrängt. Wenn Nalaxon gleich nach einem Schmerzmittel verabreicht wird, so kehren die Schmerzen sofort zurück. Dasselbe – so stellte sich heraus – geschieht auch bei einem Placebo. Patienten, deren Schmerzen nach Einnahme der Zuckerpille verschwunden waren, berichteten, daß die Schmerzen nach Einnahme des Nalaxons wieder zurückgekehrt seien. Dies führte zu dem Schluß, daß Morphium und Endorphine dieselben Wirkstoffe sind, mit dem Unterschied, daß der eine vom Körper selbst erzeugt und der andere aus Mohnsamen gewonnen wird.

Aber auch hier war es nur ein gewisser Prozentsatz der Patienten, bei denen das Phänomen auftrat. Nalaxon ließ bei einigen die Schmerzen in voller Stärke zurückkehren, bei anderen hielt die Wirkung des Placebos unvermindert an, und bei einer dritten Gruppe wiederum kehrten die Schmerzen nur in abgeschwächter Form zurück. Die Forscher waren von neuem verwirrt – und sind es noch heute. Endorphine sind sicherlich endogene Schmerzmittel, aber die Entdeckung dieser neuen Moleküle ist noch nicht die ganze Antwort.

Untersuchungen haben mittlerweile ergeben, daß Morphium chemisch nicht identisch mit unseren körpereigenen Endorphinen ist, daß Endorphine in komplexerer Weise als Narkotika wirken, und daß jede Art der Schmerzlinderung, sei es durch Morphium,

Endorphine, Akupunktur oder Hypnose, in ihrer Wirksamkeit stark
schwankt. Auch wurde festgestellt, daß die synthetische Herstellung von Endorphinen nicht zufriedenstellend ist: Unsere endoge-
nen Schmerzmittel sind genauso suchterzeugend wie Heroin, wenn
sie mittels Injektion verabreicht werden.

Bald stellte sich heraus, daß ein Neuron nicht einfach ein Signal von einer benachbarten Nervenzelle auffängt und es unverändert über die nächste Synapse weitergibt. Das ist nur eine von mehreren Möglichkeiten. Obwohl niemand genau beschreiben kann,
wie Neurone ihre chemischen Botschaften empfangen oder sie über
ihre Axone weiterleiten, ist bekannt, daß der Vorgang sehr flexibel
sein muß. Die Nervenzelle kann die Botschaft unterwegs verändern, indem sie an Punkt B eine andere Substanz als die an Punkt
A empfangene abgibt. Die Rezeptoren an den Enden der Nervenzellen können auch beliebig verändert werden, um verschiedene
Arten von Botschaften entgegenzunehmen. Dasselbe gilt für die
Sendestation jenseits der Synapse.

Was unsere Absicht anbelangt, so ist diese Verwirrung im
Grunde ein sehr ermutigender Zustand, da er zeigt, daß der Körper
ohne das Element der Intelligenz nicht verstanden werden kann.
Die materielle Struktur der Endorphine oder einer anderen Nervensubstanz ist bei weitem nicht so wichtig wie ihr »Wissen« – die Art,
wie sie ihre Rezeptoren auswählen, was sie zum Handeln bewegt,
wie sie mit dem übrigen Körper in vollkommen koordinierter Weise
kommunizieren, und vieles mehr. Selbst mitten in einer Zeit der
biochemischen Revolution ist der Geist dem Körper überlegen. In
der Tat scheint es mittlerweile sogar so, als sei die Molekularstruktur eines Neurotransmitters hinsichtlich der Fähigkeit des
Gehirns, ihn zu nutzen, völlig nebensächlich. Es war eine geradezu
umwerfende Überraschung für die Zellbiologen, daß die Neurotransmitter chemisch nichts Besonderes darstellten. Sämtliche Eiweiße unseres Körpers sind aufgebaut aus Ketten von zwanzig
grundlegenden Aminosäuren, und diese Ketten können sich zu längeren Strängen anordnen, die man *Peptide* nennt. Neuropeptide haben ihr eigenes Markenzeichen; sie unterscheiden sich von den anderen Peptidketten des Körpers. Doch kommen sie alle aus
derselben Fabrik, aus unserer DNS. Die DNS ist der Lieferant aller

Proteine (Eiweiße), die die Zellen reparieren, neue aufbauen, fehlende oder fehlerhafte Teile des genetischen Codes ersetzen, Schnitt- und Schürfwunden heilen und vieles andere.

Ohne sich die Mühe zu machen, eine neue Klasse von Substanzen zu erfinden, hat die DNS eine weitere Anwendungsmöglichkeit für ihre bekannten Rohstoffe, die Amine, Aminosäuren und Peptide, ausgetüftelt. Auch hier ist wieder einmal lediglich die *Fähigkeit* ausschlaggebend, diese verschiedenen Produkte herzustellen. An den Molekülen selbst ist nichts Besonderes, selbst wenn ihre Entdeckung durch einen Molekularbiologen für die Wissenschaft bedeutend ist.

Woher rührt also die Fähigkeit, Neurotransmitter zu erzeugen? Vielleicht sollten wir uns etwas dem Beitrag widmen, den der Geist selbst leistet. Schließlich ist es nicht das Adrenalinmolekül, das eine Mutter dazu bewegt, sich in ein brennendes Haus zu stürzen, um ihr Kind zu retten, oder ein Endorphinmolekül, das sie gegen die Flammen unempfindlich macht. Es ist ihre Liebe zu ihrem Kind, und zielgerichtete Entschlossenheit läßt sie den Schmerz vergessen. Es ist einfach so, daß diese Eigenschaften ihres Geistes eine chemische Bahn gefunden haben, über die das Gehirn mit dem Körper kommunizieren kann.

Und damit sind wir beim Kern der Sache: Der Geist ist nach jeglicher Definition nicht-materiell, doch hat er sich eine Möglichkeit geschaffen, um mit diesen komplizierten Botenstoffen zusammenzuarbeiten. Ihr Wechselverhältnis ist – wie wir gesehen haben – so eng, daß sich der Geist ohne solche Substanzen im Körper nicht ausdrücken kann. Dennoch: Diese Substanzen sind nicht der Geist. Oder doch?

Diese paradoxe Situation wurde vor einigen Jahren durch den hervorragenden englischen Neurologen und Nobelpreisträger Sir John Eccles treffend zusammengefaßt. Auf einer Konferenz von Parapsychologen, bei der es um die üblichen Themen wie außersinnliche Wahrnehmung, Telepathie und Psychokinese (die Fähigkeit, mit geistiger Kraft Gegenstände zu bewegen) ging, sagte er in einer Rede: »Wenn Sie wirkliche Psychokinese sehen wollen, dann schauen Sie sich die Kraftakte an, die der Geist in der Materie des Gehirns vollbringt.« Es ist erstaunlich, daß der Geist es mit jedem

Gedanken schafft, die Wasserstoff-, Kohlenstoff- und Sauerstoffatome sowie alle übrigen Teilchen in den Gehirnzellen zu bewegen.
Man würde meinen, daß nichts weiter voneinander entfernt ist als
ein substanzloser Gedanke und die solide graue Masse unseres Gehirns. Der Trick wird irgendwie ausgeführt, ohne daß sich dabei irgendeine sichtbare Verbindung nachweisen ließe.

Das Geheimnis der Herrschaft des Geistes über die Materie ist
von der Biologie nicht erklärt worden, die zu immer komplizierte-
ren chemischen Strukturen vordringt, die auf stets feineren Ebenen
der Physiologie wirksam sind. Es ist dennoch sicherlich so, daß
niemals jemand ein Teilchen finden wird, wie klein es auch immer
sein mag, das die Natur mit dem Etikett »Intelligenz« versehen
hat. Dies wird um so sichtbarer, wenn wir gewahr werden, daß die
gesamte Materie unseres Körpers, ob gröber oder feiner, mit Intelligenz als festem Bestandteil ausgestattet ist. Die DNS selbst, obwohl
sie als chemischer Puppenspieler des Körpers angesehen wird, ist
im wesentlichen aus denselben grundlegenden Bausteinen wie die
Neurotransmitter aufgebaut, die sie herstellt und reguliert. Die
DNS ist einer Bausteinfabrik vergleichbar, die selbst aus Bausteinen besteht.

Der große ungarisch-amerikanische Mathematiker John von
Neumann war nicht nur einer der geistigen Väter des heutigen Computers, sondern hatte auch an allen Arten von Robotern Interesse.
Er entwarf seinerzeit eine wirklich geniale Maschine, nämlich einen Roboter, der ihm ähnliche Roboter bauen konnte, mit anderen
Worten: eine sich selbst reproduzierende Maschine. Unsere DNS hat
dasselbe im großen Maßstab vollbracht, denn der menschliche Körper ist nichts anderes als eine Variante der von der DNS erzeugten
DNS.

Man kann sich die DNS mit ihren Milliarden von genetischen
Bits als ein intelligentes Molekül vorstellen. Gewiß muß die DNS
»klüger« sein als ein einfaches Molekül wie Zucker. Wie »klug«
kann Zucker sein? Aber die DNS ist nichts anderes als ein Strang
aus Zucker, Aminen und anderen einfachen Bestandteilen. Wären
diese nun überhaupt nicht »klug«, so könnte auch die DNS nicht
dadurch »klug« werden, daß sie mehr davon anhäuft. Wenn wir diesem Gedanken nachgehen, erhebt sich die Frage, ob nicht das Koh-

lenstoff- oder das Wasserstoffatom ebenfalls »klug« ist? Vielleicht sind sie es doch? Wenn Intelligenz im Körper anwesend ist, muß sie ja von irgendwoher kommen, und dieses Irgendwo könnte überall sein.

Schlagen wir das nächste Kapitel in der Geschichte der Neurotransmitter auf, so stehen wir scheinbar vor einer weiteren Zunahme der Schwierigkeiten. Doch erstaunlicherweise beginnt die Verbindung von Geist und Körper klarer zu werden. Es stellte sich heraus, daß die Gehirnbereiche, die unsere Gefühle vermitteln, eine hohe Konzentration an Neurotransmittern aufweisen. Das bedeutete, daß dort, wo in großem Umfang Denkprozesse ablaufen, – dazu müssen viele Neuronen eng zusammengepackt sein, – auch die mit dem Denken verbundenen Substanzen reichlich vorhanden sein mußten. Vor einiger Zeit gab es noch eine recht genaue Unterscheidung zwischen solchen Substanzen, die über den synaptischen Spalt sprangen, und jenen, die vom Gehirn aus durch den Blutkreislauf wanderten. In meinem Fachbereich, der Endokrinologie, einem Gebiet der Hormonforschung, wird es als Kennzeichen der Hormone angesehen, daß sie über das Blut transportiert werden. Dieser Vorgang ist viel langsamer als die Übertragungsgeschwindigkeit einer Nervenzelle, die bei etwa dreihundertfünfzig Kilometern in der Stunde liegt; somit würde ein Signal vom Kopf bis in die Zehe weniger als eine Fünfzigstelsekunde brauchen.

Just in dem Moment, als die Naturwissenschaft glaubte, nach und nach Gehirnsubstanzen isolieren und ihre Rezeptoren lokalisieren zu können, machte sich der Körper mit seinen Komplikationen bemerkbar. Forscher am amerikanischen »National Institute of Mental Health« fanden Rezeptoren in gleichem Umfang auch außerhalb des Gehirns. Seit Anfang der achtziger Jahre sind Rezeptoren für Neurotransmitter und Neuropeptide auch bei Zellen des Immunsystems, sogenannten Monozyten, entdeckt worden. Also »Gehirn«-Rezeptoren bei weißen Blutkörperchen?!

Die Bedeutung dieser Entdeckung kann kaum deutlich genug herausgestellt werden. In der Vergangenheit war angenommen worden, daß nur das Zentralnervensystem dem Körper Botschaften übermittelte, ähnlich einem komplizierten Fernmeldenetz, das das Gehirn mit allen Organen verband, mit denen es kommunizieren wollte. In diesem Modell entsprachen die Neuronen den Kabeln, durch die die Signale übertragen wurden. Das war ihre einzigartige Funktion, die sie mit keinem anderen System des Körpers teilten. Nun aber wurde man gewahr, daß das Gehirn nicht einfach Impulse aussandte, die geradlinig die Nervenzellenstränge entlangwanderten. Vielmehr sorgte es für die freie Zirkulation von Intelligenz innerhalb unseres gesamten Körpers. Anders als die Neuronen, die innerhalb des Nervensystems ihren festen Platz einnehmen, wandern die Monozyten des Immunsystems durch den gesamten Blutkreislauf und haben freien Zugang zu allen übrigen Zellen des Körpers. Mit einem Vokabular ausgestattet, das die Komplexität des Nervensystems widerspiegelt, sendet und empfängt das Immunsystem offensichtlich Botschaften, die von gleicher Vielfalt gekennzeichnet sind. Wenn tatsächlich Freude, Traurigkeit, Nachdenklichkeit oder Erregung die Erzeugung von Neuropeptiden und Neurotransmittern in unseren Gehirnzellen verlangen, dann müssen die Immunzellen ebenfalls glücklich, traurig, nachdenklich oder erregt sein – sie müssen eigentlich fähig sein, dem ganzen Wortschatz der Neuronen Ausdruck zu verleihen. Im Grunde kann man sich die Monozyten als wandernde Neuronen vorstellen.

Mit dieser Entdeckung erreichte das Konzept der intelligenten Zelle sein Reifestadium. Eine Art lokalisierter Intelligenz war bereits bekannt, nämlich die jeder Zelle innewohnende DNS. Seit der Ermittlung der einzelnen Komponenten der DNS-Struktur durch Watson und Crick in den frühen fünfziger Jahren hatte die Forschung nachgewiesen, daß dieses bemerkenswerte, außerordentlich komplexe Molekül in verschlüsselter Form die gesamte Information enthielt, die für die Erzeugung und Aufrechterhaltung menschlichen Lebens nötig war. Aber immer noch wurde die Intelligenz der Gene im wesentlichen als etwas Festes angesehen, da die DNS selbst die stabilste Substanz des Körpers ist und jeder von uns dank dieser Stabilität fähig ist, die Erbanlagen seiner Eltern zu übernehmen – grüne Augen, krauses Haar, typische Gesichtszüge und anderes mehr – und sie unverändert an die Nachkommenschaft weiterzugeben.

Das in diesen Neurotransmittern und Neuropeptiden enthaltene Wissen war etwas ganz anderes: Die beschwingte, flüchtige, empfindsame Intelligenz des Geistes. Das Wunderbare hierbei ist, daß diese »intelligenten« Substanzen nicht nur im Gehirn erzeugt werden, dessen Funktion das Denken ist, sondern durch das Immunsystem, dessen wesentliche Rolle es ist, uns vor Krankheiten zu schützen. Vom Standpunkt des Neurochemikers aus erhöht diese plötzliche Erweiterung der Botenmoleküle den Grad der Komplexität seiner Arbeit. Für uns aber bestätigt die Entdeckung der »fließenden« Intelligenz das Bild des Körpers als eines Flusses. Wir bedurften einer materiellen Grundlage, um behaupten zu können, daß uns überall Intelligenz durchströmt. Nun haben wir sie.

Jeder kann feststellen, daß sein Bewußtsein mit einer verwirrenden Flut von Eindrücken gefüllt ist, die viel zu formlos sind, als daß man sie festhalten könnte. Um dies zu beschreiben, beschränkt sich die Psychologie auf ähnlich unbestimmte Begriffe wie den berühmten Begriff des »Bewußtseinsstroms«. Heute haben die Gehirnforscher, so als ob sie diesen Fluß mit Wasser füllen wollten, das man tatsächlich sehen und anfassen kann, regelrechte Wasserfälle von Gehirnsubstanzen gefunden. Aber anders als der Fluß haben diese Wasserfälle keine Flußbetten, sie fließen, wo immer sie wollen und hören niemals auf zu fließen, nicht für den Bruchteil einer Sekunde. Ein Gehirnforscher muß jedoch die Zeit anhalten, um die Bestandteile des Wasserfalls zu untersuchen. Die Stoffe, die er zu finden hofft, kommen nur in winzigen Spuren vor. Man würde beispielsweise die Gehirne von 300000 Schafen benötigen, um ein Milligramm des Moleküls zu erhalten, das unser Gehirn zur Stimulierung der Schilddrüse benutzt. Ebenso sind die Zellrezeptoren nicht leicht zu erfassen. Sie tanzen sozusagen ständig auf der Oberfläche der Zellwand herum und verändern ihre Form, um neue Botschaften entgegenzunehmen. Jede Zelle kann Hunderte oder sogar Tausende dieser Aufnahmestellen besitzen, von denen lediglich eine oder zwei gleichzeitig analysiert werden können. Die Naturwissenschaft hat in den letzten anderthalb Jahrzehnten mehr über die Chemie des Gehirns gelernt als je zuvor; und dennoch sind wir immer noch wie Fremde, die versuchen, mit Hilfe von auf der Straße gefundenen Papierfetzen Englisch zu lernen.

Es ist bislang noch niemandem gelungen zu begreifen, wie die

Flut von chemischen Substanzen es fertigbringt, sich selbst zu
steuern und all das zu tun, was das Bewußtsein eben tun kann: Sich
erinnern, träumen und alle anderen täglichen Bewußtseinsprozesse
bleiben ein unergründetes Geheimnis, wenn es darum geht, sie im
einzelnen zu erforschen. Aber inzwischen wissen wir, daß sich der
Geist und der Körper wie zwei parallele Universen zueinander verhalten. Alles, was sich im Universum des Geistes vollzieht, muß
Spuren in der Welt der Materie hinterlassen.

Kürzlich ist es Gehirnforschern gelungen, Gehirnprozesse in
dreidimensional arbeitenden Computersimulatoren nachzuvollziehen. Dabei fanden sie heraus, daß jeder Gedanke, jedes Gefühl ein
spezifisches chemisches Muster erzeugt, und es besteht kein Zweifel daran, daß dies nicht nur für das Gehirn, sondern für den gesamten Körper zutrifft. Nichts kann sich bewegen, ohne das Ganze
zu bewegen. In unserem Innern hört das Fragen und Antworten nie
auf. Eine einzige Drüse wie die Schilddrüse hat dem Gehirn, den
übrigen innersekretorischen Drüsen und durch sie dem ganzen
Körper so viel mitzuteilen, daß ihr Redeschwall Dutzende von lebenswichtigen Funktionen wie Wachstum, Stoffwechsel und vieles
mehr beeinflußt. Wie schnell wir denken, wie groß wir sind, der
Schnitt unserer Augen, all das ist teilweise davon abhängig, wie die
Schilddrüse funktioniert. Wir können damit als gesichert annehmen, daß der Geist nicht auf Grund einer uns genehmen klaren
Trennung im Gehirn eingesperrt ist. Der Geist drückt sich überall
in unserem inneren Kosmos aus. Eine der weitschauendsten und
erfahrensten Forscherinnen im Bereich der Gehirnchemie, Candace Pert, Direktorin der Abteilung für Gehirn-Biochemie am amerikanischen »National Institute of Mental Health«, hat betont, es
sei recht willkürlich zu behaupten, daß eine biochemische Substanz wie die DNS oder ein Neurotransmitter eher dem Körper als
dem Geist zuzurechnen sei. Die DNS ist fast genauso reine Information wie Materie. Pert bezeichnet das gesamte Geist-Körper-
System als ein »Informationsnetzwerk«, womit sie die Betonung
von der groben materiellen Ebene hin zu der feineren des Wissens
verlegt. Gibt es wirklich irgendeinen Grund, warum wir überhaupt
Geist und Körper voneinander trennen? In ihren eigenen Schriften
zieht Pert einen Begriff für beide vor: »Geistkörper«. Wenn dieses

Wort sich einbürgert, wird es den Einsturz einer Mauer signalisieren. Candace Pert hat noch nicht die gesamte medizinische Forschung auf ihrer Seite, doch kann sich dies sehr schnell ändern. Es wird von Tag zu Tag deutlicher, daß Geist und Körper sich in verblüffender Weise gleichen. Insulin, ein Hormon, das stets mit der Bauchspeicheldrüse in Verbindung gebracht wurde, scheint ebenfalls im Gehirn erzeugt zu werden, während umgekehrt Gehirnsubstanzen wie Transferon und CCK auch im Magen entstehen.

Das zeigt, daß unsere eindeutige Unterteilung des Körpers in Nervensystem, innersekretorisches Drüsensystem, Verdauungssystem und anderes mehr nur teilweise richtig ist und möglicherweise bald überholt sein wird. Es ist nachgewiesen worden, daß dieselben Nervensubstanzen den gesamten Körpergeist beeinflussen. Alles steht auf der Ebene der Neuropeptide miteinander in Verbindung; diese Bereiche zu trennen ist daher unwissenschaftlich.

Ein Körper, der »denken« kann, ist völlig anders als der, den die Medizin heutzutage behandelt. Jedenfalls weiß er nicht allein durch das Gehirn, was ihm widerfährt, denn überall im Körper, an jeder Zelle, gibt es ja Rezeptoren für Botenmoleküle. Das macht vieles bislang Unerklärliche klarer, gerade im Hinblick auf Medikamente und deren Nebenwirkungen. Einige Medikamente haben eine bestürzende Menge von Nebenwirkungen. Wenn ich in meinem Arzneimittelverzeichnis nachschlage, das ausführlich alle Heilmittel auflistet, die ein Arzt verschreiben kann, so finde ich zahlreiche Seiten der Rubrik Corticosteroide. Meistens kennt man nur Cortison, aber die ganze Steroidgruppe findet weithin Anwendung bei Verbrennungen, Allergien, Arthritis, postoperativen Entzündungen und Dutzenden anderer Beschwerden.

Ohne das Wissen über die Rezeptoren würden Steroide als etwas höchst Seltsames dastehen. Nehmen wir einmal an, ich verschriebe einer Frau mit einem schwierigen Fall von Arthritis ein Steroid. Das Steroid würde die Entzündung in ihren Gelenken drastisch mildern, aber dann könnte folgendes passieren: Sie könnte sich über Mattigkeit und Niedergeschlagenheit beklagen; es könnte zu abnormen Fettablagerungen unter ihrer Haut kommen, und ihre Blutgefäße könnten so brüchig werden, daß große, nur langsam verschwindende blaue Flecken entstehen würden. Was ist der gemeinsame Grund für all diese scheinbar völlig unzusammenhängenden Symptome?

Die Antwort liegt auf der Ebene der Rezeptoren. Corticosteroide ersetzen einige der von der Nebennierenrinde, einem gelblichen Wulst oben auf den Nebennieren, ausgeschütteten Substanzen. Gleichzeitig unterdrücken sie die übrigen Nebennierenhormone wie auch die Ausschüttungen der Hypophyse (Hirnanhangdrüse). Sobald es verabreicht wird, besetzt das Steroid im Handstreich all jene Rezeptoren im Körper, die auf eine ganz bestimmte Botschaft warten. Das hat vielfältige und komplizierte Folgen. Die Zelle kann die Botschaft der Nebenniere auf viele Weisen interpretieren, je nachdem, wie lange der Rezeptor besetzt bleibt. In diesem präzisen Fall bleibt der Rezeptor für unbestimmte Zeit besetzt. Die Tatsache, daß andere Botschaften nicht empfangen werden, ist wichtig, genauso wie der Verlust unzähliger Verbindungen zu den übrigen innersekretorischen Drüsen.

Sie würden völlig fassungslos sein, wenn Sie über das Telefon hörten, daß Ihre Mutter im Sterben liegt. In ähnlicher Weise kann eine Zelle in extremer Weise reagieren, wenn ein Rezeptor besetzt ist. Oder schauen Sie sich eine Motte an, die in einer Sommernacht unter der Regenrinne hängt. Bei einer männlichen Motte sind die haarigen Fühler am Kopf tatsächlich Rezeptoren, die sich aus dem Körper heraus vorgestreckt haben. Sobald die Sonne untergeht, wartet das Männchen auf ein Signal von einer in der Nähe befindlichen weiblichen Motte, die ein bestimmtes Molekül, ein sogenanntes Pheromon aussendet. Motten sind kleine Geschöpfe, und die Anzahl von Pheromonen, die sie durch die Luft aussenden können, ist unendlich klein im Vergleich zu dem Gesamtvolumen der Luft und der darin enthaltenen gewaltigen Fracht von Pollen, Staub, Wasser und anderen Pheromonen, die von den verschiedensten Lebewesen, darunter auch vom Menschen, ausgesandt werden. Man würde kaum glauben, daß jemals zwei Motten über eine gewisse Entfernung hinweg kommunizieren können.

Wenn aber ein einzelnes Pheromon auf den Fühlern des Männchens landet, reagiert es. Es fliegt unverzüglich zu dem Weibchen, beginnt, ihm in kunstvollen Schleifen den Hof zu machen und sich mit ihm zu paaren. Aus biologischer Sicht war das, was dieses komplexe Verhalten auslöste, ein einziges Molekül. Wenn ich einem an Arthritis Erkrankten Steroide verschreibe, spielen Billiarden von Molekülen und Rezeptoren bei der Behandlung mit, was auch der Grund dafür ist, daß die Blutgefäße, die Haut, das Gehirn, die Fettzellen und anderes mehr Reaktionen zeigen. Schlage ich in meinem Arzneimittelverzeichnis nach, so ergeben sich als Langzeitfolgen von Steroiden Diabetes, Knochenschwund, Immunschwäche (der Patient wird anfälliger für Infektionen und Krebs), Magengeschwüre, innere Blutungen, erhöhter Cholesterinspiegel und so fort.

Sogar der Tod könnte zu diesen Nebenwirkungen gerechnet werden, da die Einnahme von Steroiden über einen längeren Zeitraum hinweg eine Schrumpfung der Nebennierenrinde bewirkt (ein Beispiel dafür, wie ein Organ verkümmert, wenn es nicht benutzt wird). Wird das Steroid zu rasch abgesetzt, so hat die Nebenniere nicht genug Zeit, um sich zu regenerieren. Der Patient ist seiner Schutzmechanismen gegen den Streß beraubt, den sonst die Nebennierenhormone abpuffern. Er könnte beispielsweise zum Zahnarzt gehen, um sich einen Weisheitszahn ziehen zu lassen, wobei der verursachte Streß im allgemeinen innerhalb der verkraftbaren Grenzen liegt. Jetzt aber, ohne die Nebennierenhormone, kann er dadurch in einen Schockzustand geraten oder sogar sterben, wenn ihm der Zahn tatsächlich gezogen wird.

Nimmt man alle diese Einzelfakten zusammen, so kommt man zu der Einsicht, daß Steroide buchstäblich *alles beliebige* bewirken können. Sie können der unmittelbare Grund oder nur das erste in einer Reihe von Einzelereignissen sein – für den Patienten kommt es auf dasselbe hinaus. Für ihn gibt es keinen Unterschied zwischen einem von Steroiden verursachten oder einem »echten« Knochenschwund. Dasselbe gilt für Depressionen, Diabetes oder den Tod. Ein einziger Botenstoff hat sie alle verursacht. Selbstverständlich gibt es so etwas wie einen einzelnen Boten nicht – jeder ist ein Faden im Intelligenzgewebe des Körpers. Berühren wir einen Faden, so erzittert das ganze Gewebe. Ich bin mir bewußt, daß dies Medikamente sehr viel gefährlicher erscheinen läßt, als wir bisher gemeint haben, sogar in einer Zeit, die von der Katalogisierung ärztlicher Kunstfehler geradezu besessen ist. Wir sind an eine et-

was begrenztere Vorstellung von Nebenwirkungen gewöhnt: ein
kleiner bitterer Nebengeschmack im süßen Ganzen, so wie die
Dorne an der Rose oder der Kater, der die Flasche Wein begleitet.
Statt dessen bläht sich hier die Nebenwirkung zu einem bedroh-
lichen Schreckgespenst auf. Im allgemeinen sind wir vor ernst-
haftem Schaden bewahrt, da der Körper innerhalb bestimmter, enger
Grenzen reagiert. Ein Patient, der eine Kopfschmerztablette nimmt,
muß vielleicht eine Magenblutung in Kauf nehmen, aber keinen
Herzanfall. Allerdings hat jede Zelle des Körpers einen breiten
Handlungsspielraum – sie ist ein bewußtes Wesen, das die umgebende Welt begreift. Und die Arzneimittelliste auf meinem Bürotisch
umfaßt lediglich die bisher beobachteten Nebenwirkungen.

Ich las kürzlich die Geschichte eines Internisten, der verblüfft
zusehen mußte, daß einer seiner Patienten, ein Mann Ende Siebzig, mit einem Mal paranoide Merkmale aufwies. Der Mann war besessen von der Vorstellung, daß in sein Haus eingebrochen wurde,
und kaufte schließlich eine Pistole, die er unter seinem Kopfkissen
verbarg. Eines Nachts erschreckte er seine Frau, als er um drei Uhr
in der Frühe aus dem Bett sprang, mit seiner Pistole nach unten
stürzte und wild nach den Eindringlingen suchte, die er hinter jedem Stuhl wähnte. Da ihr bewußt war, daß es sich um eine gefähr-
liche Halluzination handelte, brachte die Frau ihn in aller Eile zum
Internisten. Der Patient war zuvor nie geistesgestört gewesen und
nahm keine anderen Medikamente außer Digitalis, das er zur Stabi-
lisierung seines Herzrhythmus brauchte. In Anbetracht des Alters
seines Patienten stellte der Internist eine Diagnose auf Alzheimer-
sche Krankheit. Sicherheitshalber bat der Internist jedoch einen
Neurologen, das Computertomogramm des Patienten auszuwerten.
Darin erschien nichts Abnormales, aber der Neurologe sagte: »Ich
würde wetten, daß der Mann Halluzinationen durch Digitalis hat.«
In seiner dreißigjährigen Praxis hatte der Internist, der gleichzeitig
Professor für Medizin in New York City war, eine derartige Wirkung
nie zu Gesicht bekommen und hatte kaum je davon gehört. Trotzdem verringerte er die Dosis, mit dem Ergebnis, daß der Patient innerhalb von zehn Tagen wieder normal war. Es erscheint ziemlich
absurd, daß ein hochspezifisches Herzmedikament zum Wahnsinn
führen kann. Hätte dieser Patient seine Halluzinationen vor weni-

gen Jahrzehnten gehabt, als noch kein Arzneimittelbuch diese seltsamen Nebenwirkungen auflistete, so hätte das kein Arzt für möglich gehalten. Auch in diesem Fall glaubte der Internist es erst, nachdem eine Reihe ausführlicher Tests jede andere Möglichkeit ausgeschlossen hatte.

Was uns dieser Fall lehrt, ist, daß man nie genau weiß, wie der Körper reagieren wird. Es ist absolut möglich, daß das Herz dieses Mannes in dem Sinne wahnsinnig wurde, daß es den ersten Stein ins Rollen brachte und damit den Beginn seiner Geistesgestörtheit verursachte. Gehirn und Herz haben viele Rezeptoren gemeinsam und – was noch wichtiger ist – sie haben dieselbe DNS. Das bedeutet, daß eine Herzzelle sich wie eine Gehirnzelle, eine Leberzelle oder irgendeine andere Körperzelle verhalten kann. Nach einer Herzoperation ist manchmal zu beobachten, daß die Patienten psychotische Anfälle haben und zu halluzinieren beginnen. Auf dem Rücken liegend, noch halb betäubt vom Sauerstoffmangel im Gehirn und eingeschlossen in die blanke Sterilität einer Intensivstation, sehen sie plötzlich kleine grüne Männchen über ihre Laken spazieren – dies ist zumindest die landläufige Erklärung ihrer Erlebnisse. Könnte es nicht sein, daß hier tatsächlich das Herz halluziniert? Daß das Trauma der Operation es dazu bringt zu denken, die Wirklichkeit sei aus dem Lot geraten? Und daß es dies dann dem Gehirn erzählt?

Die Entdeckung der Neurotransmitter, Neuropeptide und Botenmoleküle aller Art hat unsere Vorstellung von Intelligenz enorm erweitert. Wenn aber jede Zelle eine endlose Anzahl von Botschaften enthält, die sie absenden und empfangen kann, so ist klar, daß nur ein Bruchteil davon zu einem bestimmten Zeitpunkt aktiviert wird. Wer oder was steuert diese Botschaften? Das erweist sich als höchst brisante Frage. In einem Chemielabor beginnen die Reaktionen automatisch, sobald das Experiment beginnt; es ist lediglich eine Frage der Kombination einer Chemikalie mit einer anderen. Aber irgend jemand muß ja die Chemikalien zunächst vom Regal nehmen.

Die Medizin hat eine lange Tradition, diesen Umstand für den menschlichen Körper zu ignorieren. Wir sehen heutzutage Tausende von Chemikalien auf dem Regal, aber die Zelle hat nicht nur einige davon auszuwählen, sie zu mischen und die Ergebnisse zu analysieren. Sie muß die Chemikalien überhaupt erst einmal herstellen, Tausende von Verfahren ausfindig machen, um neue Moleküle aus einer Handvoll Grundelemente zu erzeugen: Kohlenstoff, Wasserstoff, Sauerstoff und Stickstoff. Dazu bedarf es eines Bewußtseins. Wenn wir also die Geschichte der Neuropeptide verfolgen, so kommen wir schließlich zu einem dramatischen Wandel unserer Weltsicht. Zum ersten Mal in der Geschichte der Naturwissenschaft hat der Geist eine sichtbare Plattform, auf der er stehen kann. Bislang erklärte die Naturwissenschaft, daß wir Maschinen seien, die irgendwie denken gelernt hätten. Nunmehr dämmert eine Ahnung davon herauf, daß wir Gedanken sind, die gelernt haben, sich eine physische Maschine herzustellen.

GESPENSTER
DER ERINNERUNG

Vor kurzem kam eine junge Frau, Ende Zwanzig, die gelegentlich als Mannequin arbeitete, zu mir in die Sprechstunde. Nachdem sie lange Jahre verheimlicht hatte, daß sie an einer Eßstörung litt, war es ihrer Familie schließlich gelungen, sie zu einer Behandlung zu überreden. Seit ihrer Jugend hatte sie wie besessen auf ihre Figur geachtet, und mit der Zeit war diese Besorgnis immer unnormaler geworden, bis sie sich schließlich zu einer Krankheit mit zwei extremen Seiten, Magersucht bei gleichzeitiger Eßsucht mit nachfolgendem Erbrechen, ausgewachsen hatte.

Als ich diese attraktive, wache Frau vor mir sah, die allem Anschein nach normal war, war mir dennoch sehr bewußt, daß es sich da um keinen leichten Fall handelte. Trotz umfangreicher Forschung und allgemeinen öffentlichen Interesses in den letzten Jahren sind sowohl die Magersucht wie auch die Eßsucht höchst unerklärliche Phänomene geblieben. Warum sollten junge Frauen, darunter viele mit hohem Bildungsniveau und aus höheren Einkommensschichten, in solch unkontrollierbarer Weise vom Essen und vom Körpergewicht besessen sein? Magersüchtige entwickeln Furcht vor der Nahrung und einen regelrechten Horror vor den Mahlzeiten. Eingezwängt in ein starres, fast rituelles Verhaltensmuster, das sie zum selbstverursachten Verhungern führt, werden sie bis zum Hungertod abstreiten, daß sie zu mager sind.

Die entgegengesetzte Störung, Eßsucht, kann allein oder wie in diesem Fall zusammen mit Magersucht auftreten. Bei Eßsucht schlägt die Abneigung gegen Nahrung plötzlich in regelrechte Freßanfälle um. Diese heimlichen Gelage eines Eßsüchtigen nehmen oft enorme Ausmaße an, und es werden bei einer einzigen Mahlzeit zwischen 2000 und 50000 Kalorien aufgenommen. Zweitausend Kalorien sind die für einen Menschen von 60 Kilogramm

Körpergewicht ausreichende Tagesmenge. Diese Unmengen von
Nahrung werden anschließend gleich wieder erbrochen, was eine
erhebliche Belastung für das Verdauungssystem und für den gesamten Körper darstellt.

Bei dieser Frau hatte die Störung einen Grad erreicht, daß sie
jeden Tag erbrach, um das für ihre Arbeit normale, aber dennoch
niedrige Gewicht zu bewahren. Der bloße Anblick eines Desserts,
so berichtete sie mir, verursachte bei ihr kalte Schweißausbrüche
und rasendes Herzklopfen. Sie war sehr intelligent und hörte aufmerksam zu, als ich ihr sagte, daß die Wurzel ihres Problems ein
falsches Selbstbild sei. Da unsere Gesellschaft so besessen sei vom
Ideal der Schlankheit, bemühten sich viele Frauen, diesem Bild ihrer Körper zu entsprechen, das einfach gar nichts mit ihren körperlichen Anlagen zu tun habe. In ihrem Fall jedoch sage dieses Bild
nicht nur: »Ich muß schlank sein«, sondern: »Ich kann niemals
schlank genug sein.«

Um diese paradoxe Krankheit zu erklären, muß man die Grenze
zwischen Geist und Körper vergessen und sich ein ganzheitliches
System vorstellen, eben den »Körpergeist«. Und zwar deshalb, weil
eine Eßstörung eine ganzheitliche Störung ist, das unerbittliche
Gegenteil also von ganzheitlicher Gesundheit. Bei Magersüchtigen
übermannt die verdrehte Vorstellung »Ich muß schlanker werden«
den Körper wie ein heimtückisches und unfaßbares Gespenst. Sogar nach langen Krankenhausaufenthalten und sorgfältiger psy-
chiatrischer Behandlung ißt der Patient selten wie ein normaler
Mensch. Ein gesunder Mensch müßte sich Gewalt antun, um sich
selbst auszuhungern – sobald einmal der Körper eine bestimmte
Mangelschwelle überschritten hätte, würden seine Hungersignale
alles andere im Körpergeist übertönen, bis das Verlangen nach Essen unwiderstehlich würde. Bei einem an einer Eßstörung leidenden Menschen geschieht dasselbe in umgekehrter Form – der
Zwang, nicht zu essen, ist unwiderstehlich.

Als ich so darüber sprach, sah mich die junge Frau sorgenvoll
an und flüsterte: »Es gibt also tatsächlich so etwas wie böse Gei-
ster, nicht wahr?« Ich erschrak und antwortete nach einem Moment
des Überlegens: »Ja, das stimmt, aber dieser böse Geist kann aus-
getrieben werden.« Das, worüber wir sprachen, war eine Erinne-

rung, die sich festsetzt und dann verkörperlicht. Erinnerung klingt sehr abstrakt, Nahrung dagegen ist sehr greifbar. Aber die Erinnerung ist in diesem Falle sehr viel konkreter. Ob ein Patient krankhaft mager oder fettleibig ist, ist nicht primär von der Nahrungsmenge abhängig, die er zu sich nimmt. Das trifft bei Störungen zu, die wesentlich weniger bizarr sind als die Magersucht. Seit Jahrhunderten sieht man Fettleibigkeit als einen charakterlichen Makel an, der in religiösen Zeiten als Sünde der Völlerei bezeichnet wurde. Damit war gemeint, daß Fettleibige, wenn sie nur stark genug wären und ein wenig Selbstdisziplin beim Essen ausübten, so schlank sein könnten wie alle anderen Menschen.

Heutzutage ist allgemein bekannt, daß bei chronisch Fettleibigen das Problem nicht mit einer Diät zu beheben ist, was auch für das Gegenteil gilt, denn Magersucht wird durch »Mästen« nicht beseitigt, da das Gehirn eines Fettleibigen ständig extrem starke Signale nach mehr Nahrung aussendet. Wie diese Signale ausgelöst werden und wie man sie umpolen könnte, ist noch offen. Solange nicht eine sehr tiefliegende Ebene des Bewußtseins beeinflußt werden kann, können sich Fettleibige ihr ganzes Leben lang vergeblich in Diätpläne zwängen. Dies ist letztendlich selbstzerstörerische Taktik, da so die geistige Deformation nur verschlimmert wird. Der Verlust von fünf Kilo wird in ihrem Gehirn als Hungersnot registriert, und das nächste Mal, wenn Nahrung angeboten wird, wird das Gehirn nicht eher Ruhe geben, bis acht Kilo angelegt sind, also drei Kilo mehr als Sicherheitspolster gegen die nächste Hungersnot.

Es ist bekannt, daß Fettleibige auch bei Diäten zunehmen, die über das strikte Minimum zur Aufrechterhaltung des Stoffwechsels hinaus keine einzige Kalorie enthalten. Der Grund hierfür ist, daß das Gehirn tatsächlich den Stoffwechsel so verändern kann, daß die Kalorien nicht verbrannt, sondern in Form von Fett eingelagert werden. Niemand weiß, warum unser Intellekt so machtlos ist, diese Verzerrungen des Selbstbildes richtigzustellen. Das Phantom wird um so stärker, je mehr man es bekämpft. Obwohl Magersüchtige hartnäckig bestreiten, daß sie ein Problem haben, wird dennoch deutlich, sobald der Arzt erst einmal diese Tarnung durchschaut, daß ein tiefer Riß im Körpergeist die Ursache ist: Ein Teil des Systems versucht verzweifelt, die Vernunft walten zu lassen, während der andere wie wild irrationale Impulse aussendet.

Ich verbrachte einmal eine Stunde damit, eine andere magersüchtige Frau zu beraten, die weniger als 45 Kilo wog, in diesem Zustand ein Kind zur Welt gebracht hatte und willentlich in raschem körperlichem Verfall begriffen war: zehn Prozent aller Magersüchtigen hungern sich absichtsvoll zu Tode oder sterben an Ursachen, die wiederum auf Unterernährung zurückzuführen sind. Ihr Fall war besonders seltsam, da sie als Soßenchef in einem französischen Restaurant arbeitete, in dem sie jeden Tag den Gästen Butter und Sahne servierte.

Unser Gespräch verlief geradezu schauerlich vernünftig, bis sie mich plötzlich anfuhr: »Glauben Sie etwa wirklich, daß Sie mir das alles ausreden können? Ich begreife die ganze Sache durch und durch, wissen Sie, und es hat mir auch nicht das Geringste genützt. Lassen Sie mich damit gefälligst in Ruhe. Ich muß auf diese Weise essen!« Sie starrte mich mit unverhohlener Feindseligkeit an. »Sagen Sie mir«, forderte sie mich auf, »wie viele Leute bringen Sie vom Rauchen ab, indem Sie mit ihnen reden? Die wissen alle, was Nikotin bewirkt, und kennen die Gefahr von Lungenkrebs und das alles. Es bringt ihnen überhaupt nichts, darüber zu reden, und bei mir wird es dasselbe sein.«

Ich lehnte mich zurück. Ich konnte den eisigen Hauch ihrer Verzweiflung spüren und die sengende Hitze ihres Hasses in dem, was sie sagte. Wie grauenvoll es sein mußte, damit leben zu müssen, wie in einem verworrenen Alptraum. »Die eigentliche Frage ist nicht die, ob ich Ihnen helfen kann«, berichtigte ich sie, nachdem sie sich beruhigt hatte, »sondern die, ob Sie sich selbst helfen können, nicht wahr?« Sie wurde ein wenig milder, und ich fügte sanft hinzu: »Wissen Sie, Sie tun mir ja nicht weh, wenn Sie nicht essen. Sie tun in Wirklichkeit niemandem weh, außer einem Bild. Das Ganze ist in Ihnen selbst, und das ist der Teil, der so schwer ist, sowohl für Sie als Patientin als auch für mich als Ihr Arzt.«

Diese Geschichte hat kein unmittelbares Happy-End. Gewiß hatte meine Patientin recht, wenn sie das Sprechen über ihre Krankheit für nutzlos hielt. Sie ist weiterhin eine feindselige, verwirrte Frau, und das Beste, was ich ihr wünschen kann, ist, daß sie sich einer Gruppe von anderen Mager- und Eßsüchtigen anschließt, die einander helfen wollen. Um das Gespenst der Erinnerung auszutreiben, wird sie die Ebene erreichen müssen, auf der das Gespenst lebt. Solange das Gespenst da ist, werden Patienten wie sie nicht merken, daß sie eine Krankheit haben – sie *sind* ihre Krankheit. Ich meine das ganz buchstäblich. Was passiert mit Ihnen, wenn Sie eine Schlange sehen und beiseite springen? Der erschrockene Gedanke »Vorsicht, eine Schlange!« kommt Ihnen genau in dem Moment, wo das Adrenalin Sie zum Springen bringt. Im allgemeinen sind Gedanke und Handlung so eng miteinander verbunden, daß das Bewußtsein noch nicht einmal Zeit hat, das Geschehen in Worte zu fassen – Sie sehen die Schlange, und schon springen Sie.

Diese Verbindung zwischen Gedanke und Handlung ist so eng, daß es keinen Spalt gibt, an dem Sie einen Keil ansetzen können. Im Falle eines Magersüchtigen erzeugt der bloße Anblick von Essen eine Welle von Widerwillen. Vielleicht verursacht schon der Anblick und der Geruch von einem Laib frischen Brotes den Gedanken: »Igitt, das kann ich nicht essen«, während sich gleichzeitig der Magen umdreht, die Speicheldrüsen trocken werden und der ganze Verdauungstrakt davor gewarnt wird zu funktionieren. Natürlich ist das eine verdrehte Reaktion, aber Gedanke und Reaktion sind eng miteinander verflochten. Was hier am Werk ist, könnten wir als einen »Intelligenzimpuls« bezeichnen, einen Verbund von Gedanke und Molekül, so wie die beiden Seiten einer Münze. Sobald der Impuls ausgelöst wird, gibt es kein Zurück. Der Gedanke ist das Molekül; das Molekül ist der Gedanke.

Wenn ein magersüchtiger Patient von Nahrung abgestoßen wird, so überlagert diese Reaktion – zumindest für diesen Moment – alles andere. Der Kranke *ist* seine Krankheit. Dasselbe gilt für den Fettleibigen, der versucht, dem Essen zu widerstehen, für den Raucher, welcher der nächsten Zigarette widerstehen möchte und so fort.

Sobald ein Gedanke einmal da ist, kann er nicht mehr geändert werden – der ganze innere Kampf solcher Patienten ist völlig nutzlos. Aber es gibt außer dem Gedanken und dem Molekül eine weitere Komponente bei einem Intelligenzimpuls.

Der Dritte im Bunde ist die Stille; sie ist der unsichtbare Teil-

haber. Wie wir alle müssen auch Magersüchtige ihre Gedanken aus
einer Schicht heraufholen, die feiner als die der Gedanken ist. Und
dort könnte eine Heilung beginnen.

Die von Magersüchtigen gefürchtete Erkenntnis: »Ich bin meine
Krankheit« mag wahr sein, aber sie ist nicht die ganze Wahrheit.
Wenn Magersüchtige ihre Zwangsvorstellungen überwinden und sie
mit etwas Abstand betrachten könnten, so würde ihr Problem gelöst
werden können. Ein stiller Beobachter der eigenen Gedanken zu
werden, würde ausreichen, um sie aus dem Griff ihres Gespenstes
zu befreien. Archimedes sagte einst, daß, wenn er nur einen genügend langen Hebel und einen geeigneten Standort hätte, er die Welt
aus den Angeln heben könnte. Wahrscheinlich hätte er dann draußen im Weltraum stehen müssen. Das ist der Standpunkt, den Magersüchtige bräuchten. Allerdings sind wir Menschen auf unseren
inneren Raum beschränkt. Niemand hat ein zweites Nervenkostüm
im Schrank für den Fall, daß das eine sich abnutzt. Es ist traurig,
aber wahr: Es gibt keinen äußeren Standort.

Ohne daß wir uns dessen bewußt sind, verlassen wir uns darauf,
daß unsere Gedanken schon die richtigen Substanzen in unseren
Körpern erzeugen: Der Geist und seine Botenmoleküle sind vollkommen aufeinander abgestimmt. Aber da können auch Pannen
auftreten, und dann ist das Ergebnis so, als ob man gleichzeitig
zwei Computerprogramme in dieselbe Maschine eingegeben hätte.
Wenn die Eingabe nicht klar ist, so ist selbstverständlich auch der
Ausdruck – unser Körper – verkorkst.

Eines der zweischneidigsten Medikamente ist beispielsweise
das einst als unbedenkliche Neuentdeckung gefeierte Valium. Sein
Vorläufer, die Barbiturate, hatten zahlreiche bekannte Nachteile:
Sie verursachten Abhängigkeit, verminderten die Schlafqualität, da
sie die Traumphase unterdrückten, und eine Überdosis konnte tödlich sein. Valium und die ihm verwandten Substanzen bewirkten
dagegen einen besseren und erholsameren Schlaf, konnten weniger
leicht in Überdosis mißbraucht werden und schienen zunächst
nicht abhängigkeitserzeugend zu sein. Auf dem Höhepunkt seiner
enormen Popularität betrug der Marktanteil von Valium angeblich
ein Viertel aller in Nordamerika verschriebenen Medikamente.
Heutzutage weiß man, daß auch Valium Abhängigkeit erzeugt,

daß es typische Störungen des Schlafmusters verursacht, weil es die dritte und vierte Schlafphase des traumlosen Tiefschlafs beeinträchtigt, und daß es nach langer Anwendung zu starken Entzugserscheinungen kommt. Betrachtet man die Rezeptoren an den Zellwänden, so ist das nicht weiter verwunderlich, denn Valium schlägt die körpereignen Nervensubstanzen aus dem Feld und besetzt die für sie vorgesehenen Rezeptoren. Diese Art von Eingreifen wäre vielleicht von Vorteil, wenn Valium nur mit einer für das Angstgefühl verantwortlichen Untergruppe der Neuropeptide wetteiferte. Aber der beruhigende Effekt des Medikaments kommt nicht ganz allein. Valium bringt das gesamte Nervensystem durcheinander. Darüber hinaus wurde kürzlich entdeckt, daß die Monozyten des Immunsystems ebenfalls von Valium angezogen werden. Wenn also ein Arzt ein derartiges Schlaf- oder Schmerzmittel verschreibt, so hat das auch Auswirkungen auf das Immunsystem, was auf der Ebene der Rezeptoren noch mehr Verwirrung schafft.

Niemand weiß genau, ob das Schaden angerichtet hat, im wesentlichen deswegen, weil die Beschäftigung mit dem Immunsystem noch recht neu ist. Allem Anschein nach werden wir entdecken, daß die Natur uns bereits mit einem körpereigenen Gegenstück zu Valium ausgestattet hat, was bedeutet, daß wir unbeholfen etwas nachahmen, was es bereits in fast vollkommener Form gibt. Wenn ich mir die Frage stelle, ob ich es gerne hätte, wenn man mir Tag um Tag dasselbe Medikament in meine Immunzellen hineinstopfte, in der undifferenzierten Weise, wie das bei Millionen von Patienten, vor allem bei Frauen über dreißig Jahre hinweg getan wurde, so ist meine Antwort klar.

Für die Immunzellen hat jeder Rezeptor eine bestimmte Bedeutung: Sie benutzen die Rezeptoren, um in präziser Weise zu denken, zu handeln, wahrzunehmen und zu antworten. Ein Mensch benutzt immer dieselben beiden Augen, um die ganze Welt zu sehen; eine Zelle dagegen hat ein bestimmtes »Auge« für jedes Ding. Mit anderen Worten: Ein ständig blockierter Rezeptor macht die Zelle für eine bestimmte Sache blind. Zu einem Zeitpunkt, wo die Zahl der Krebserkrankungen, wie beispielsweise Brustkrebs, immer noch im Steigen begriffen ist, erscheint das Senden unbekannter Botschaften in das Immunsystem sehr riskant.

Es gibt momentan eine »chemische Revolution« bei der Behandlung von Geisteskrankheiten, und sie scheint so wunderkräftig
zu sein wie das Valium vor dreißig Jahren. Ärzte verschreiben ihren
geistesgestörten Patienten in großem Umfang Psychopharmaka, das
sind bewußtseinsverändernde Medikamente, um die akuten Symptome ihrer Krankheit in den Griff zu bekommen, hauptsächlich
Depressionen, Manien und Halluzinationen. Die Symptome klingen oft ab, bisweilen verblüffend rasch und radikal, wobei allerdings viele Patienten die geistige Stumpfheit und Müdigkeit, die zu
den bekannten Nebenwirkungen gehören, unerträglich finden.
Diese Nebenwirkungen sind durchaus ernst zu nehmen: Gewisse
Antidepressiva können die Depression des Patienten in den ersten
Wochen weiter verschlimmern oder sie in ihr Gegenteil verkehren,
bis daraus eine überschäumende, euphorische Allgemeinstim-
mung, eine Manie wird. Kritiker der medikamentösen Therapien
bezeichnen dies als »chemische Gehirneingriffe« und erheben An-
klage, daß sie den Patienten seiner Menschenwürde berauben.
    Zweifellos gibt es tatsächlich viele Fälle des Mißbrauchs, be-
sonders in großen, personell unterbesetzten Anstalten. Es bedarf
einer sorgfältigen Feineinstellung, um die richtige Dosierung eines
bewußtseinsverändernden Medikaments zu ermitteln, und es gibt
zahlreiche Horrorgeschichten über depressive Patienten, die so
heftig auf ihre Medikamente reagierten, daß sie eher Selbstmord
begingen als die Behandlung zu erdulden. Die Erfolge in diesem
Bereich lassen jedoch darauf schließen, daß Ärzte künftig ausschließlich Medikamente benutzen werden, um Schizophrenie und
Depressionen zu heilen. Einen durch pharmazeutische Behandlung
»geheilten« Schizophrenen gibt es bislang noch nicht. Denn normal zu sein, ist mehr als lediglich keine Halluzinationen zu haben.
Wenn man die bizarren Wahnbilder eines Schizophrenen oder die
seltsamen Stimmen unterdrückt, die dieser in seinem Kopf hört,
hat man dennoch keinen normalen Menschen vor sich, sondern
eine bloße Hülle. Die Veränderung des Dopaminspiegels, auch
wenn diese hundertmal genauer, als es heute möglich ist, gesteuert
werden könnte, würde keine Heilung herbeiführen. Der Grund
liegt in der Lektion, die uns die Neurotransmitter erteilt haben: Jeder chemische Durchbruch führt zu neuen chemischen Grenzen.

Das Gute an den Neuigkeiten über die Neurotransmitter ist, daß die von ihnen ausgeübten Funktionen materiell nachgewiesen werden können. Ein Gedanke, ob vernünftig oder verrückt, ist schwer zu fassen; er ist nichts, was man berühren oder spüren könnte. Die Neurotransmitter sind jedoch etwas Greifbares, wenngleich sie äußerst klein und oft sehr kurzlebig sind. Ein Neurotransmitter muß einem Gedanken entsprechen. Damit das gelingt, müssen seine Moleküle genauso flexibel sein wie Gedanken, genauso flüchtig, veränderlich und zart.

Solch eine Flexibilität ist einerseits ein Wunder, andererseits aber auch ein großes Problem, da dadurch eine fast unüberwindliche Grenze entsteht. Kein synthetisches Medikament kann dieselbe Flexibilität erreichen, weder heute noch in absehbarer Zukunft. Kein Wirkstoff entspricht wirklich einem Gedanken. Das wird offensichtlich, wenn man die Struktur eines Rezeptors betrachtet.

Rezeptoren sind örtlich nicht festgelegt. Ihre »Wurzeln« reichen tief hinunter bis in den Zellkern, wo die DNS sitzt. Der DNS stehen sehr viele Arten von Informationen zur Verfügung, praktisch unbegrenzt viele. Deshalb erzeugt sie ständig neue Rezeptoren und läßt sie zur Zellwand aufsteigen. Es gibt keine festgelegte Zahl von Rezeptoren, keine festgelegte Struktur der Zellwand. Eine Zellwand kann entweder nur ganz wenige Rezeptoren haben oder aber sie kann so davon übersät sein wie ein Seerosenteich im Frühsommer mit Seerosen.

Das einzig Beständige an einem Rezeptor ist seine Unberechenbarkeit. So entdeckten Forscher kürzlich, daß ein Neurotransmitter namens Imipramin in abnormen Mengen im Gehirn von depressiven Patienten erzeugt wird. Während sie die Verteilung der Imipramin-Rezeptoren untersuchten, stellten sie zu ihrer Überraschung fest, daß diese nicht nur im Gehirn, sondern auch auf Hautzellen zu finden waren. Warum erzeugte die Haut Rezeptoren für ein Gehirnmolekül?

Was hatten diese Hautrezeptoren mit Depressionen zu tun? Eine plausible Antwort darauf ist, daß sich die Depression im ganzen Körper eines Patienten ausbreitet – er hat ein trauriges Gehirn, eine traurige Haut, eine traurige Leber und so fort. In ähnlicher

Weise haben Forscher im Gehirn und in den Nebennieren von Menschen, die sich über ständige Nervosität beklagen, abnorm hohe Werte an zwei Substanzen – Adrenalin und Noradrenalin – festgestellt. Dann entdeckte man jedoch auch noch hohe Konzentrationen dieser Substanzen in ihren Blutplättchen, was bedeutet, daß auch ihre Blutzellen »nervös« waren.

Es ist für Ärzte frustrierend, feststellen zu müssen, wie komplex die ganze Angelegenheit ist. Die Hoffnung auf eine rasche Heilung von Schizophrenie, Depressionen, Alkohol- und Drogensucht und anderen Störungen zerrann Mitte der siebziger Jahre, nur kurze Zeit, nachdem 1973 die ersten Endorphine ausfindig gemacht worden waren. Heutzutage weiß man um die chemische Problematik und beginnt, die wahre Flexibilität der Botenmoleküle allmählich zu ahnen. Denken wir über dieses Problem nach, so müssen wir uns die tiefergehende Frage stellen: Kann ein Medikament wirklich das Gespenst der Erinnerung vertreiben? Meine ärztliche Erfahrung sagt »nein«. Ich habe zu viele depressive Patienten gesehen, die medikamentös »geheilt« worden waren und die dennoch ein Gefühl hohler Ungesundheit um sich verbreiten. Anstatt sich auf Medikamente zu verlassen, sollte man herausfinden, wie die kranke Erinnerung des Patienten überhaupt in die Chemie seines Körpers gelangte. Denn es ist absolut klar, daß es eine nicht-materielle Erinnerung gibt. Sie mag gerade in einem Molekül unterwegs sein, aber ihre Existenz ist davon unabhängig.

Hierzu ein Beispiel: Walter wuchs Ende der sechziger Jahre in den Straßen im Süden von Boston auf. Er spürte den Haß, der den in diesen Stadtteil einziehenden Schwarzen entgegenschlug. Um diesem Haß und der Armut, die ihn sein ganzes Leben verfolgt hatte, zu entkommen, wurde Walter mit achtzehn Jahren Soldat. Innerhalb von sechs Monaten kam er nach Vietnam. Er kämpfte und überlebte, aber als er zwei Jahre später wieder auf der Straße stand, blieb er am Heroin hängen, das viele Vietnamveteranen nahmen, um das Trauma des Krieges zu dämpfen. Anders als die meisten Soldaten hatte Walter keinen Grund, mit dem Heroin aufzuhören, als er nach Hause zurückkam. Er wurde schließlich festgenommen und kam auf gerichtlichen Beschluß im »Veterans Army Hospital« zu mir in Behandlung.

Unser Hauptanliegen war, ihn zu entgiften. Nach dem üblichen Schema wäre er schließlich durch die Drehtür wieder nach draußen auf die Straße gewandert. Aber während er im Krankenhaus war, begann ich, ihn zu besuchen. Er war ein außergewöhnlicher Mensch. Trotz seiner Verzweiflung schien er nicht von unterdrückter Wut zerfressen zu werden, und er war ganz und gar bereit, seine Sucht zu bekämpfen. Walter und ich wurden Freunde. Er machte in medizinischer Hinsicht rasche Fortschritte, und ein Jahr nach seiner Entziehungskur ging er immer noch einer geregelten Arbeit nach und sprach begeistert über das normale Leben, nach dem er sich sehnte und das er so liebte. Dann geschah etwas Seltsames.

Eines Tages hatte Walters Wagen eine Panne, was ihn dazu zwang, zum ersten Mal seit vielen Monaten wieder die U-Bahn zu benutzen. Er stieg in den Zug ein, ein altes, klappriges Gefährt, das sich mit schrillem Lärm durch die Kurven wand. Er haßte den Lärm und konnte ihm nicht entfliehen. Es war Juli, und der Ventilator funktionierte nicht. Nach wenigen Minuten des Eingeschlossenseins in dem stickig heißen Abteil empfand er den Zug als unerträglich. Er hatte sich zunächst unwohl gefühlt, wurde dann ständig erregter, bis er sich schließlich beim Aussteigen in einem völlig aufgelösten Zustand befand. Nichts, was er unternahm, konnte seine Erregung mildern, und als ich ihn zwei Tage später wiedersah, war er wieder ganz seiner Sucht erlegen. Diesmal hatte er kaum noch den Willen, davon loszukommen.

Was war mit diesem Mann geschehen? Eine biochemische Erklärung des Vorfalls im Zug ist nicht genug. Ich denke immer wieder an ihn, wie er seinen Nadelstreifenanzug trug, zuversichtlich für ein neues Leben ausgestattet, und dann die Fahrt mit dem gleichen Zug, mit dem er gefahren war, als er noch haltlos und drogenabhängig war. In einer heimtückischen Kurve auf der Straße der Erinnerung kam ihm seine Vergangenheit entgegen, und damit seine Sucht. Wo hielt sich diese Sucht ein Jahr lang verborgen, bevor sie ihn wieder überfiel? Die Medizin ist in gewisser Hinsicht gerade dabei, dieses Geheimnis zu lüften, daß nämlich das Gedächtnis einer Zelle diese überleben kann.

An jedem Punkt des Körpergeistes sind zwei Dinge miteinander verbunden: Information und Materie. Von beiden hat die Informa-

tion die überlegene Lebensdauer. So wie die Kohlenstoff-, Sauer-
stoff-, Wasserstoff- und Stickstoffatome durch unsere DNS wirbeln,
Vögeln vergleichbar, die sich nur niederlassen, um gleich weiterzu-
ziehen, ebenso verändern sich die Materieteilchen. Was bleibt, ist
die ihre Bausteine ständig austauschende Struktur. Tatsächlich verschiebt sich die präzise Struktur der DNS auch nicht um einen
Tausendstelmillimeter, da die Informationsstücke der DNS sich genau erinnern, wo alle drei Milliarden Teilchen hingehören. Dieser
Umstand macht uns bewußt, daß Erinnerung dauerhafter ist als
Materie. Was ist also eine Zelle? Sie ist ein Gedächtnis, das sich
nach einem bestimmten Muster in Materie umgesetzt hat. Ihr Körper ist der Ort, wo ihr Gedächtnis zu Hause ist.

Diese Schlußfolgerung läßt sich angesichts all dessen, was wir
über die Spielarten chemischer Intelligenz wissen, kaum bestrei-
ten, aber dennoch sperrt sich die Medizin hartnäckig gegen diese
Einsicht. Beispielsweise wird allgemein angenommen, daß Trinker,
Kettenraucher und Drogensüchtige eine chemisch bedingte Sucht-
neigung haben, das heißt, daß ihre Zellen nach Alkohol, Nikotin,
Heroin und so fort süchtig sind. Nimmt man aber die biochemische
Ebene unter die Lupe, so findet man, daß Nikotin oder Heroin sich
an genau dieselben Rezeptoren anbinden, die jeder von uns hat.
Ein Süchtiger hat keine Rezeptoren, die abnorme Gelüste aufweisen. In ähnlicher Weise ist die Magenschleimhaut eines Fettleibigen nicht eßsüchtig – sie nimmt lediglich auf, was sich ihr anbietet.
Die Wahrheit scheint die zu sein, daß sich die suchtverursachende
Erinnerung im Gedächtnis der Zelle eingenistet hat und von dort
aus agiert. Mit anderen Worten: Eine Sucht ist ein verdrehtes Gedächtnis. Es ist lediglich unser materielles Vorurteil, das uns auf
die Zelle blicken läßt. Die gefährlichen Erinnerungen könnten er-
erbt sein, da ja das Suchtverhalten oft familientypisch ist. Aber
selbst wenn es ein spezifisches »Sucht-Gen« gibt, muß man dennoch die nicht-materiellen Bedingungen in Betracht ziehen, welche die DNS dazu brachten, diesem Gen Ausdruck zu verleihen.
Die Form Ihrer Ohren ist genetisch vorgegeben, aber der Grund
dafür, warum sich vor Millionen von Jahren zunächst überhaupt
Ohren bildeten, war ganz gewiß nicht materiell. Irgendein Organismus begann, auf einen Klang zu reagieren.

Nimmt man einen Süchtigen, entgiftet seinen Körper und hält ihn über mehrere Jahre hinweg von Alkohol und Drogen fern, so sind jene alten Zellen, die einst »chemisch süchtig« waren, samt und sonders abgestorben. Die Erinnerung aber bleibt, und gibt man ihr eine Gelegenheit dazu, so macht sie sich von neuem über den Suchtstoff her. Ärzte vergessen leicht dieses Geheimnis. Aber lassen Sie mich ein Beispiel nennen: Ein guter Freund von mir, ein Kardiologe aus Kolumbien, hörte vor fünfzehn Jahren mit dem Rauchen auf. Im Frühjahr 1988 flog er nach Hause und ging dort auch ins Kino. Er ist selbst für einen Herzspezialisten ein außerordentlich beschäftigter Mann und hatte, solange er sich entsinnen konnte, keinen Film gesehen. Dieser besonders lange Film hatte eine Pause, und als mein Freund in das Pausenfoyer des Kinos ging, wurde er von einem fast unbezwingbaren Wunsch zu rauchen ergriffen.

»Weißt du«, erzählte er mir, »als ich noch als Schüler in Bogotá lebte, rauchten wir immer zwischen den Filmen in der Lobby. Alles, was geschah, war, daß ich in dieselbe Szene zurückversetzt wurde, und das Verlangen zu rauchen kam blitzartig wieder auf. Im Nu stand ich vor dem Zigarettenautomaten und suchte nach Kleingeld; nur dadurch, daß ich mich innerlich fest am Zügel nahm und mir sagte: ›Das ist verrückt, du bist ein Kardiologe‹, gelang es mir zu widerstehen.« Immerhin mußte er das Kino in aller Eile verlassen und bedauert immer noch, daß er das Ende des Films nicht mitbekommen hat.

Was eine Sucht so erschreckend macht, ist, daß die Rezeptoren des Gehirns stets bereit sind, die Anweisungen des Geistes zu befolgen. Denken Sie nur an mein Beispiel einer Streßreaktion zurück, als ein Auto eine Fehlzündung hatte und Adrenalin in unseren Blutkreislauf ausgeschüttet wurde. Wir bemerkten, daß als Teil der Gesamtreaktion der Magen und die Därme den Verdauungsvorgang unterbrechen. Solange die Streßreaktion nur vorübergehend auftritt, ist dies für den Körper völlig normal und richtig und geschieht automatisch.

Wenn Sie sich jedoch eine Umgebung auswählen, wo es permanent Streß gibt, kommt unweigerlich der Zeitpunkt, wo Ihr Körper mit der Verdauung weitermachen will. Dabei entsteht dann ein hef-

tiger Konflikt, denn die Streßreaktion wird weiterhin auf ihrem
»Nein« bestehen, während ein anderer Teil des Gehirns – wahrscheinlich der Hypothalamus – »Ja« sagt. Der sich daraus erge-
bende Aufruhr verkrampft den Magen und peitscht die Eingeweide
auf, die ihren natürlichen Rhythmus verlieren. Wenn Sie ihnen
nicht die Gelegenheit geben, zu ihm zurückzufinden, werden sie zu
Opfern einer falschen Erinnerung, genauso unfehlbar wie ein
Süchtiger. Der Magen wird beginnen, zur Unzeit Magensäure zu erzeugen, der Dickdarm wird sich verkrampfen, und das reibungslose
Zusammenspiel aller Teile des Magen-Darm-Systems bricht zusammen. Daher rühren die brennenden Geschwüre und der chronisch
gereizte Dickdarm bei vielen Menschen, die unter schwerem Streß
stehen. Im Falle eines Süchtigen ist eine der durch die Droge blok-
kierten Reaktionen die Fähigkeit, rational denken und deutlich
wahrnehmen zu können. Solange die Rezeptoren besetzt sind, wird
sich der Süchtige ständig euphorisch fühlen, und seine Wahrnehmungen werden ein verschwommener Bilderbrei sein. Dieser Zustand mag über kurze Zeit hinweg angenehm sein, ist aber auf
lange Sicht zerstörerisch: Ohne klare Wahrnehmung kann dàs Gehirn auch nicht die einfachsten Anweisungen geben, die zum Denken, Essen, Arbeiten, für das soziale Verhalten und so fort notwendig sind. Das ganze Leben verlangt klares Denken; klares Denken
verlangt auch eine große Menge verschiedener Neurotransmitter.
Der Süchtige aber benutzt nur einige wenige und klammert sich
verzweifelt an sie fest.
    Eine ausschließlich physische Erklärung für Krebs ist eben-
sowenig überzeugend. Sie müßte einer Entgleisung Rechnung tragen, die noch abstrakterer Art ist. Vielleicht kann es zu einer Verzerrung der Erinnerung auf der zellularen Ebene kommen. Nehmen
wir an, ein Arzt macht bei einem Patienten eine Röntgenaufnahme
und entdeckt einen bösartigen Tumor. Ein Jahr später kommt der
Patient erneut zum Arzt, eine weitere Röntgenaufnahme wird gemacht, und der gleiche Tumor ist zu sehen. Betrachtet der Arzt nun
diesen Krebs als denselben wie ein Jahr zuvor, so ist das nicht richtig, denn während dieser Zeitspanne sind sämtliche Zellen ersetzt
worden.
    Was er tatsächlich sieht, ist das Ergebnis einer Erinnerung, die

überlebt hat und sich nun ständig in einem Tumor »wiederverkörpert«. Krebs ist weniger das Ergebnis einer wildgewordenen Zelle, als vielmehr das Ergebnis eines verzerrten Bauplans dieser Zelle, eines Satzes falscher Anweisungen, die das normale Verhalten der Zelle zur selbstmörderischen Aktivität des Krebses entarten lassen. Der Körper reagiert auf diese Situation von seiner fundamentalsten Ebene aus. Die DNS spürt jede Abweichung des Gedächtnisses, einschließlich eines beginnenden Tumors, und behebt sie unverzüglich.

Wir wissen bislang noch nicht, wie wir krebserzeugende Erinnerungen auf zellulärer Ebene löschen können, da wir noch nicht wissen, wie wir die Zellwand durchdringen und mit der DNS kommunizieren könnten. Wir wissen jedoch, daß sogenannte Interleukine eine Schlüsselrolle spielen. Das ist eine Klasse von Proteinen, die den Hormonen ähnlich sind und vom Immunsystem zur Bekämpfung der Krebsherde ausgeschüttet werden. Unsere Immunzellen erzeugen Interleukine in vielen Situationen: Schnitt- und Schürfwunden, Infektionen, innere Verletzungen und Allergien können sie auf den Plan rufen. Der Name »Interleukin« wurde deshalb ausgewählt, weil die Forschung ursprünglich entdeckt hatte, daß diese Substanzen Signale zwischen den weißen Blutkörperchen (Leukozyten) übertragen.

Im Körper gibt es Interleukine nur in winzigen Mengen; ihre Herstellung zu kommerziellen Zwecken ist nahezu unerschwinglich. Der Preis Mitte bis Ende der achtziger Jahre für eine Behandlungsserie beträgt ungefähr 130000 Mark. Trotz dieses Hindernisses haben Forscher vor kurzem große Mengen von Interleukin 2 (IL-2) gewonnen und es etwa 450 Patienten mit fortgeschrittenem Haut- und Nierenkrebs verabreicht. Bei einigen Patienten – etwa fünf bis zehn Prozent – kam es dadurch zu deutlichen Rückbildungen der Tumore. Allerdings kam es bei anderen zu starken Nebenwirkungen, denen mehrere Patienten zum Opfer fielen. Die Frage nach den langfristigen Auswirkungen von IL-2 auf den übrigen Körper bleibt unbeantwortet.

Trotz dieser Nachteile sind Interleukine im Begriff, zum kommenden, vielversprechenden Krebsmittel zu werden, ebenso wie Interferon, eine chemisch verwandte Substanz, die die Hoffnung der siebziger Jahre war. Schon jetzt beeilen sich Scharen von Gentechnikern zu berechnen, wie Interleukin zu wirtschaftlich vertretbaren Kosten herzustellen ist, und etwas niedergeschlagen spürt man, daß eine neue falsche Hoffnung auf den Markt getragen wird.

Warum läßt sich das Versprechen nie einlösen? Die Medizin ist im Besitz Hunderter von Fakten über die Interleukine, wie zum Beispiel, daß die Alpha- und Betavarianten von Interleukin-1 auf der Ebene der Aminosäuren ihrer Gene nur zu 26 Prozent homolog sind oder daß sich beide an Rezeptoren mit einer hohen Affinität anbinden. Wenn man sich mit diesen Begriffen auskennt, sagen diese Daten einiges. Dennoch sagen sie absolut nichts über die Intelligenz von Interleukin aus, und das ist ein wesentlicher Mangel. Denn wenn die Interleukine »wissen«, wann und wo sie Krebs zu bekämpfen haben, so sind es nicht ihre Moleküle, die uns interessieren sollten, sondern etwas Unsichtbares, nämlich die Fähigkeit der Zelle zu erkennen, daß eine krebsverursachende Erinnerung vorliegt und angegangen werden muß. Und diese Fähigkeit kann nicht injiziert werden.

Den Krieg im Körper führt eine Intelligenz gegen eine andere Intelligenz. Die physischen Strukturen – Interferon, Interleukin, Hormone, Peptide und anderes mehr – sind wie das Kriegsgerät, aber einer muß die Waffen ja auf den Feind richten. Das ist auch der eigentliche Grund dafür, warum ich kein Vertrauen zu irgendwelchen Wunderwaffen habe. Penizillin war eine sehr wirksame Waffe, da man damit nicht sehr genau zielen mußte; sobald einmal das Antibiotikum in der Blutbahn ist, greift es automatisch die Zellwände der Bakterien an und zerstört sie. Auch die Chemotherapie der ersten Stunde war ein recht grobschlächtiges Instrument, nicht anders als die chemischen Kampfstoffe, die im Ersten Weltkrieg zur Anwendung kamen. Im übrigen sind die giftigsten Substanzen, die gegen Krebs eingesetzt werden, sogenannte alkylierte Wirkstoffe, Nachfahren des heimtückischen Senfgases, das die Soldaten in jenem Krieg in Angst und Schrecken versetzte.

Spätere Chemotherapiemittel, wie die verschiedenen Nebennierenhormone und Östrogen, haben ihren Ursprung im Körper selbst. Deshalb konnte man mit ihnen auch genauer zielen, aber wir sehen mittlerweile, daß dieser Fortschritt womöglich das letzte ist, was wir von der Wunderwaffentheorie hören. In gewisser Hinsicht sind die Substanzen, die man anwenden will, so präzise, daß sie ihre Wirkung nur innerhalb einer denkbar engen Bandbreite entfalten. Wenn man mit einem Hormon zielt, so muß man einen Rezeptor treffen, nicht einfach die breiten Heerstraßen des Blutes, wie es das Penizillin tat. Ist der Rezeptor, den man treffen will, ausschlaggebend für Leben oder Tod der betreffenden Zelle, wie es beispielsweise bei den Interleukinen der Fall ist, so kann das Zielen nie genau genug sein, denn Leben und Sterben dieser Zelle betrifft alle in ihr enthaltenen Substanzen. Es ist ähnlich wie bei einem Klavier, wo eine verstimmte Saite das ganze Klavier verstimmt; eine Sonate wird niemals gut klingen, wenn auch nur eine einzige darin falsch ist.

Ich möchte nicht, daß das nach Verdammnis klingt. Millionen von Menschen sind erfolgreich mit Krebsmitteln behandelt worden. Die Schädlichkeit der Chemotherapie wurde beständig verringert, und in vielen Fällen sind die gefürchteten Nebenwirkungen, die den schlechten Ruf dieser Behandlung begründet haben, tatsächlich sehr gering geworden, insbesondere im Hinblick auf das Risiko, das ein nichtbehandelter Krebs darstellt. Trotzdem bleibt die Tatsache, daß Krebs unheilbar ist, wenn er nicht früh erkannt wird. Und wenn mich ein Patient mit Lungenkrebs aufsucht, nützt selbst die Früherkennung nichts. Andere verbreitete Krebsarten wie Melanome gehören ebenfalls in diese Kategorie.

Wir brauchen unbedingt eine Medizin ohne Wunderwaffen.

Wenn man die Interleukine vorurteilslos betrachtet, so wird man feststellen, daß ihre wichtigsten Eigenschaften unsichtbar sind. Interleukine werden von der DNS der Immunzellen in genauen Dosierungen, Kombinationen und in ganz bestimmter Zeitfolge erzeugt. All dies ist wichtiger als das Molekül selbst.

Verfolgt man unter dem Mikroskop, wie ein weißes Blutkörperchen einen Eindringling, eine Bakterie oder eine Krebszelle beispielsweise, verschlingt, so ist das allem Anschein nach sehr einfach und sieht fast so aus wie ein Tropfen Bernstein, der eine Fliege einschließt. In Wirklichkeit gibt es aber keinen komplexeren Vor-

gang im menschlichen Körper. Ein Interleukin erreicht nach einem
höchst aufreibenden Manöver den Schauplatz der Ereignisse an einer genau festgelegten Stelle. Wir nennen das die »Jagd auf den
Krebs«, aber das meiste bei diesem Abwehrprozeß ist sehr abstrakt. Diese Jagd wird fast ausschließlich mittels Informationsaus-
tausch durchgeführt. Das Ziel zu treffen, ist noch eine der leichte-
sten Aufgaben bei der ganzen Sache. Bevor eine Immunzelle
irgendeinen Anti-Krebs-Wirkstoff ausschüttet, durchläuft das Immunsystem eine Reihe von vorgeordneten Schritten: Es muß zunächst feststellen, daß es ein Problem gibt, und muß es genau
identifizieren. Denn bei einer Krebserkrankung muß der Körper
anders reagieren als etwa bei einem Bakterien- oder Pilzbefall. Mit
Hilfe einer Anzahl von Botenstoffen namens T-Helferzellen ruft der
Körper das übrige Immunsystem auf, aktiv zu werden und natürliche Killerzellen zu erzeugen. Um sicherzustellen, daß diese Killerzellen nicht das Falsche vernichten, gibt der Körper der Immunzelle einen genauen chemischen Steckbrief des Feindes, den er mit
anderen Zellen unterwegs abgleichen kann.

Dies ist ein erster grober Überblick über die ersten Aktions-
schritte des Immunsystems, das noch viele weitere Schritte, Über-
schneidungen und ungeklärte Rückkopplungen hervorbringt. Die
Forscher haben in den vergangenen fünf Jahren lediglich einen ersten Einblick in das Immunsystem gewonnen und vergleichen
seine Komplexität gern mit der des Gehirns. Wie dieses hat auch
das Immunsystem eine unglaubliche Fähigkeit, neue Informationen
aufzunehmen, die Identität eines neuen krankheitserzeugenden Organismus wahrzunehmen und zu speichern und Milliarden von Informationseinheiten zu verarbeiten. Wir könnten im Grunde sagen,
daß das Gehirn und das Immunsystem nicht nur einander ähneln,
sondern identisch sind, da sie innerhalb desselben Netzwerks
funktionieren. Der einzige Unterschied zwischen einer Immun- und
einer Gehirnzelle ist der, daß ihre DNS jeweils eine andere Entscheidung getroffen hat, welche Aspekte ihres Gesamtwissens sie
unterdrücken und welche sie ausdrücken will.

Interleukin ist seiner Struktur nach einem Neuropeptid sehr
ähnlich, die Fachliteratur bezeichnet es als ein »hormonähnliches
Polypeptid«. Vergleichen wir unsere positiven Gefühle mit Reitern

und die Moleküle, mit denen sie sich zusammentun, mit Pferden, so kann man feststellen, daß diese Pferde, die sie sich ausgewählt haben, fast identisch mit Interleukin sind. Wir können daher mit einiger Berechtigung sagen, daß Glücklichsein und die Bekämpfung von Krebs auf molekularer Ebene annähernd dasselbe sind, und könnten beides als Heilungsbotschaft bezeichnen. Es ist sogar falsch, Zellen in Absender- und Empfängerzellen für solche Botschaften zu unterteilen. Obwohl manche Immunzellen im Rahmen ihrer spezifischen Aufgabe Interleukine ausschütten, kann im Grunde jede Zelle des Körpers sie empfangen, was zusätzlich heißt, sie auch erzeugen zu können. Vielleicht ist es diese »stille« oder latente Fähigkeit, die bei Spontanheilungen aktiviert wird.

Oder gibt es Ebenen des Denkens, die sich mit den Gespenstern der Erinnerung auf ein Scharmützel einlassen, und sind dann die sichtbaren Moleküle nur mehr wie leere Patronenhülsen, von denen das Schlachtfeld übersät ist? Wenn letzteres wahr wäre, müßte unser Geist sich bewußt sein, daß uns eine krebserzeugende Erinnerung bedroht. Natürlich wissen der Süchtige und der Fettleibige, daß das Gespenst da ist. Und ich habe schon gewisse Tumore wie beispielsweise den Bauchspeicheldrüsenkrebs erwähnt, die den Patienten launisch und depressiv machen, noch lange bevor der Arzt eine tatsächliche Krebsgeschwulst erkennen kann. Diese Frühwarnsignale werden allerdings nur von bereits vorhandenen Krebszellen ausgelöst. Doch schließt das nicht aus, daß es noch frühere Anzeichen gibt.

Um herausfinden zu können, woher diese kommen, müssen wir uns noch eingehender mit der Frage beschäftigen, wie Intelligenz und Materie miteinander verbunden sind. Das ist meiner Ansicht nach absolut unabdingbar, bevor die Wunderwaffentheorie archiviert werden kann. Interleukin ist kein Geschoß, sondern ein Pünktchen Leben, das sich bewegt und dessen unsichtbarer Steuermann Intelligenz heißt. Das Leben selbst ist Intelligenz, die sich in einem chemischen Gefährt bewegt. Wir dürfen nicht den Fehler begehen und glauben, daß Fahrer und Gefährt dasselbe seien. Intelligenz hat die Freiheit zu gehen, wohin immer sie will, auch dahin, wo Molekülen der Zugang versperrt bleibt.

DIE QUANTENMECHANIK
UND DER MENSCHLICHE KÖRPER

Neunzig Jahre nach ihrem Entstehen sind auch heute noch die Einsichten der Quantenphysik für die meisten Menschen ein ungelüftetes Geheimnis. Sobald man jedoch begreift, was die Entdeckung der Neuropeptide bedeutet, ist es nur noch ein kleiner Schritt zum Verständnis der Quanten. Die Entdeckung der Neuropeptide war so bedeutsam, da sie zeigte, daß die »fließende« Struktur des Körpers den Strukturen des Geistes entspricht. Dank der Botenstoffe kann man heutzutage die Zusammenhänge zwischen zunächst völlig voneinander getrennt erscheinenden Ereignissen wie Gedanken und körperlichen Reaktionen erkennen. Das Neuropeptid ist zwar kein Gedanke, wird aber durch einen Gedanken bewegt und transportiert ihn. Das Quant, die nicht weiter teilbare Menge einer physikalischen Größe, tut genau dasselbe, außer daß in diesem Fall der Körper das Universum oder die Natur als Ganzes ist.

Wir müssen das Quant untersuchen, um wirklich zu verstehen, wie sich der Geist um das Zentrum eines Moleküls dreht. Ein Neuropeptid wird durch einen Gedankenimpuls ins Leben gerufen, aber woher wird es gerufen? Ein furchtsamer Gedanke und die Nervensubstanz, in der er Form annimmt, sind in einem verborgenen Prozeß der Umwandlung von Nicht-Materie in Materie miteinander verbunden.

Dasselbe geschieht überall in der Natur, nur daß wir es nicht Denken nennen. Wenn man bis auf die Ebene der Atome vordringt, ist das, was sich einem darbietet, keine Welt fester Gegenstände, die sich nach festen Regeln umeinander bewegen wie Tänzer. Die subatomaren Teilchen sind durch riesige Entfernungen voneinander getrennt, so daß jedes Atom zu mehr als 99,999 Prozent aus leerem Raum besteht. Das gilt sowohl für die Wasserstoffatome in der Luft als auch für die Kohlenstoffatome im Holz eines Tisches, und ebenso gilt es für die »festen« Atome unserer Zellen. Deshalb ist alles Feste, einschließlich unseres Körpers letztendlich so leer wie der intergalaktische Weltraum.

Wie konnten solche großen Räume, in denen in riesiger Entfernung voneinander winzige Materiepunkte schweben, zu dem werden, was wir sind? Bei der Beantwortung dieser Frage wird uns der Begriff des Quants weiterhelfen. Wenn wir das Quant verstehen, stoßen wir in eine erweiterte Wirklichkeit vor, die sich von den Quarks bis hin zu den Galaxien erstreckt. Gleichzeitig wird uns das Verhalten der quantenmechanischen Wirklichkeit zunehmend vertrauter, und schließlich erkennen wir, daß nur eine hauchdünne Linie den menschlichen Körper vom kosmischen Körper trennt.

In seinem großartigen Versuch, die gesamte Physik auf einige wenige rationale Gesetze zurückzuführen, erklärte Isaac Newton das Wirken der Natur in Begriffen fester Körper, geradliniger Bewegungen und definierter Konstanten, die allen physikalischen Ereignissen zugrunde liegen. Dies ist ein Naturmodell in der Gestalt eines riesigen Billardspiels, in dem Newton der Meisterspieler war. Da Materie und Energie sich gemäß bestimmter Regeln verhalten, so Newton, bestand kein Bedarf an Spekulationen über eine verborgene Welt; alles geschieht oben auf dem Tisch. Wir können diese Idee mit einem einfachen Schaubild verdeutlichen:

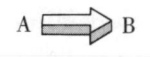

Hier ist A die Ursache und B die Wirkung. Verbunden sind sie durch eine gerade Linie, die ausdrückt, daß Ursache und Wirkung in der uns vertrauten Welt – der Welt der sinnlichen Wahrnehmung – eindeutig miteinander verbunden sind.

Wenn A und B zwei Billardkugeln sind, so ist das Aufprallen einer Kugel auf die andere unter bestimmten Voraussetzungen ein voraussagbares Ereignis. Ist jedoch A ein Gedanke und B ein Neuropeptid, dann hilft das Schaubild nicht weiter. Es gibt keine »geradlinige Verbindung« zwischen einem nicht-materiellen Gedanken und einem materiellen Objekt, selbst dann nicht, wenn es so klein

wie ein Peptidmolekül ist. Statt dessen müßte man ein anderes
Schaubild mit einer Art Umleitung darin zeichnen:

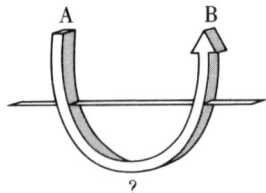

Die U-Form zeigt, daß ein Prozeß ablaufen muß, der nicht oberhalb
der Linie stattfindet, die Newtons rationale, geradlinige Welt darstellt. Es gibt irgendeine verborgene Transformation, die aus einem
Gedanken ein Molekül macht. Die Transformation benötigt keine
Zeit und geschieht nirgends – sie vollzieht sich durch das bloße
Entstehen eines Impulses im Nervensystem. Wenn Sie das Wort
»Rose« denken, so muß eine große Anzahl von Gehirnzellen »feu-
ern« wie man sagt. Niemand weiß genau, wie viele es sind, aber es
müssen mindestens eine Million sein. Diese Zellen treten nicht dadurch miteinander in Verbindung, daß sie eine Botschaft von A
nach B, von B nach C, und so fort weiterleiten, bis schließlich alle
die Botschaft erhalten haben. Der Gedanke entsteht einfach und
plötzlich irgendwo in Zeit und Raum, und damit verändern sich
sämtliche Gehirnzellen gleichzeitig. Die perfekte Koordinierung
von Gedankenereignis und einer Million Gehirnzellen, die Neurotransmitter aussenden, muß von unterhalb der Linie in unserem
Schaubild vorgenommen worden sein.

Der gesamte Bereich unterhalb der Linie ist kein Bereich, der
sich in Raum und Zeit greifen ließe; er stellt lediglich dar, wohin
wir eintauchen, wenn wir Gedanken in Moleküle umwandeln. Man
könnte es sich auch als Steuerzentrale vorstellen, von der aus alle
geistigen Impulse im Körper miteinander verbunden werden. Zu jedem beliebigen Zeitpunkt werden alle fünfzehn Milliarden Neuronen des Nervensystems mit perfekter Genauigkeit von unterhalb
der Linie aus koordiniert.

Derselbe Umdenkprozeß von geradliniger Kausalität zu U-förmi-
gem Umweg vollzog sich beim Entstehen der Quantenphysik. Ob-

wohl alles in der Natur gemäß der Newtonschen Theorie auf dem Billardtisch zu geschehen schien, selbstverständlich wurden geistige Ereignisse nicht berücksichtigt, konnten manche Phänomene nicht ohne einen Umweg erklärt werden. Am augenfälligsten war dies beim Licht. Licht kann sich wie eine Welle (A) verhalten oder wie ein Teilchen (B). Beide sind einander in der Newtonschen Physik absolut unähnlich, da Wellen nicht-materiell sind und Teilchen stofflich. Licht aber kann sich sowohl wie eine Welle als auch wie ein Teilchen verhalten, den jeweiligen Umständen entsprechend, und deshalb muß es einen Umweg unterhalb der Linie gemacht haben:

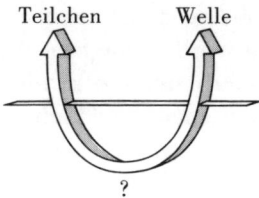

Licht als Welle oder Schwingung zu erklären, ist einfach. Ein Glasprisma zerlegt Tageslicht in seine Spektralfarben; der Grund dafür ist, daß Tageslicht sich aus Licht verschiedener Wellenlängen zusammensetzt, was dann durch die Brechung im Prisma sichtbar wird. Das Licht aus einer Glühbirne hat sein eigenes Spektrum an Wellenlängen, das von dem durch den Glühfaden fließenden Strom erzeugt wird. Wenn man jedoch die Helligkeit langsam verringert, bis schließlich die kleinste Menge Licht ausgesandt wird, so wird das Licht nicht wie eine Welle auftreten, sondern wie eine Wolke von Teilchen. Ein normaler Drehregler ist natürlich dafür nicht fein genug eingestellt, aber Physiker haben Geräte, die durch stetige Verringerung der Lichtintensität dessen Teilchencharakter zutage treten lassen. Auch hat die Natur unsere Augen so ausgestattet, daß sie auf ein Lichtquant reagieren können: Trifft auch nur ein Photon auf die Netzhaut, so leitet der Sehnerv einen Impuls weiter. Unser Gehirn verarbeitet jedoch einen solchen Einzelimpuls nicht zu einer bewußten Lichterfahrung.

Das Wort »Quant« bezeichnet die kleinste als Teilchen erkennbare Einheit. Ein Photon ist ein Lichtquant, das nicht in kleinere

Teilchen zerlegt werden kann. Das Photon tritt auf, wenn ein Strom von Elektronen auf ein Atom eines Glühfadens trifft; die im elektrischen Strom fließenden Elektronen stoßen mit den um das Atom des Glühfadens kreisenden Elektronen zusammen, und aus diesem Zusammenstoß entspringt ein Photon oder Lichtquant. Dieses Lichtquant ist ein seltsames Teilchen, denn es hat keine Masse. Für uns ist jedoch wichtig, daß, damit aus einer Lichtwelle ein Photon werden kann, ein Umweg unterhalb der Linie in unserem Schaubild genommen werden muß. Die Transformation findet in einem unbekannten Bereich außerhalb des Hoheitsgebiets der Newtonschen Gesetze statt. Da es sich hier nicht um ein Physiklehrbuch handelt, will ich diese Zusammenhänge nicht weiter ausführen. Es genügt, folgendes zu wissen: Nachdem es Max Planck und anderen bahnbrechenden Physikern um die Jahrhundertwende gelungen war, die Quantenbeschaffenheit von Licht nachzuweisen, wurden daraus sehr viele seltsame Theorien entwickelt. Ereignisse, die wir in der Welt der Sinne für selbstverständlich halten, mußten mit eigenartigen Verzerrungen von Zeit und Raum in Einklang gebracht werden – was auch gelang. Wie im Falle der Neuropeptide erlaubte das Quant der Natur, die unerklärliche Transformation von Nicht-Materie zu Materie, von Zeit zu Raum, von Masse zu Energie zu vollziehen. Das nachfolgende Schaubild zeigt das Muster für ein grundlegendes Lichtquantenereignis; einen Umweg, der immer außerhalb des Bereichs gewöhnlicher Ereignisse verläuft:

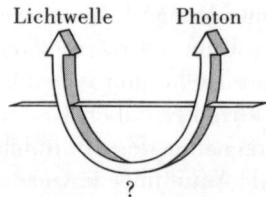

Lichtwelle   Photon

Wie bei Gedanken und Neuropeptiden kann Licht nicht gleichzeitig Welle und Photon sein; es ist entweder das eine oder das andere. Trotzdem ist es offensichtlich, daß eine Glühbirne nicht in eine andere Wirklichkeit hinüberwechselt, wenn man die Lichtintensität verändert. Die Natur hat es irgendwie so eingerichtet, daß Licht entweder A oder B sein kann, und beide Zustände treten innerhalb derselben Wirklichkeit auf. Übrigens wird heute noch vielfach angenommen, daß Einstein Newton widerlegt hat, während er in Wahrheit Newtons Weltbild rettete, indem er es erweiterte.

Eine ganz besonders elegante Sichtweise von Geist und Körper ergibt sich aus folgendem Quantenereignis – »elegant« heißt hier, verschiedene Phänomene auf einen Nenner oder – wie hier – in ein Schaubild bringen zu können:

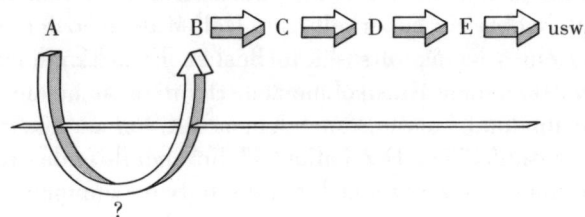

Geist und Körper befinden sich beide oberhalb der Linie. A ist ein geistiges Ereignis, beziehungsweise ein Gedanke; alle übrigen Buchstaben stehen für physische Ereignisse, die sich aus A ergeben. Wenn Sie sich ängstlich fühlen (A), dann stehen die Buchstaben B, C, D, E für die Nebennieren, die Erzeugung von Adrenalin, das Pochen des Herzens, den erhöhten Blutdruck und anderes mehr. Alle diese Veränderungen im Körper können als Ursache und Wirkung miteinander verknüpft werden, ausgenommen der Schritt von A nach B, der Umwandlung von Gedanke in Materie als Voraussetzung dafür, daß die übrigen Ereignisse überhaupt geschehen können. Irgendwo muß ein Umweg erfolgen. Wenn Sie Ihren Finger heben wollen (A), so kann ein Physiologe die Bahn des Neurotransmitters (B) verfolgen, der einen Impuls entlang des Axons (Nervenzellenast) (C) aussendet. Dies bewirkt die Reaktion einer Muskelzelle (D) und damit das Heben Ihres Fingers (E). Nichts jedoch, was ein Physiologe beschreiben kann, erklärt den Umweg zwischen A und B. Das Ganze ist wie eine Löschkette, in der jeder seinen Eimer vom Vordermann bekommt, bis auf den ersten, dem er von nirgendwoher zugereicht wird.

»Nirgendwo« trifft hier fast die Sachlage, denn man kann keine eindeutige Stelle im Körper festlegen, wo ein Gedanke zu einem

Molekül wird, ebensowenig wie man ein Umspannwerk findet, wo
Photonen in Lichtwellen umgewandelt werden. Was genau in der
?-Zone geschieht, ist nicht bekannt, weder in der Physik, noch in
der Medizin. Wunderheilungen scheinen Beispiele für das Eintauchen in diese Zone zu sein, da in der Zusammenarbeit zwischen
Geist und Körper in solchen Fällen ein unerklärlicher Quantensprung, ein Sprung von einem Zustand in den anderen, auftritt.

Das geschieht jedoch auch in anderen Geist-Körper-Dramen,
die sich auf geheimnisvolle Weise abspielen. Vor etlichen Jahren
kam eines Nachts ein Feuerwehrmann von Mitte Vierzig in die Notaufnahme eines Krankenhauses in Boston. Er beklagte sich über
plötzliche, stechende Brustschmerzen. Der diensthabende Arzt untersuchte ihn und konnte keine Anzeichen von unregelmäßigem
Herzschlag entdecken. Der Patient verließ beruhigt das Krankenhaus, nur um kurze Zeit danach mit denselben Symptomen zurückzukehren. Er wurde an mich als den dienstältesten Arzt verwiesen,
doch konnte auch ich keine Herzanomalie feststellen. Trotz einer
gründlichen Untersuchung suchte der Feuerwehrmann nun regelmäßig die Notaufnahme auf, gewöhnlich spät in der Nacht. Jedesmal wenn er ankam, sagte er mir mit zitternder Stimme, er sei fast
sicher, eine Herzschwäche zu haben. Aber bei keinem Test konnte
der geringste Schaden festgestellt werden. Angesichts der wach-
senden Angst des Mannes empfahl ich, daß er aus ausschließlich
psychologischen Gründen als hundertprozentiger Frühinvalide vom
Dienst befreit werden sollte. Mit der Begründung, daß keine physische Ursache vorliege, wies der medizinische Prüfungsausschuß
der Feuerwehr den Antrag jedoch zurück. Zwei Monate darauf erschien der Mann ein letztes Mal in der Notaufnahme, diesmal auf
einer Tragbahre. Er hatte einen massiven Herzanfall erlitten. Innerhalb von zehn Minuten starb er an seiner Koronarthrombose, die
neunzig Prozent seines Herzmuskels zerstört hatte, doch hatte er
noch genug Kraft, um sich zu mir herumzudrehen und zu flüstern:
»Glauben Sie nun, daß ich eine Herzschwäche habe?«

Was dieser Fall so überdeutlich belegt, ist, daß der Umweg
durch die ?-Zone sehr starke Auswirkungen hat – er kann jede beliebige Wirklichkeit im Körper erzeugen. Ich fühle, daß ich das,
was hier geschehen ist, ein Quantenereignis nennen muß, denn es

folgte nicht den Regeln der Kausalität, wie sie von der Medizin als normal für den Körper angesehen werden und verbindlich festgelegt sind. Viele Menschen ängstigen sich, eine Herzschwäche zu haben, ohne deshalb zu sterben. Umgekehrt gibt es viele Herzanfälle, die ohne die geringste Vorwarnung durch den Geist auftreten. Selbst wenn wir entsprechend der Geist-Körper-Medizin behaupten, daß ein Gedanke den Herzanfall verursachte, so bleibt die Frage, wie dieser Gedanke Mittel und Wege fand, seine tödliche Absicht auszuführen.

Das ist nur die eine Seite des Geheimnisses eines Quantenereignisses, nämlich die negative. Denn die Reise in die ?-Zone kann auch erstaunlich positive Ergebnisse zeitigen. Ein anderer meiner Patienten, eine stille Frau von etwa fünfzig, kam vor zehn Jahren zu mir, da sie starke Unterleibsschmerzen und Gelbsucht hatte. Ich vermutete, daß sie Gallensteine hatte, und ordnete unverzüglich eine Operation an. Nach der Öffnung der Bauchdecke stellte man jedoch einen großen, bösartigen Tumor fest, der sich auf die Leber ausgedehnt hatte, sowie zahlreiche Metastasen im gesamten Unterleib.

Der Fall wurde als hoffnungslos angesehen und die Bauchdecke ohne weiteren Eingriff geschlossen. Doch da die Tochter der Frau mich inständig bat, ihrer Mutter nicht die Wahrheit zu sagen, erzählte ich meiner Patientin, die Gallensteine seien erfolgreich entfernt worden. Ich beruhigte mein ärztliches Gewissen damit, daß ihre Familie ihr mit der Zeit schon selbst reinen Wein einschenken würde, und falls nicht, daß sie die wenigen ihr verbleibenden Monate wenigstens unbelastet verbringen konnte.

Acht Monate später kam zu meinem Erstaunen dieselbe Frau in meine Sprechstunde. Sie kam zu einer Rountineuntersuchung, die keine Gelbsucht ergab, ebenso keine Schmerzen oder irgendwelche Anzeichen von Krebs. Erst nachdem ein weiteres Jahr vergangen war, gestand sie mir etwas recht Ungewöhnliches: »Herr Doktor, ich war vor zwei Jahren so sicher, daß ich Krebs hatte. Und als sich dann herausstellte, daß es nur Gallensteine waren, faßte ich den Entschluß, nie wieder krank zu werden.« Ihr Krebs war für immer verschwunden.

Diese Frau wandte keine Technik an, sie wurde offensichtlich ausschließlich durch ihren tiefreichenden Entschluß gesund. Auch dieser Fall muß als Quantenereignis bezeichnet werden, da die umfassende Transformation auf einer Ebene stattfand, die noch feiner als die der Organe, Gewebe, Zellen und sogar der DNS war, direkt an der Quelle der körperlichen Existenz in Zeit und Raum. Von Punkt A aus diktierten beide meiner Patienten ihre eigene Wirklichkeit; warum er im einen Falle Ausgangspunkt eines Quantensprungs mit Todesfolge war, im anderen eines Quantensprungs zur Heilung, bleibt ein Geheimnis.

Ein Physiker könnte hier einwenden, daß wir mit der Verwendung quantenphysikalischer Begriffe nur Metaphern konstruieren und daß die verborgene Welt der von der Quantenphysik erforschten Elementarteilchen und Grundkräfte sehr verschieden von der verborgenen Welt des Geistes sei. Dennoch wäre das Argument berechtigt, daß der unbegreifliche Bereich, aus dem wir den Gedanken »Rose« schöpfen, derselbe ist, aus dem ein Photon auftaucht oder sogar der gesamte Kosmos. Intelligenz – das werden wir noch sehen – hat zahlreiche quantenmechanische Eigenschaften. Um dies zu erläutern, beginnen wir mit dem üblichen Schema eines medizinischen Lehrbuches, das den Körper in einer vertikalen Hierarchie von Organsystemen, Organen, Geweben und Zellen darstellt:

Organsystem

Organ

Gewebe

Zelle

DNS

?

In diesem Bild ist jede Ebene des Körpers logisch mit der folgenden verbunden. Solange man oberhalb der Linie bleibt, verlaufen die Prozesse, die ein Biologe bei der Beobachtung von sich entfaltendem Leben verfolgt, in eindeutiger Abfolge. Das wird an einem Fötus in der Gebärmutter sichtbar: Ein Baby beginnt als winziger

DNS-Punkt in der Mitte einer befruchteten Eizelle; mit der Zeit vermehrt sich diese Zelle, bis sich eine Zellkugel gebildet hat, die groß genug ist, um sich selbst in erste Gewebe und dann in Herz, Magen, Rückgrat und so fort zu differenzieren. Daraufhin entsteht das gesamte Nervensystem, das Verdauungssystem, das Atemsystem und anderes mehr, und schließlich, im Moment der Geburt, werden alle die Billiarden Zellen des Neugeborenen mit höchster Präzision koordiniert, um auch außerhalb des Mutterleibes das Leben des Organismus aufrechtzuerhalten.

Wenn aber die DNS die erste Sprosse auf dieser Leiter ist, was bringt sie dann zur Entfaltung? Warum teilt sie sich zum erstenmal am zweiten Tag nach der Empfängnis und beginnt mit der Ausbildung eines Nervensystems am achtzehnten Tag? Wie bei allen Quantenereignissen geschieht etwas Unerklärliches, das der allwissenden Intelligenz der DNS eine Form gibt. Der springende Punkt ist nicht der, daß die DNS zu komplex ist, als daß man dieses geniale Supermolekül begreifen könnte; was die DNS so geheimnisvoll macht, ist, daß sie – genau wie ein Quant – direkt am Transformationspunkt lebt und webt. Sie verbringt ihr ganzes Leben damit, neues Leben zu erzeugen, das wir als »in chemischen Substanzen gebundene Intelligenz« definiert haben. Die DNS leitet ständig Botschaften aus der Quantenwelt in unsere Welt weiter, indem sie neue Informationseinheiten mit neuen Materieteilchen verbindet.

Die DNS sitzt ganz allein in der Mitte jeder Zelle. Aber sie nimmt am Schauspiel um sich herum nicht teil, sondern verhält sich vielmehr wie ein Choreograph, der alle Schritte dirigiert. Sie kann Teile ihrer selbst aussenden, die dann als Neuropeptide, Hormone, Enzyme und so fort durch den Blutkreislauf wandern, während sie gleichzeitig andere Teile ihrer selbst als Rezeptoren an der Zellwand ausfährt wie Antennen, um auf Antworten einer Flut von Fragen zu lauschen. Wie macht es die DNS, daß sie gleichzeitig die Frage, die Antwort und der stille Beobachter des ganzen Prozesses ist?

Die Antwort liegt nicht auf der materiellen Ebene. Die Molekularbiologen haben seit langem die DNS in ihre feineren Bestandteile zerlegt, aber dennoch bleibt der ganze Vorgang oberhalb der Linie, in der Newtonschen Welt.

DNS

Organische Submoleküle

Atome

Subatomare Teilchen

?

Wie wir bereits gesehen haben, ist die DNS aus keinem besonderen Stoff gemacht. Die Stränge der Erbmasse können unterteilt werden in einfachere Moleküle wie Zucker und Amine, diese wiederum in Kohlenstoff-, Wasserstoff-, Sauerstoff- und andere Atome. Solange es nicht in die DNS eingebunden ist, besitzt weder das Wasserstoffatom noch das Kohlenstoffatom irgendein Zeitwissen. In Milliarden anderer Kombinationen existieren beide einfach so, in der DNS aber leisten sie einen Beitrag zur Beherrschung der Zeit. Die DNS besitzt die Fähigkeit, jeden Tag etwas Neues zu erzeugen, eine Fähigkeit, die in einem menschlichen Leben über siebzig Jahre lang lebendig bleibt. Jedes Lebensstadium entfaltet sich gemäß dem Zeitplan der DNS. In einer Grannenkiefer erstreckt sich dieser Zeitplan über mehr als zweitausend Jahre.

Der Boden, auf dem die hierarchische Leiter steht, ist jedoch nicht sehr fest. Sobald wir über die Atome hinausgehen und beginnen, die DNS in Elektronen, Protonen und kleinere Teilchen zu zerlegen, sind wir genötigt, ein Quantenereignis anzunehmen oder zu behaupten, Leben sei aus nichts gemacht, aus leerem Raum ohne jegliche Materie und Energie, denn das ist alles, was Sie erhalten, wenn Sie die Materie über eine bestimmte Grenze hinaus teilen.

Auf der Quantenebene entstehen Materie und Energie aus etwas, das weder Materie noch Energie ist. Physiker bezeichnen gelegentlich diesen ursprünglichen Zustand als »Singularität«, ein abstrakter Begriff ohne zeitliche und räumliche Grenzen, der aber in komprimierter Form alle Dimensionen des Universums einschließt. Im Moment des Urknalls entsprang das gesamte Universum einer Singularität, die wir uns als Punkt vorstellen müssen, der kleiner als das kleinste Teilchen ist. Zumindest lautet so die Theorie. Aber auf anderer Ebene vollzieht sich dieses unfaßliche

Schöpfungsereignis jedesmal, wenn Sie das Wort »Rose« denken. Es gibt kein an einem bestimmten Ort befindliches Materieteilchen, das dieses Wort für Sie aufbewahrt. Es entspringt einem Bereich, der einfach weiß, wie Materie und Intelligenz, Geist und Form zu organisieren sind. Die Atome in Ihrem Gehirn kommen und gehen, aber das Wort »Rose« verschwindet nicht.

Hier sind wir an einem wirklich spannenden Punkt angelangt. Die Singularität ist heutzutage erforschbar: Sie bestand nicht *vor* dem Urknall, da sie außerhalb von Zeit und Raum ist; sie muß also hier und jetzt sein, überall und ohne Ende in Vergangenheit, Gegenwart und Zukunft. Die Quantenphysiker benutzen gewaltige Teilchenbeschleuniger und andere geheimnisvolle Geräte, um auch nur einen winzigen Zipfel der verborgenen ?-Zone zu Gesicht zu bekommen. Die Bahn eines neuen Elementarteilchens, das in einer Millionstelsekunde vorbeizuckt, ist schon eine Sensation, da es zeigt, daß die unbekannte Zone erreicht und ein Teil ihrer Wirklichkeit in die unsere gebracht wurde. Kann es sein, daß wir genau dasselbe tun, wenn wir denken, fühlen, träumen und wünschen?

Wie ist denn diese Quantenebene in uns beschaffen? Sie ist einfach die Ebene, die der uns mittlerweile sehr vertrauten Ebene der Neuropeptide vorgeordnet ist. Das Neuropeptid hat die großartige Fähigkeit, mit Blitzesschnelle auf die Anweisungen des Geistes zu reagieren. Dies ist nach meiner Ansicht so, weil es sich genau an der Grenze zur Quantenzone befindet. Die Naturwissenschaft hat bereits Hunderte von Neuropeptiden entdeckt, die überall im Körper hergestellt werden. Es ist nun nur ein weiterer Schritt festzustellen, nämlich daß jede einzelne unserer Zellen jede dieser Substanzen erzeugen kann. Wenn sich dies als wahr erweisen sollte, so ist der ganze Körper ein »denkender Körper«, Schöpfung und Ausdruck von Intelligenz. Hier ist ein weiteres Schaubild, das dies verdeutlicht:

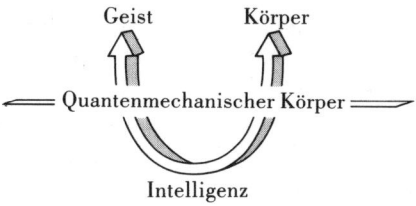

Wir wissen bereits, daß Intelligenz die Form eines Gedankens oder eines Moleküls annehmen kann; dies ist hier dargestellt als die von der Intelligenz zu treffende Wahl »Geist« oder »Körper«. Beide hängen eng zusammen, selbst dann, wenn sie getrennt zu sein scheinen. Um sie miteinander in Verbindung zu bringen, habe ich eine Quantenebene eingefügt, den sogenannten *quantenmechanischen Körper*. Dies ist kein physikalisches Kunstgebilde, sondern eine Intelligenzebene, eben die Ebene, von der aus der gesamte Körper organisiert wird und seine Teile miteinander verbunden werden. Von hier stammt das Wissen, das leblose Moleküle »klug« macht.

Wir sollten nicht annehmen, daß Gedanken auf einmal zu Botenstoffen werden. Es ist hinlänglich bekannt, daß sich all die Milliarden DNS-Teile in unserem Körper in vieler Hinsicht wie ein großes DNS-Molekül verhalten, zum Beispiel, wenn die unvorstellbar komplexe Entwicklung eines Fötus im Mutterleib koordiniert wird: Vom ersten Tag an bis zum neunten Monat verhält sich die gesamte DNS in einem Fötus wie ein Ganzes. Dasselbe gilt auch für uns, so wie wir heute sind. Vielleicht finden Quantenereignisse nicht ausschließlich »dort draußen« im Weltraum statt, sondern auch »hier drinnen«. Gibt es »schwarze Löcher« in uns, in denen Materie und Energie auf immer verschwinden? Ja, und wir nennen das Vergessen. Beschleunigen wir die Zeit und verlangsamen wir sie, so wie ein Weltraumreisender es mit seinem Raumschiff tut, wenn dies fast Lichtgeschwindigkeit erreicht? Auch diese Frage können wir bejahen, denn ein Autor kann sich im Handumdrehen eine Geschichte ausdenken, deren Niederschrift dann viele Stunden normaler Zeit verbraucht; umgekehrt kann man eine halbe Stunde damit verbringen, sich an den Vornamen eines Bekannten zu erinnern; kaum hat man jedoch diese zeitlose Zone der Erinnerung gefunden, aus der man ihn holen muß, so ist der Name sofort da. Ich erinnere noch einmal daran, daß ich hier die Physik und Astronomie natürlich nur als Bild oder Metapher benütze für etwas, was in uns als Analogie gilt.

Immer dann, wenn ein beliebiges geistiges Ereignis ein physisches Gegenstück braucht, wirkt es durch den quantenmechanischen Körper des Menschen. Darin liegt das Geheimnis verborgen,

wie sich die beiden Universen von Geist und Materie zusammentun, ohne einen Fehler zu machen. Ungeachtet dessen, wie verschieden sie erscheinen mögen, sind doch beide, Geist und Körper, mit Intelligenz erfüllt. Die Naturwissenschaft steht jeder
Behauptung, in der Natur sei Intelligenz am Werk, skeptisch gegenüber. Das ist eine eigenartige geschichtliche Anomalie, denn jede
Generation vor der unseren hat unhinterfragt so etwas wie eine uni-
versale Ordnung angenommen. Wenn es jedoch außerhalb der gewöhnlichen Wirklichkeit nichts gibt, was Dinge und Ereignisse zusammenhält, so steht man vor einer Reihe von Unmöglichkeiten.
Nehmen wir beispielsweise das Gravitationsgesetz. Der gesunde
Menschenverstand sagt uns, daß zwei voneinander getrennte Objekte nicht miteinander in Verbindung stehen; in der Sprache der
Physik nehmen sie ihre eigene »lokale Realität« ein. Aber die Erde
dreht sich um die Sonne, auf ihrer Bahn gehalten durch die
Schwerkraft, obwohl beide Himmelskörper durch einen leeren
Raum von einhundertfünfzig Millionen Kilometern voneinander getrennt sind. Als er diese Verletzung der »lokalen Realität« entdeckte, war Newton bestürzt und weigerte sich, darüber Spekulationen anzustellen.

Seit dieser Zeit ist das Bild von der »lokalen Realität« zerbrök-
kelt: Licht, Radiowellen, Laserstrahlen und alle übrigen elektro-
magnetischen Kräfte überbrücken den leeren Raum; Materie und
Antimaterie scheinen in miteinander koordinierten Universen zu
existieren, die jedoch im physikalischen Sinne keinen Kontakt haben; subatomare Teilchen haben aufeinander abgestimmte Spins,
wobei es keine Rolle spielt, wie weit die Teilchen durch Zeit und
Raum voneinander getrennt sind. Dies besagt, daß die landläufige
Vorstellung von einer lokalen Realität nur für eine bestimmte
Ebene zutrifft. Die Gesamtrealität – dies zeigt beispielsweise die
Quantenphysik – liegt tiefer.

Eine berühmte mathematische Formel, das sogenannte Bellsche
Theorem – nach seinem Erfinder, dem irischen Physiker John Bell –,
besagt, daß die Wirklichkeit des Universums nicht-lokaler Art sein
muß; mit anderen Worten: alle Objekte und Ereignisse im Kosmos
sind miteinander verbunden und reagieren wechselseitig auf Veränderungen in ihren jeweiligen Zuständen. Das Bellsche Theorem

wurde im Jahre 1964 formuliert, aber schon Jahrzehnte zuvor hatte
der große englische Astronom Sir Arthur Eddington diese Wechselwirkung vorausgeahnt, als er sagte: »Wenn ein Elektron vibriert,
erzittert das Universum.«

Physiker akzeptieren heutzutage diese Wechselwirkung als ein
wesentliches Prinzip, zusammen mit vielen Formen der Symmetrie,
die sich durch das Universum erstrecken. So gibt es beispielsweise
die These, daß jedes schwarze Loch irgendwo ein »weißes Loch«
als Gegenstück hat, obwohl ein solches niemals beobachtet wurde.

Welche Art von Erklärung würde dem Bellschen Theorem einer
vollkommen wechselwirkenden, nicht-lokalen Realität gerecht werden? Es müßte eine quantenmechanische Erklärung sein, denn,
wenn die Gravitation überall gleichzeitig vorhanden ist, wenn
schwarze Löcher wissen, was weiße Löcher tun, und wenn eine Än-
derung des Spin in einem Teilchen dieselbe Veränderung, allerdings im entgegengesetzten Drehsinn, bei seinem Partner irgendwo
im Weltraum verursacht, so ist offensichtlich, daß die Information
von einem Ort zum anderen schneller als das Licht übertragen
wird. Phänomene dieser Art haben in der gewöhnlichen Wirklichkeit weder in der Theorie Newtons noch in der Einsteins einen
Platz.

Zeitgenössische Physiker wie David Bohm in London, der sich
eingehend mit den Konsequenzen des Bellschen Theorems beschäftigt hat, waren zu der Annahme gezwungen, daß es ein »unsichtbares Feld« gibt, das die gesamte Wirklichkeit zusammenhält,
ein Feld, das die Eigenschaft besitzt, stets zu wissen, was überall
geschieht. Das Wort »unsichtbar« bedeutet hierbei nicht nur dem
Auge unsichtbar, sondern jeglichem Meßinstrument. Ohne tiefer
auf diese Spekulationen einzugehen, kann man sehen, daß das unsichtbare Feld sehr nach der grundlegenden Intelligenz in der DNS
klingt, und beide verhalten sich sehr ähnlich wie der Geist. Der
Geist hat die Eigenschaft, alle unsere Vorstellungen an einem Ort
zu vereinen, in einem stillen Speicher, wenn man so sagen will, wo
sie mit großer Genauigkeit zu Konzepten und Kategorien strukturiert werden.

Wir können die Natur dabei beobachten, wie sie durch viele Kanäle denkt, von denen unser Geist einer der hervorragendsten ist,

Die Quantenmechanik und der menschliche Körper   117

da er seine eigene Quantenwirklichkeit erzeugen und sie gleichzeitig erfahren kann. Die Wahrnehmung eines Quantenereignisses im Lichtwellenfeld mag völlig objektiv erscheinen; was aber, wenn die Quantenwirklichkeit genauso gegenwärtig in unseren Gedanken, Gefühlen und Wünschen ist? Eddington gab seiner Überzeugung als Physiker einmal lapidar Ausdruck, als er sagte: »Der Stoff der Welt ist geistiger Stoff.«

Der quantenmechanische Körper hat also als Ausdruck von Intelligenz seinen erklärbaren Platz in einer nicht-lokalen Wirklichkeit. Das Schöne daran ist, daß Intelligenz tatsächlich einfach ist. Die Komplikationen entstehen erst dann, wenn man versucht, die unglaublich komplexe Maschinerie des Geist-Körper-Systems analytisch zu zerlegen. Das Gehirnwellenmuster eines Geistesgestörten und eines Dichters sehen auf dem EEG-Ausdruck gleich aus; daran ändert auch die ausgefeilteste Auswertung nichts. Ein Freund von mir, der Gehirnforscher ist, meinte angesichts der Tausende von Stunden, die vonnöten wären, um die chemischen Abläufe in einer Zelle wissenschaftlich zu beschreiben: »Man kommt zu dem Schluß, daß die Natur intelligent ist, denn sie ist zu komplex, um anders genannt zu werden«.

Er hätte auch sagen können »zu einfach«. Ein menschliches Gehirn, das sekündlich seine Gedanken in Tausende von chemischen Substanzen verwandelt, ist nicht der Sache nach kompliziert, sondern lediglich unvorstellbar.

In der alten Hochkultur Indiens nahm man an, daß alles von Intelligenz durchdrungen ist. »Brahman« war der Name dafür, nach dem Sanskritwort für »groß«; man stellte sich darunter so etwas wie ein unsichtbares Feld vor. Ein Sprichwort aus dieser Jahrtausende zurückliegenden Zeit besagt, daß ein Mensch, der dieses Brahman nicht gefunden hat, wie ein Fisch auf dem Trockenen ist.

Unsere ganze Physiologie kann ebenso schnell wie ein Neuropeptid verwandelt werden, das ein integraler Bestandteil des quantenmechanischen Körpers ist. Wir sind wandelbar wie Quecksilber, und die fließende Beschaffenheit des Lebens ist unsere Natur. Der materielle Körper ist ein Fluß von Atomen, der Geist ein Fluß von Gedanken, und das, was sie zusammenhält, ist ein Fluß von Intelligenz.

Es mag so aussehen, als sei der quantenmechanische Körper
nur in Situationen von Belang, wo es um Leben oder Tod geht. Dem
ist aber nicht so. Wir bewohnen ihn, unbekümmert und ohne daran
zu denken, so wie wir den ganzen Körper bewohnen. Ich habe eine
Patientin, die diese Wirklichkeit erfuhr, als sie gerade beim Picknick im Gras saß, Baguette aß und Mozart hörte. Sie litt unter einem ganzen Komplex hartnäckiger Symptome, angefangen von
Darmreizung, über Kopfschmerzen, Müdigkeit, Schlaflosigkeit bis
hin zu Depressionen, die seit mehr als zwei Jahren jeden Versuch,
sie zu heilen, ins Leere verpuffen ließen. Keine ihrer Beschwerden
war lebensbedrohlich, aber insgesamt machten sie ihr das Leben
unerträglich. Konventionelle Heilungsversuche mit Antidepressiva
und Beruhigungsmitteln hatten ihr keine Linderung gebracht; auch
ich war mit Ayurveda nicht erfolgreicher gewesen. Da fuhr sie eines
Tages nach Tanglewood, dem Sommeraufenthalt des Bostoner Sym-
phonieorchesters – ein idyllischer Platz für ein Picknick. Sie brei-
tete ein kariertes Tuch auf dem Rasen aus und aß im Liegen ihr
Mittagessen, während sie der Musik zuhörte. Dies alles stimmte sie
sehr glücklich, und in der folgenden Nacht schlief sie zum ersten
Mal seit Jahren tief und ohne Unterbrechung. Sie war jedoch so
daran gewöhnt, krank zu sein, daß sie dieses neue Ereignis gar
nicht richtig wahrnahm. Ein weiteres Jahr des Leidens verging, bis
sie wieder einmal nach Tanglewood kam und dasselbe geschah.
Ihre gesamten Symptome verschwanden für den ganzen Tag, und
sie schlief herrlich in der folgenden Nacht. Dieses Mal dämmerte
ihr der Zusammenhang. Sie kam zu mir mit einem ganzen Stapel
von Nachdrucken aus medizinischen Fachzeitschriften, die sich auf
das sogenannte SAD-Syndrom bezogen.

Das SAD-Syndrom ist eine jahreszeitlich bedingte Gemütsstö-
rung, die manche Menschen während des Winters ohne ersicht-
lichen Grund depressiv macht. Heutzutage wissen wir, daß diese
Störung etwas mit der Zirbeldrüse (Epiphyse) tief im Innern des
Gehirn zu tun hat: Diese kleine, flache, ovale innersekretorische
Drüse ist zwar tief in die umgebende Gehirnmasse eingebettet, reagiert jedoch auf die Veränderung der Intensität des Tageslichts. Bei
manchen Menschen bringt ein Mangel an Sonnenlicht im Winter
die Ausschüttungen der Zirbeldrüse durcheinander; die Drüse be-

ginnt, zu viel von einem Hormon namens Melatonin zu erzeugen, was zu Depressionen führt.

»Sehen Sie«, sagte meine Patientin, »ich habe die ganze Zeit unter dieser Sache gelitten, und durch das In-der-Sonne-Sitzen funktioniert meine Zirbeldrüse wieder normal.«

»Tut mir leid«, antwortete ich, »aber diese Störung kommt nur im Winter vor.« Sie machte ein langes Gesicht, und ich fügte rasch hinzu: »Aber Sie haben da etwas Interessantes festgestellt, denn nun haben wir einen Mangel, den wir beheben können.«

»Und das wäre?«

»Picknickmangel«, sagte ich. Zum ersten Mal, seitdem ich sie kannte, kam ein herzhaftes Lächeln über ihr Gesicht.

Ihre Selbstbehandlung funktioniert auch weiterhin. Sie entrinnt regelmäßig dem Grau ihres Bürogebäudes, um draußen in der Sonne zu essen, mit Freunden zu sprechen und jede Menge Mozart zu hören. Dies alles hört sich nicht sehr nach moderner Medizin an und ist es gewissermaßen auch nicht. Der Grund aber, warum es wirkt, ist, daß stets die kosmische Natur unsere individuelle Natur befreit. Wir sind von den bestmöglichen aller Heilkräfte umgeben: von frischer Luft, Sonnenlicht und Schönheit. In Indien verschrieb der Hippokrates des Ayurveda, der große Arzt und Weise Charaka, etwas Sonnenschein für alle Kranken, dazu einen Spaziergang am frühen Morgen. Es ist ein Rat, der nie seine Gültigkeit verliert.

Wenn ich eine grüne Wiese finde, übersät mit Gänseblümchen, und mich an einem klaren Bach niedersetze, dann habe ich Medizin gefunden. Es lindert meine Schmerzen wie einst, als ich auf dem Schoß meiner Mutter saß, denn die Erde ist wirklich meine Mutter und die grüne Wiese ihr Schoß. Sie und ich, wir sind Fremde, aber der innere Rhythmus unserer Körper lauscht denselben Meereswogen, die uns wiegten in einer Zeit jenseits aller Erinnerung.

Die Natur ist der Heiler des Menschen, denn der Mensch ist Natur. Wenn der Ayurveda sagt, die Sonne sei unser rechtes Auge und der Mond unser linkes, so ist Spott wenig angebracht. Indem sie uns in Mond, Meer und Sonne badete, formte die Natur den Körper, den wir bewohnen. Sie sind die Grundelemente, die uns mit unserem Teil der Natur ausgestattet haben, der für uns wie ein Schutzmantel ist, ein lebenserhaltendes System, ein enger Begleiter und ein Zuhause für sieben Jahrzehnte und mehr.

Die Entdeckung des Quantenbereichs eröffnete uns einen Weg, um dem Einfluß von Sonne, Mond und Meer in uns tiefer nachzugehen. Ich nehme Sie auf diesem Weg mit, weil ich hoffe, daß dort noch mehr Heilungskraft zu finden ist. Wir wissen bereits, daß sich der menschliche Fötus entwickelt, indem er sich der Lebensformen von Fisch, Amphibium und frühem Säugetier erinnert und sie nachvollzieht. Quantenentdeckungen ermöglichen uns, sogar bis hinein in die Atome vorzustoßen und uns der Anfänge des Universums zu erinnern. Das Wort »Erinnerung« selbst ist ein Hinweis auf die Richtung unserer Forschung. Vor Äonen entstand dieses Universum als Licht und Hitze, um zwanzig Milliarden Jahre fortzudauern; aber jeder Mensch erzeugt den Funken neu, wenn er das Feuer entzündet, welches das Leben entfacht. Im vedischen Indien hatte das heilige Feuer der Kochstelle denselben Namen, nämlich »Agni«, wie das Verdauungsfeuer in den Eingeweiden und das Sonnenfeuer am Himmel.

Sir Arthur Eddington, der große englische Physiker und Wegbereiter der Quantentheorie, hob einmal hervor, daß es zwei Wirklichkeiten gibt: eine triviale und eine hochbedeutsame. Die triviale sei die von der Naturwissenschaft erforschte, mechanistische Realität, die hochbedeutsame die der menschlichen Alltagswirklichkeit. In der naturwissenschaftlichen Realität, so führte Eddington aus, sei die Erde ein Materiepünktchen, das sich um einen mittelgroßen Stern drehe, beide Treibgut in einem Meer von Milliarden größerer Gestirne. Aber in der menschlichen Wirklichkeit bleibe die Erde stets das Zentrum des Universums, da das Leben, das sie beherberge, das einzig Wichtige sei, zumindest für uns.

Am ergreifendsten drückte dies eine Patientin aus, die unter vielen gesundheitlichen Problemen litt, darunter Krebs. Um wieder etwas zu sich zu kommen, schrieb sie bestimmte wichtige Erfahrungen aus ihrer Vergangenheit nieder. Eine darunter stammte aus ihrem sechzehnten Lebensjahr, und sie gab ihr den Titel »Aber wie kann ich der Mond sein? Alter: 16.« Sie schrieb:

»Liege allein auf der Wiese, alles dunkel bis auf den magnetischen Vollmond. Da ist ein überwältigendes Gefühl von Stille. Mein

Sein ist ein Teil der Erde und gleichzeitig ein Teil des reinen weißen Mondlichts. Nichts anderes ist von Bedeutung. Für einen Augenblick frage ich mich: ›Bin ich tot?‹ Es ist unwichtig – ich verbringe eine Stunde in Gottes Hand, und das wird ein Teil von mir
werden.«

Eine überraschend große Anzahl von Menschen hat solche Erfahrungen gemacht, die Eddington den »mystischen Kontakt mit
der Erde« nannte. Später entglitt meiner Patientin diese Erfahrung,
und sie gewöhnte sich allmählich an Arbeitstrott und Familiensor-
gen, die uns alle der Natur entfremden. In ihrem Fall führte der an-
gesammelte Streß zu häufigen Erkrankungen. Sie bezeichnet ihr
späteres Leben etwas verquält als »Leben gegen die Natur – ist das
Erwachsensein?«

Daran ungewöhnlich ist, daß in dem Moment, als sie aufhörte,
gegen die Natur anzugehen, das alte Gefühl der Verbundenheit mit
unverminderter Frische zurückkam. Ende Zwanzig reiste sie an die
Westküste und schrieb dort folgendes:

»Zwei Stunden am Strand allein, und ich war wieder bei Gott.
Ich war die Brandung, ihr Rauschen und ihre Stärke. Ich war der
Sand, warm, vibrierend, lebendig. Ich war die Brise, sanft und frei.
Ich war der Himmel, endlos und rein ... Ein Gefühl großer Liebe
erfüllte mich. Ich war mehr als mein Körper, und ich wußte es. Die-
ser Augenblick war unendlich reinigend und schön.«

Was sie hier ausdrückt, kann ich auch als Arzt glauben. Der
Heilungsmechanismus in uns entspricht in vollkommener Weise
dem äußeren. Der menschliche Körper hat zwar nichts mit einem
grünen Anger zu tun, aber die laue Luft, das lachende Wasser, das
Sonnenlicht und die Erde, sie alle wurden einfach nur in uns verwandelt, nicht vergessen. Es gibt übrigens einen triftigen Grund
dafür, daß alle alten Kulturen behaupten, der Mensch sei aus Erde,
Luft, Feuer und Wasser gemacht. Da der Körper intelligent ist, weiß
er dies alles, und wenn er wieder zur Natur zurückkehrt, fühlt er
sich frei. Mit überströmender Liebe erkennt er seine Mutter. Dieses
Gefühl von Freiheit und Freude ist lebenswichtig, denn er erlaubt
der inneren und der äußeren Natur, sich miteinander zu verbinden.
Dasselbe gilt für den quantenmechanischen Körper; er ist lediglich
die Schwelle, über die wir zur Natur zurückkehren. Man braucht

das eigentlich gar nicht zu erklären, wäre da nicht die traurige Tatsache, daß der Intellekt sich der Natur widersetzt und damit so hartnäckig den Zugang zu ihr versperrt.

Es gibt noch vieles, was man über den quantenmechanischen Körper sagen könnte. Allerdings fällt mir nichts ein, was noch wirklich erwähnenswert wäre. Die Medizin möchte heute über ihren Schatten springen, aber aus dem Wünschen ist ein Abwarten geworden. Einer meiner Studienkollegen von der Medical School in New Delhi machte als Forscher in der Medizin eine kometenhafte Karriere in den USA und wurde noch vor seinem fünfundvierzigsten Lebensjahr Professor an der Harvard Medical School. Wir saßen vor kurzem in einem Bostoner Restaurant und sprachen nach dem Essen über die Zukunft. »Alle die Topleute aus der Forschung kamen neulich in aller Stille in Washington zusammen«, sagte er trübsinnig, »und wir kamen zu dem Schluß, daß es bis zum Jahre 2010 keine durchschlagende Krebstherapie geben wird und auch keinen Durchbruch im Verständnis von AIDS.«

Daß diese düstere Prognose eintrifft, muß unter allen Umständen vermieden werden. Vom wissenschaftlichen Standpunkt aus mag das folgerichtig gedacht sein, aus der Quantenperspektive heraus macht es jedoch wenig Sinn. Denn wir sind ja alle erfahrene Lotsen beim Durchfahren der ?-Zone, nur die Naturwissenschaft tut sich schwer mit der Orientierung. Ist dies nicht ein Hinweis auf eine Lösung? Der geheimnisvolle Zusammenbruch der Intelligenz eines Körpers im Fall von Krebs und AIDS läßt sich möglicherweise auf eine einzige Abweichung zurückführen – einen falschen Kurs beim Umweg in die verborgenen Bereiche der Intelligenz der DNS. Um herauszufinden, wie das Geist-Körper-Problem zu lösen ist, müssen wir uns näher mit diesen Umwegen und ihrem unsichtbaren Ursprung befassen.

NIRGENDS UND ÜBERALL

Niemand wird jemals den quantenmechanischen Körper sehen. Für viele wird das ein Problem sein. Nicht nur die Wissenschaftler, sondern wir alle fühlen uns wohl, wenn wir Dinge sehen und berühren können. Die Geschichte der modernen Medizin besteht hauptsächlich darin, konkreten Objekten nachzuforschen, die Krankheit verursachen, obwohl fast alle von ihnen im Bereich des Unsichtbaren zu Hause sind, jenseits dessen, was das bloße Auge zu erkennen vermag.

Ein kluger Beobachter im 14. Jahrhundert hätte vermuten können, daß eine Ratte im Haus die Gefahr der Beulenpest in sich trug, allerdings waren Ratten so verbreitet, daß dieser Zusammenhang nie bewußt wurde. Entdeckt man einen Floh im Fell der Ratte, kommt man der eigentlichen Ansteckungsursache schon näher, aber erst wenn man das Blut der Ratte unter einem Mikroskop betrachtet und die Bakterie »Pasteurella pestis« identifiziert, hat man das Rätsel des Schwarzen Todes wirklich gelöst, jener uralten Geißel der Menschheit, der man schon die Dezimierung des persischen Heeres zuschreibt, als dieses im fünften Jahrhundert vor Christus gegen Griechenland aufbrach.

Was wäre eine Bakterie, hätten wir kein Mikroskop? Irgendetwas Unsichtbares und dennoch so groß wie die Welt, denn es erreicht alle Orte der Welt bis hin zu den Polen. Es würde wie Rauch kommen und gehen, durch festversiegelte Türen und Fenster dringen ... Wenn man sich nur auf seine Sinne verließe, würde die Fähigkeit eines solchen Organismus, gleichzeitig überall und nirgends zu sein, phantastisch erscheinen. Im wesentlichen liegt die Quantenwelt nur noch einen Schritt weiter auf der Skala der Unsichtbarkeit. Anders als die winzigsten Bakterien und Viren kann ein einzelnes Photon, Elektron oder überhaupt ein Objekt der

Quantenwelt niemals gesehen werden, selbst wenn man die Sehfähigkeit und den Tastsinn bis an die Grenze ihrer Möglichkeiten
triebe. Sie sind wahrhaftig gleichzeitig überall und nirgendwo.
Diese Tatsache hat die Medizin bis in jüngste Zeit herzlich wenig interessiert, denn der kleinste Virus ist immer noch millionenfach größer als ein Elementarteilchen. Auch sind Mikroorganismen
recht stabil in Zeit und Raum, während Quantenobjekte in nicht
voraussagbarer Weise entstehen und vergehen. Wenn eine Pasteurella pestis in unserem Blut lauert, so ist dieser Krankheitserreger
da, eindeutig und nachweisbar, ganz im Gegensatz zu den geister-
haften Mesonen, die auf einem Film schwache Streifen einer Existenz von einigen Millionstelsekunden hinterlassen und wieder ins
Nichts verschwinden, oder gar zum Neutrino, das unbeobachtet die
ganze Erdmasse durchdringen kann, als ob ihm nichts im Wege
stünde.

Der gewaltige Unterschied der Größenordnungen, mit denen
Medizin und Quantenphysik operieren, hat diesen beiden Wissenschaften bis ins Jahr 1987 deutlich voneinander getrennte Bezugsrahmen gesichert. Dann jedoch führte der französische Immuno-
loge Jacques Beneviste ein Experiment durch, das eine
Herausforderung für alle nicht-quantisch denkenden Weltanschau-
ungen ist. Oberflächlich gesehen begann die Sache ganz harmlos:
Dr. Beneviste nahm einen gewöhnlichen Antikörper namens IgE
(Immunoglobulin E) und setzte ihn bestimmten weißen Blutkörperchen, sogenannten basophilen Granulozyten, aus. Was geschieht,
wenn diese zwei aufeinander treffen, ist hinlänglich bekannt: Der
IgE-Antikörper bindet sich fest an spezifische Rezeptoren und wartet ab. Worauf er wartet, ist ein vorbeiwanderndes körperfremdes
Molekül, das zu bekämpfen ist. In diesem Fall ist der Eindringling
keine Mikrobe, sondern ein Antigen, eine Substanz also, die Allergien verursacht.

Wenn Sie gegen Bienenstiche allergisch sind, so rufen die Mole-
küle des Bienengifts bei Ihnen innerhalb weniger Sekunden den
IgE-Antikörper auf den Plan. Dieser wiederum löst eine komplexe
Kettenreaktion in den Zellen aus, durch welche die allergische
Reaktion des Körpers hochgefahren wird. Der basophile Granulo-
zyt setzt eine Substanz namens Histamin frei, die Schwellungen,

Rötungen, Jucken und Atemnot verursacht, alles typische Anzeichen für einen allergischen Anfall. Das Unerklärliche bei den Allergien ist, daß die Antigene – die in den Körper eindringenden Reizstoffe – im allgemeinen recht harmlos sind: Wollfasern, Pollen, Staub. Und trotzdem behandelt sie das Immunsystem wie die schlimmsten Feinde. Um ihre Ursache festzustellen, sind Allergien auf molekularer Ebene gründlich untersucht worden, und eines der Ergebnisse ist, daß man das IgE erschöpfend erforscht hat.

Das sind die Kulissen für Benvenistes dramatisches Experiment. Er nahm ein etwas mit weißen Blutkörperchen und IgE angereichertes menschliches Blutserum und mischte es mit einer Lösung aus Ziegenblut, die aller Voraussicht nach die Histaminausschüttung auslösen mußte. Diese zweite Lösung enthielt einen IgE-Antikörper stellvertretend für Bienengift, Pollen oder andere Antigene. Als das IgE und das Anti-IgE aufeinandertrafen, trat im Reagenzglas genau dieselbe Reaktion auf wie bei einem Patienten mit einer starken Allergie: Es kam zur Ausschüttung großer Mengen von Histamin.

Benveniste stellte sodann eine zehnfach verdünnte Lösung des Anti-IgE her und wiederholte den Versuch – mit demselben Ergebnis. Er setzte die Verdünnungen fort, und auch weiterhin reagierte etwa die Hälfte (40 bis 60 Prozent) des IgE. Dies war höchst erstaunlich, da er schließlich jenseits der Grenze angelangt war, wo die Lösung chemisch aktiv sein konnte. Er beschloß, das IgE noch weiter zu verdünnen, diesmal jeweils hundertfach, bis er wußte, daß es kein Anti-IgE mehr gab. Seine letzte Verdünnung enthielt einen Anteil Antikörper auf je 10^{120} Anteile Wasser; schriebe man diese Zahl aus, so wäre es eine 10 mit 120 Nullen. Mit Hilfe einer Konstante, der sogenannten Avogadroschen Zahl, berechnete er, daß das Wasser unmöglich auch nur noch ein einziges Antikörpermolekül enthalten konnte. Als er diese »Lösung«, die inzwischen nur noch aus destilliertem Wasser bestand, wiederum verwendete, trat die Histaminreaktion mit unverminderter Heftigkeit auf.

Obwohl sein Ergebnis unsinnig war, wiederholte Benveniste es siebzigmal und bat andere Forscherteams in Israel, Kanada und Italien, dies ebenfalls zu tun. Überall war das Ergebnis identisch. Alle entdeckten, daß man die Abwehrbereitschaft des Körpers mit

einem Antikörper wecken kann, der gar nicht da ist. Mit unseren
Worten: Benveniste hatte das Gespenst der Erinnerung geweckt. Er
selbst spekuliert noch, ob das Wasser einen Phantomabdruck der
anfänglich in ihm vorhandenen Moleküle enthält. Seine Ergebnisse
wurden schließlich im Juni 1988 in der renommierten britischen
Zeitschrift »Nature« abgedruckt. Die Herausgeber der Zeitschrift
distanzierten sich in einem Leitartikel von Benvenistes Ergebnissen und bemerkten treffend, daß es »keine physikalische Grundlage« dafür gebe. Die menschlichen weißen Blutkörperchen ver-
hielten sich so, als ob das Anti-IgE sie von allen Seiten angriffe,
obwohl es in Wirklichkeit gar nicht vorhanden war.

Die Medizin geht nur zögernd durch die Quantentür, selbst
wenn dieses Experiment sie weit öffnet.* Es wurde weithin bekannt, daß Benveniste der Homöopathie Glauben schenkte. Das
Wort hat seinen Ursprung in zwei altgriechischen Wörtern und bedeutet so etwas wie »Ähnliches erleiden«, was auf das fundamentale Prinzip der Homöopathie hinweist, daß »Gleiches mit Gleichem« geheilt wird. Die Homöopathie geht bei Krankheiten wie
Benveniste vor: Der Patient nimmt winzig kleine Mengen bestimmter Substanzen ein, die in hohen Dosen der Krankheit ähnliche
Symptome auslösen, in niedrigen Dosen aber seine Abwehrbereitschaft stärken oder sogar die bereits aufgetretene Krankheit vertreiben.

Wenn ein allopathischer Arzt eine Pockenimpfung vornimmt, so
ist sichtlich homöopathische Logik am Werk, denn der abgetötete
Virus im Impfstoff stimuliert Pocken-Antikörper. (Diese Methode
der Bekämpfung von Pocken reicht bis ins alte China zurück, wo
Ärzte den Schorf von Pockenkranken in kleine Einschnitte an den

---

* Im Juli 1988, einen Monat nach der Veröffentlichung des Benveniste-Artikels,
entsandte »Nature« ein Team von Prüfern nach Frankreich, um Benvenistes Experiment an Ort und Stelle mitzuverfolgen und allen Zweifel auszuräumen. Leider
war Benveniste nicht in der Lage, seine Experimente in Anwesenheit der Prüfer
mit konsistenten Ergebnissen zu wiederholen. Einige Versuche gelangen, andere
nicht. Als Folge davon verwarf die Zeitschrift seine Arbeit und bezeichnete sie als
»Trugschluß«. Es ergab sich eine erhitzte Kontroverse, deren Ende noch nicht ab-
zusehen ist. Benveniste steht noch immer zu seiner Arbeit, seine ursprüngliche
Veröffentlichung war von zwölf weiteren Forschern aus vier Ländern unterzeichnet
worden.

Armen von noch nicht Erkrankten rieben und diese damit vor der
Krankheit schützten.) Anders als dies bei einer Impfung der Fall
ist, orientiert sich die Homöopathie jedoch mehr an Symptomen,
als daß sie gegen spezifische Krankheitserreger vorgeht.

Mit Hilfe eines ausgeklügelten Systems von Giften und giftigen
Kräutern, welche ähnliche Symptome wie die eigentliche Krankheit auslösen, gibt der Homöopath dem Körper einen Vorge-
schmack auf das, was er zu heilen beabsichtigt. So wird zum Beispiel die strychninhaltige »Nux vomica« (Brechnuß) in Pulverform
verabreicht, um chronische Müdigkeit und Reizbarkeit zu behandeln, da Brechnußsamen diese Symptome hervorrufen. Benvenistes Experiment untermauerte im Grunde nicht die homöopathische Logik als Ganzes, sondern nur einen Teil davon, indem er
nachwies, daß der Körper auf minimale Dosen einer körperfremden
Substanz reagieren kann. Die übrige Homöopathie bleibt zwei-
schneidig. Zwar erkennt der Ayurveda ebenfalls das Prinzip »Glei-
ches-heilt-Gleiches« an und erweitert es sogar dahingehend, daß
er jedem Teil des Körpers ein Heilkraut, Mineral, ja auch Farben
und Klänge zuordnet, die zu Heilzwecken verwendet werden können. Doch folgt der Ayurveda nicht der homöopathischen Regel,
daß der Körper krank gemacht werden muß, damit er danach gesunden kann.

Die tiefere Bedeutung von Benvenistes Experiment, so glaube
ich, tritt aus einer der Abbildungen aus dem vorhergehenden Kapitel zutage:

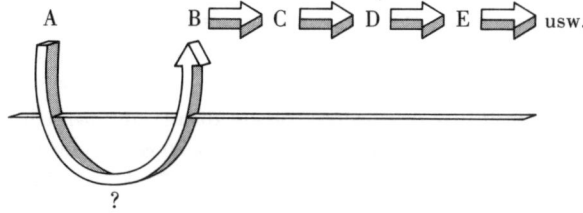

Ein physiologischer Vorgang ist, wie wir feststellten, einer Löschkette vergleichbar, die Glied für Glied eine Ereigniskette bildet,
den ersten Eimer (B) ausgenommen. Dieser erste Eimer erscheint
von nirgendwoher, obwohl wir natürlich sehen können, daß er

durch einen ursprünglichen Impuls (A) auftaucht. Was Benveniste
so anschaulich durchgeführt hat, ist, daß er dieses Modell auf das
Allerwesentlichste reduzierte:

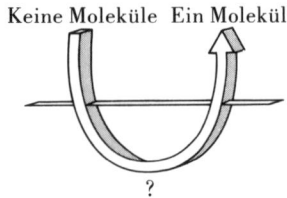

Keine Moleküle Ein Molekül

Wir gehen ständig vom Kein-Molekül-Zustand in den Ein-Molekül-
Zustand über. Versuchen Sie, sich an das erste Mal zu erinnern, als
Sie selbst am Steuer eines Wagens saßen. – Die Gehirnsubstanzen,
die damals die Eindrücke aufnahmen, sind restlos verschwunden.
(Die meisten davon waren es schon, noch bevor die Fahrt vorüber
war.) Wenn Sie heute diese Erinnerung wachrufen, das Auto sehen
und das Steuer in der Hand spüren, so lösen Sie Zellreaktionen
aus, die »nirgendwo« begannen, denn Ihre Gehirnzellen enthalten
nicht mehr und nicht weniger alte Moleküle als Benvenistes Wasser.

Wenn Sie erklären können, wie der Körpergeist von keinem Molekül zum ersten Molekül kommt, wird eines der vielen Geheimnisse des Gehirns gelüftet sein. Denn nach dem Entstehen des ersten winzigen Materieteilchens folgen alle übrigen Schritte den
bekannten Naturgesetzen. Noch eindeutigere Beispiele als die der
Homöopathie liefern meiner Meinung nach die seltsamen psychiatrischen Fälle, die als Persönlichkeitsspaltung bekannt sind.
Nichts anderes im Geist-Körper-Bereich ist so unerklärlich, denn
wenn ein Patient mit Persönlichkeitsspaltung von einer Rolle in die
andere schlüpft, so verwandelt sich sein Körper ebenfalls. In der
einen Rolle hat der Patient möglicherweise Diabetes und leidet, solange er diese Rolle spielt, unter Insulinmangel. In einer anderen
Rolle tritt Diabetes überhaupt nicht auf; der Blutzuckerspiegel ist
jetzt der eines Gesunden.

Der Psychologe Daniel Goleman, der des öfteren über die
Geist-Körper-Thematik schreibt, berichtet von einem Kind namens

Timmy, das fast ein halbes Dutzend verschiedene Persönlichkeits-
rollen annimmt. In einer davon bekommt es Nesselausschlag, sobald es Orangensaft trinkt. »Der Ausschlag erscheint sogar dann«,
so beschreibt es Goleman, »wenn Timmy Orangensaft trinkt und in
eine andere Rolle schlüpft, während der Saft noch verdaut wird.
Verblüffender noch ist, daß das Nesseljucken sofort abklingt und
die Bläschen auf der Haut verschwinden, wenn Timmy während der
allergischen Reaktion ›zurückkommt‹.«

Als ich diese Beschreibung zum ersten Mal las, fand ich das
sehr spannend. Die Schulmedizin weiß nichts davon, daß allergische Reaktionen willentlich ein- und ausgeschaltet werden können. Wie könnte das auch sein? Die weißen Blutkörperchen des
Immunsystems, die mit Antikörpern wie dem IgE übersät sind, warten bloß auf den Kontakt mit einem Antigen. Tritt dieser ein, so
werden sie automatisch in Aktion gesetzt. In Timmys Körper muß
man es sich jedoch so vorstellen, daß die Orangensaftmoleküle sich
einem weißen Blutkörperchen nähern und daß dann eine *Entscheidung* getroffen wird, ob eine Reaktion angebracht ist oder nicht.
Das setzt voraus, daß die Zelle selbst intelligent ist, in der Art, wie
ich es dargestellt habe. Und mehr noch: Ihre Intelligenz ist nicht
nur das Privileg besonderer Moleküle wie der DNS, sondern sie ist
in jedes Molekül hineingepackt, denn der Orangensaft stößt ja auf
ganz gewöhnliche Kohlenstoff-, Wasserstoff- und Sauerstoffatome.

Die Behauptung, daß Moleküle Entscheidungen treffen, ist eine
Herausforderung an die bestehende Naturwissenschaft – es hört
sich an, als ob Salz einmal Lust haben könnte, salzig zu sein, ein
andermal nicht. Aber der Übergang von einem Ereignis im Körpergeist zu einem anderen ist immer eine Projektion von Intelligenz;
es ist lediglich die bemerkenswerte Raschheit und Intensität, die
uns in Timmys Fall verblüfft. Sobald wir uns einmal mit der Tatsache abfinden, daß er wählen kann, allergisch zu sein (denn wie
könnte er sonst seinen Nesselausschlag an- und abstellen?), müssen wir uns zu der Annahme bequemen, daß möglicherweise auch
wir unsere Krankheiten auswählen. Wir sind uns dieser Wahl zwar
nicht bewußt, da wir sie jenseits unserer Alltagsgedanken treffen,
aber wenn es tatsächlich eine Wahl gibt, sollten wir dies mit Bedacht tun.

Jeder von uns kann seine Physiologie von einem Extrem zum anderen wandeln. Wenn man überschwenglich glücklich ist, so ist man biochemisch gesehen nicht derselbe, wie wenn man tief depressiv ist. Die Fälle der Persönlichkeitsspaltung beweisen, daß die Fähigkeit, sich von innen her zu verändern, sehr wohl beherrscht werden kann. Ich möchte einmal etwas aus der Chopraschen Familiengeschichte erzählen, das sich darauf bezieht wie auch interessanterweise auf den IgE-Antikörper.

Mein Vater ist Kardiologe in Indien. Er war lange Jahre Militärarzt, was für uns zahlreiche Umzüge zur Folge hatte, weil er von Posten zu Posten versetzt wurde. Als ich noch ein Kleinkind war, kamen wir so nach Jammu ganz im Norden von Kaschmir. Ich erinnere mich absolut nicht an unseren Aufenthalt dort, aber noch Jahre später hörte ich von den schrecklichen Allergien, unter denen meine Mutter dort litt. Der Quälgeist war der Pollen einer heimischen Blume, von deren Blüten im Frühjahr die ganze Erde bedeckt war. Er verursachte bei ihr heftige Asthmaanfälle; ihr Körper schwoll an, und auf ihrer Haut erschienen große rote Wülste und Blasen – dieser Zustand ist bekannt als angioneurotisches Ödem.

Mein Vater liebte meine Mutter sehr, und aus Mitgefühl fuhr er sie jedes Frühjahr nach Srinagar, der Hauptstadt von Kaschmir. Die Luft in Srinagar ist frei von diesem besonderen Pollen, und sie war entzückt über dieses Bergtal, das zu den schönsten Orten der Erde gehört.

In einem Frühjahr hatten heftige Regenfälle die Straße unpassierbar gemacht, und mein Vater beschloß, die Rückkehr im Flugzeug anzutreten. Sie gingen an Bord und landeten nach einer Stunde. Mein Vater legte die Hand ermunternd auf den Arm meiner Mutter, aber schon konnte er die roten Flecken auf ihrer Haut sehen und bemerkte, daß sie nur mit Mühe atmete. Die Allergie meiner Mutter war so heftig, daß der Steward herbeieilte und fragte, was geschehen sei.

»Da können Sie nichts tun«, antwortete mein Vater. »Es ist der Pollen in Jammu.«

»Jammu?« Der Steward blickte erstaunt. »Wir sind doch noch gar nicht da. Das hier ist Udhampur, unser erster Halt. Hat man es Ihnen nicht gesagt?«

Mein Vater war einigermaßen bestürzt. Als er zu meiner Mutter hinübersah, war ihr Keuchen im Abklingen und ihre Flecken waren auf der Stelle verschwunden. Noch Jahre später schüttelte er darüber den Kopf und murmelte:»Man braucht nur das Wort ›Jammu‹ auszusprechen, und schon hat eure Mutter einen Anfall.« Als ich ihm über das IgE-Experiment berichtete, war er sehr erleichtert; nun hatte er gewissermaßen eine wissenschaftliche Antwort auf unser Familienrätsel. Meine Mutter hat nur eine Persönlichkeit, aber dieser Umschwung war ebenso rasch wie extrem.

Viele Fälle von Persönlichkeitsspaltung sind untersucht und überprüft worden, insbesondere von Bennett Braun, einem psychiatrischen Forscher und Fachmann auf diesem Gebiet. Er beobachtete, wie Warzen, Narben und Ausschläge auf der Haut von Patienten entstanden und verschwanden, je nach angenommener Persönlichkeit. Dasselbe galt auch für Bluthochdruck und Epilepsie. Eine bestimmte Persönlichkeit kann farbenblind sein; erst mit der Annahme einer anderen Persönlichkeit tritt eine Normalisierung ein. Es ist fast eine Regel, daß solche Patienten mindestens eine Kinderpersönlichkeit haben. Wird diese angenommen, so reagieren ihre Körper auf geringere Arzneidosen. In einem Fall machten fünf Milligramm eines Beruhigungsmittels den Patienten entspannt und schläfrig, solange er ein Kind war; schlüpfte er jedoch in die Erwachsenenrolle, so blieb selbst die zwanzigfache Dosis wirkungslos.

Verwirrt suchen die Forscher nach einem Mechanismus, um diese eigentlich unmöglichen Vorfälle zu erklären. Ich denke, daß dieser erst dann gefunden wird, wenn man begreift, daß da ein Quantensprung stattgefunden hat. Eine Persönlichkeit besteht nicht aus Molekülen, sie besteht lediglich aus Erinnerungen und psychologischen Tendenzen. Und doch sind diese dauerhafter als die betroffenen Zellen. Dies ist kein überwältigendes Geheimnis; jedes Molekül in unserem Körper ist ja, wie wir sahen, in ein Stückchen unsichtbare Intelligenz eingehüllt. Gedächtnis ist kein Begriff, den Physiker benutzen, und doch ist es leicht, ihn in der Quantenwelt zu finden: Teilchen, die durch riesige Raum-Zeit-Distanzen voneinander getrennt sind, wissen dennoch, was die anderen tun. Wenn ein Elektron in eine neue Kreisbahn um den jeweiligen Atomkern springt, so muß das entsprechende Anti-Elektron oder Positron reagieren, wo immer es sich auch im Universum befinden mag. Tatsächlich ist das ganze Universum durch diese Art von Gedächtnisnetzwerk verknüpft.

Für einen Physiker ist das einzige Unerklärliche an Benvenistes Experiment, daß niemals jemand geglaubt hat, daß Quantenereignisse auf molekularer Ebene stattfinden. Ein Photon ist gerade an der Quantenschwelle, wo feine Zitterbewegungen die Regel sind. Einige dieser Bewegungen verschwinden im Nichts, andere erwachen und treten als Materie oder Energie in die materielle Wirklichkeit ein. Da es eigentlich fast nichts ist, kann es in die Existenz hinein- und wieder hinausflimmern. Ein Molekül wie das IgE jedoch hat handgreiflich mehr Substanz als diese Zitterebene. Wäre das nicht so, dann könnten Moleküle ohne Ankündigung in die Existenz hinein- und hinausspringen, und das könnten dann auch Dinge tun, die aus Molekülen bestehen, beispielsweise Blauwale und Wolkenkratzer. Da dies nicht geschieht, hat man es nicht für nötig gehalten, sich Moleküle mit einem Gedächtnis ausgestattet vorzustellen.

Schreibt man ihnen jetzt ein Gedächtnis zu, so muß man mehr über die Quantenebene der Natur wissen. Ihre Eigenart, die sie von allen anderen Zuständen von Materie und Energie unterscheidet, ist ihre Leere. Wir haben bereits gesehen, daß ein Atom in seinem Inneren fast völlig leer ist, proportional ebenso leer wie der intergalaktische Raum. Dasselbe muß auch für uns gelten, denn wir bestehen ja aus Atomen. Das bedeutet, daß wir aus Leere bestehen; mehr als alles andere ist das unser Rohstoff.

Anstatt den riesigen Raum zwischen den Sternen als kalt, nackt und leblos anzusehen, sollten wir ihn mit den Augen eines Physikers betrachten und ihn mit unsichtbarer Energie vollgepackt erfahren, die nur darauf wartet, sich zu Atomen zu verdichten. Jeder Kubikzentimeter des Weltraums brodelt von fast unbegrenzten Energiemengen, wobei das meiste davon allerdings in »virtueller« Form besteht, außer Reich- und Sichtweite, und keine aktive Rolle in der materiellen Welt spielt. Ein herrlicher Vers aus den uralten indischen Upanischaden lautet: »Die Kraft, die das Universum durchdringt, ist viel mehr als das, was durchscheint.« Hinsichtlich der Quantenobjekte, von denen die meisten nur in virtueller Form existieren, trifft das ganz buchstäblich zu.

Unsere Sinne sind nicht darauf vorbereitet, die Leere als den Schoß der Wirklichkeit zu sehen, da sie auf eine massivere Ebene der Natur, die von Blumen, Felsen, Bäumen und unseren Familien bewohnt ist, eingestellt sind. Es scheint, daß das menschliche Auge zwei Millionen Farbschattierungen unterscheiden kann, von denen jede einen schmalen Streifen im Spektrum der Lichtenergie einnimmt, aber unser optischer Wahrnehmungsapparat registriert diese Energieschwingungen nicht als solche. Noch weniger nehmen wir ein Stück festen Marmor als Schwingung wahr, obwohl er im Grund nichts anderes ist, genauso wie die Farbe.

Wenn sich das Lichtspektrum von Farbe zu Farbe verschiebt, übt jede kleine Veränderung einen gewaltigen Einfluß aus. Sichtbares Licht gibt der Welt beispielsweise die von unseren Augen wahrgenommene Gestalt. Verschiebt man die Frequenz in den Infrarotbereich, so fühlen wir die Wärme dieses Lichtes, doch können wir nichts sehen; erhöhen wir die Frequenz zu der von Röntgenstrahlen, so wird das Auge zerstört. Jeder Quantenübergang ist gering, aber er bewirkt eine völlig neue Wirklichkeit auf der Ebene von Molekülen und Lebewesen. Das Lichtspektrum ist wie eine lange, ununterbrochene Saite, die an einer Stelle schneller und an einer anderen langsamer schwingt. Wir siedeln uns in einem winzigen Ausschnitt des Spektrums an, aber wir brauchen die Gesamtlänge, um leben zu können. Bei Null anfangend, sind die Schwingungen der Saite verantwortlich für Licht, Wärme, Magnetismus und zahllose andere Energieformen, die das Universum ausfüllen. Es sind nur ein paar Stufen in der Hierarchie der Schöpfung von leerem Raum zu intergalaktischem Staub, zur Herausbildung der Sonne und schließlich einer lebenden Erde. Was sich darin zeigt, ist, daß die Leere, der Zustand der Nullschwingung, eben keine Leere ist, sondern der Ausgangspunkt alles Bestehenden, und daß dieser Ausgangspunkt ständig in Kontakt mit jedem anderen Punkt ist — es gibt keinen Bruch innerhalb des Ganzen.

Der Grund dafür, daß wir uns mit der subatomaren Welt beschäftigen, ist der, daß wir diese Leere jedesmal erfahren, wenn wir denken. So wie das ganze Universum entspringt das Neuropeptid —

etwas Materielles – dem Nirgends. In diesem Fall sind es nicht die Atome des Neuropeptids, die da geschaffen werden, denn der notwendige Wasserstoff, Kohlenstoff, Sauerstoff und so fort sind ja schon in der Glukose enthalten, die unser Gehirn als Brennstoff verwendet. Was aus dem vorhandenen Material entsteht, ist ihre Anordnung in Form eines Neuropeptids, aber auch das ist phantastisch genug.

Im selben Moment, in dem Sie denken: »Ich bin glücklich«, überträgt ein chemischer Botenstoff Ihr Gefühl, das keinen festen Bestand in der materiellen Welt hat, auf ein Stückchen Materie, das so perfekt auf Ihr Gefühlsleben eingestellt ist, daß jede Zelle Ihres Körpers von Ihrem Glücklichsein erfährt und sich mitfreut. Die Tatsache, daß Sie gleichzeitig mit fünfzig Trillionen Zellen in deren eigener Sprache kommunizieren können, ist genauso unerklärlich wie der Moment, in dem die Natur das erste Photon aus dem leeren Raum entstehen ließ.

Die Gehirnsubstanzen sind so winzig, daß die Wissenschaft mehrere Jahrhunderte dazu brauchte, sie zu identifizieren. Und doch, wenn wir ein Botenmolekül als den feinsten materiellen Ausdruck von Intelligenz betrachten, den ein Gehirn hervorbringen kann, so müssen wir zugeben, daß es immer noch nicht fein genug ist, um eine sichere Brücke zwischen Geist und Körper zu schlagen. Im Grund kann nichts fein genug sein, da auf einem der beiden Ufer, auf denen die Brücke stehen soll, nämlich dem des Geistes, der physikalische Größenbegriff gegenstandslos ist. Sich vorzustellen, daß ein Gedanke irgendwelche Abmessungen hat, ist absurd. Der Geist nimmt keinen Raum ein, auch nicht den unendlich kleinen Raum eines Elektrons. Der offensichtliche Unsinn, den Geist in eine Schachtel packen zu wollen, war einer der Gründe dafür, warum die Naturwissenschaft überhaupt damit begann, Geist und Körper voneinander zu trennen, denn alle Materie paßt in eine Schachtel. Glücklicherweise kommt die Quantenphysik dem Brückenbauer zu Hilfe. Sie entstand, weil man diesen unsinnig erscheinenden Grenzbereich von Raum und Zeit erforschen wollte.

Die Quantenphysik hat die Aufgabe übernommen, kleinstmögliche Dinge zu messen. Im Atom, obgleich es schon sehr klein ist, entdeckte man um die Jahrhundertwende einen Atomkern, und als dieser weiter zerlegt wurde, schien sein kleinster Bestandteil das Proton zu sein. Weitergehende Atomzertrümmerungen ergaben dann an den Grenzen materieller Existenz noch feinere Teilchen, die sogenannten Quarks. Jenseits der Quarks jedoch war der Zertrümmerung Einhalt geboten.

Man sollte meinen, daß es da draußen etwas Materielles gibt, woraus die Quarks bestehen. Seltsamerweise scheint dies aber nicht zuzutreffen. In der griechischen Antike stellte der Philosoph Demokritos als erster die Behauptung auf, daß die Materie aus unteilbaren Teilchen bestehe, die er »Atome« nannte, nach dem griechischen Wort für »nicht teilbar«. Als Platon von dieser Theorie hörte, die selbstverständlich nicht experimentell zu beweisen war, erhob er einen Einwand, der die Quantenphysik vorwegnimmt: Wenn man sich ein Atom als ein Ding vorstellt, so meinte Platon, kann es halbiert werden und nimmt dann weniger Raum ein. Alles, was halbiert werden kann, ist aber nicht der kleinste Bestandteil der materiellen Welt.

Mit diesem klaren logischen Schluß verwarf Platon alle festen Teilchen als mögliche fundamentale Bausteine der Natur, und das gilt, wenn man Platons Ansatz weiterdenkt, nicht nur für die Atome, sondern auch für die Protonen, Elektronen und Quarks. Sie alle können zumindest theoretisch endlos geteilt werden. Was immer es sein mag, woraus die Welt aufgebaut ist, es muß so winzig sein, daß es keinen Raum einnimmt. Platon postulierte, daß die Welt aus unsichtbaren, reinen und vollkommenen geometrischen Gebilden entstanden sei. Die moderne Physik hat sich ihrerseits etwas greifbareren Alternativen wie der unsichtbaren Materie der sogenannten »virtuellen« Teilchen und den Energiefeldern zugewandt. Einsteins berühmte Gleichung $E = mc^2$ bewies, daß Energie in Materie umgewandelt werden kann, und damit stand der Physik der Weg offen, über die Grenze des »Allerkleinsten« hinauszugehen.

Niemand kann mit Sicherheit sagen, woraus Quarks bestehen. Ganz gewiß sind es jedoch keine Materiestücke in fester Form. Quarks sind schon jenseits der Grenze dessen, was selbst mittels des modernen wissenschaftlichen Instrumentariums noch »gesehen« und »angefaßt« werden kann. Diese Bausteine mögen lediglich eine Schwingung sein, die das Potential besitzt, zu Materie zu werden. Sie sind damit kleiner als klein. Für einen Physiker hören alle Abmessungen bei der sogenannten Planck-Skala auf. Hier ist eine Größe von 10^{-33} Kubikzentimetern erreicht, eine unvorstellbar kleine Zahl: 0,000 000 000 000 000 000 000 000 000 000 001. Sie stellt eine Art absoluter Nulldimension des Raumes dar, genauso wie es eine absolute Nulltemperatur gibt.

Wenn diese Grenze jedoch erreicht ist, was liegt dann jenseits davon? Hier schweigt die Naturwissenschaft. Dabei ist es hochinteressant zu entdecken, daß alle Begründer der Quantenphysik im Grunde Platoniker waren. Das heißt, sie glaubten, daß die Welt der materiellen Dinge das Schattenbild einer umfassenderen, unsichtbaren und nicht-materiellen Wirklichkeit sei. Einige von ihnen, so auch Einstein, standen ehrfurchtsvoll vor der Ordnung der Natur, ohne ihr indes Intelligenz zuzuschreiben. Andere, etwa Eddington, erklärten schlichtweg, daß der Rohstoff des gesamten Universums »geistiger Stoff« sei. Eddington verteidigt seine Position mit einem logischen Argument, das ebenso elegant wie das Platons ist. Unser Weltbild, so erläutert er, beruht letztendlich auf einer Formation von Gehirnimpulsen, die in den Neuronen auf- und abwandern und aus Energieschwingungen an den Nervenenden stammen. An der Basis der Energie befindet sich die Leere, das Vakuum des Quantenfeldes. Welcher Teil dieses ganzen Ablaufs ist nun ursächlich? Die Antwort ist: keiner. Denn jeder Schritt, von der Energieschwingung über die Nervenimpulse bis hin zu deren Gesamtformation, ist lediglich ein Code. Wo immer man hinsieht, ist das sichtbare Universum einfach eine Anordnung von Signalen. Aber diese Signale hängen alle zusammen und verwandeln völlig bedeutungslose Schwingungen in erfahrbare Ereignisse, die für den Menschen Sinn ergeben. Die Liebe zwischen Mann und Frau kann in physiologische Rohdaten zerlegt werden, doch geht dabei die Wirklichkeit verloren. Deshalb, so meint Eddington, stehen alle diese Codes für etwas Wirklicheres, etwas jenseits unserer Sinne. Gleichzeitig ist uns dieses Etwas sehr vertraut, denn wir alle können den Code entschlüsseln und Zitterbewegungen der Quanten in eine geordnete Wirklichkeit verwandeln.

Ein gutes Beispiel wäre hier ein Pianist, der eine Chopin-Etüde spielt. Wo ist die Musik? Man kann sie auf verschiedenen Ebenen finden – in den schwingenden Saiten, im Anschlag der Hämmer, im Auf und Ab der Finger auf den Tasten, in den Noten auf dem Papier oder in den Nervenimpulsen im Gehirn des Pianisten. Aber alle diese Dinge sind nur Codes. Die Wirklichkeit der Musik ist die wunderbare, schimmernde und unsichtbare Form, die unsere Erinnerung durchstreift, ohne jemals in der materiellen Welt Gestalt anzunehmen.

Um seine Quanteneigenschaften zu nutzen, braucht der Körper seine Moleküle nicht in eine andere Dimension zu verbannen; er muß lediglich lernen, wie er sie zu neuen chemischen Mustern zusammenfügen kann. Es sind diese Muster, die entstehen und vergehen – dem vergleichbar, was in Benvenistes Experiment geschah. Wenn man sich lebhaft vorstellt, daß man von einer Klippe springt, und wenn dann das Herz zu pochen beginnt, so hat man Adrenalin erzeugt, indem man einen ebenso unsichtbaren Stimulus wie das Anti-IgE in jenem Experiment anwendete. Ähnlich erinnert sich Timmy in einer seiner Rollen daran, daß er allergisch auf Orangensaft zu reagieren hat. Sobald Timmy diese Rolle spielt, muß der Körper diesem Befehl gehorchen.

Ich habe mich bemüht, dies alles einigermaßen vernünftig zu begründen. Es nützt wenig, wie einer der Herausgeber von »Nature« zu behaupten, daß mit dem IgE-Experiment, sofern es wahr sei, zweihundert Jahre rationalen Denkens in der Biologie vom Tisch gefegt seien. Die Biologie wird umdenken müssen und damit auch die Medizin. Im Gegensatz zu dem, was die Schulmedizin heutzutage annimmt, ist die abnorme Bauchspeicheldrüse eines Diabetikers nicht so real wie die verdrehte Erinnerung, die sich in den Zellen dieses Organs eingenistet hat.

Mit dieser Bewußtwerdung öffnet sich die Tür für die Quantenheilung. Die geistigen Techniken, die der Ayurveda anwendet, beruhen auf der Fähigkeit, die unsichtbaren Muster zu beeinflussen, die unseren Körper ordnen. Ich sah kürzlich eine Patientin, eine ältere Frau, die von bohrenden Brustschmerzen geplagt war. Die vorhergehende Diagnose hatte auf Angina pectoris gelautet, eines

der verbreitetsten Symptome von fortgeschrittener Herzerkran-
kung. Zwischen Januar und Mai hatte sie insgesamt sechzig Anfälle
von Angina pectoris, bei denen sie durch Nitroglyzerintabletten
Linderung fand. Ich führte sie in die »Urklangtechnik« für Herzkrankheiten ein, und sie führte die Therapie zu Hause selbst fort. –
Das Konzept der Urklangtherapie ist schon in der Einleitung kurz
angesprochen worden; wir werden später noch im einzelnen darauf
eingehen. Im Juli, etwa zwei Monate später, schrieb mir meine
Patientin, daß ihre Anfälle mit dem Tag, an dem sie die Technik
erhielt, aufgehört hätten und nie zurückgekehrt seien. Ich selbst
schreibe dieses Ergebnis der erfolgreichen Kontrolle der Geist-
Körper-Verbindung zu.

Ein skeptischer Arzt mag einwenden, daß Angina pectoris allgemein zwei Ursachen hat. Eine ist ein Krampf der Herzkranzgefäße,
jener Blutgefäße, die dem Herzen Sauerstoff zuführen. Wenn diese
sich verkrampfen und sich schließen, schreit der sauerstoffbe-
raubte Herzmuskel vor Schmerz auf. Ein Skeptiker würde sagen,
daß meine Patientin diese Art von Angina pectoris gehabt haben
muß. Die andere Ursache sind Fettschlacken in den Herzkranzge-
fäßen, die nach Ansicht der Schulmedizin unmöglich durch eine
geistige Technik beseitigt werden können. Ich würde dem entgeg-
nen müssen, daß beide Beispiele Erinnerung beinhalten und daß
die Fettschlacken nicht so fest sind, wie sie erscheinen mögen.
Wenn man eine Bypass-Operation durchführt, bei der die alten,
verstopften Arterien durch neue, offene Blutgefäße ersetzt werden,
so verstopfen die Ersatzstücke oft innerhalb weniger Monate erneut. Der Grund: Das Blutgefäß ist zwar ein anderes, aber das Gespenst der Erinnerung ist dasselbe – es will immer noch Fett in dieser Arterie ablagern.

Umgekehrt fühlen viele Bypass-Patienten gar nicht die Rückkehr ihrer stechenden, angsterregenden Brustschmerzen, selbst
nicht bei verstopften Arterien, und zwar deswegen, weil sie so sicher sind, daß ihre Operation sie geheilt hat. Chirurgen haben bereits Scheinoperationen durchgeführt, wobei nichts anderes getan
wird, als daß man die Brust öffnet und wieder verschließt, mit dem
Ergebnis, daß ein Gutteil der Patienten Linderung verspürte. Die
erwähnte Patientin hatte tatsächlich keine verstopften Arterien,

aber der Mechanismus, der ihre Angina pectoris auslöste, war nichtdestoweniger real; ihr Gehirn durchleuchtete ihre Blutgefäße ja nicht, bevor es mit Schmerz reagierte.

Wenn ich einen Patienten habe, der Angst hat, so kann ich beruhigend seine Hand ergreifen, und er wird sich besser fühlen; das geschieht sogar unter Narkose. Sie können die Hand eines Patienten in einem kritischen Moment während einer Operation ergreifen und sehen, wie die Blutdruck- und Herzfrequenzmonitore eine beruhigende Wirkung anzeigen. Herz und Gehirn, so scheint es, sind auf einer tieferen als der molekularen Ebene verbunden. Man sieht diese Wahrheit immer dann, wenn eine Mutter ihr Baby in die Arme nimmt. Innerhalb weniger Minuten werden beide im gleichen Rhythmus atmen, auch wenn das Baby schläft, und die Herzfrequenzen werden allmählich sychronisiert. Hiervon bleibt der Herzrhythmus unberührt, da ja der Herzschlag des Kindes schneller ist als jener der Mutter. Diese Geist-Körper-Verbindung ist unsichtbar, aber wer würde sie deswegen als unwirklich betrachten? Sie ist ganz still von Generation zu Generation weitergegeben worden. Vielleicht verbindet sie uns alle immer noch mit einem Band der Sympathie. Sie trägt dazu bei, daß aus getrennten Wesen, die in ihre verschiedenen Alltagsprobleme verwickelt sind, eine Menschheit entsteht.

Wenn die Naturwissenschaft sich erst einmal von dem Schock des IgE-Experiments erholt hat, wird ein neuer Bereich zu erforschen sein, der Bereich der Leere. Die Quantenphysik hat etwas vielversprechend Geheimnisvolles über den leeren Raum entdeckt. Wir sind heute im Begriff, diese Fülle in die Dimension des Menschen hinein auszudehnen. Das Universum ist in seinem Urzustand einer Energiesuppe verglichen worden, die sich dann in Materieteilchen verwandelte. Ich würde uns entsprechend als Intelligenzsuppe bezeichnen – außer, daß wir eben keine Suppe sind, sondern Intelligenz, die es gelernt hat, sich in wunderbaren, präzisen, kraftvollen organischen Teilchen zu manifestieren. Das macht die Leere in uns weit faszinierender als jene, aus der das Universum entstand.

EIN STILLER ZEUGE

Der dringende Bedarf an einer Quantenmedizin wird, so meine ich, in der folgenden Fallstudie, deutlich belegt: Ein junger Israeli namens Aaron, vierundzwanzig Jahre alt, rief mich in meiner Praxis an und sagte: »Ich fühle mich völlig gesund, aber mein Arzt gibt mir nur noch neunzig Tage zu leben. Er hat ein paar Blutuntersuchungen gemacht, die zeigen, daß ich eine unheilbare Blutkrankheit habe – das war vor dreiundzwanzig Tagen.«

Er konnte kaum seine Erregung unterdrücken, als er mir eine Geschichte erzählte, die verschiedene seltsame Ereignisse enthält:

Die Diagnose selbst war rein zufällig zustande gekommen. Infolge einer Verletzung, die er sich beim Fußballspielen zugezogen hatte, hatte er eine schiefe Nasenscheidewand, die ihm das Atmen erschwerte. Er suchte deshalb einen Gesichtschirurgen in Chicago auf – Aaron war vor etlichen Jahren in die USA gekommen, um eine Business School zu besuchen, und der Chirurg ließ ihn zunächst eine routinemäßige Blutuntersuchung machen.

Als die Befunde aus dem Labor vorlagen, war der Arzt sehr bestürzt. Sie zeigten, daß Aaron unter schwerer Blutarmut litt: Seine Hämoglobinwerte waren von normal 14 auf 6 gefallen, wobei 12 als Grenzwert für eine beginnende Blutarmut gilt. Hämoglobin ist derjenige Bestandteil des Blutes, der Sauerstoff durch den Körper transportiert. Sein Hämatokritanteil an roten Blutkörperchen war auf 16 Prozent des Blutvolumens abgesunken. Normalerweise liegen die Werte um die 40 Prozent.

Aaron wurde sofort an einen Blutspezialisten (Hämatologen) überwiesen, der ihm eine Reihe von Standardfragen stellte:

»Hatten Sie letzthin Atembeschwerden?«

»Nein«, antwortete Aaron.

»Wachen Sie nachts auf und haben das Gefühl zu ersticken?«

»Nein.«

»Haben Sie Schwellungen an den Knöcheln?«

»Nein.«

Der Hämatologe sah ihn durchdringend an. »Sie sind aber die ganze Zeit ziemlich müde, nicht wahr?«

Aaron schüttelt den Kopf.

»Das ist kaum zu glauben«, rief der Arzt aus, »mit Ihren Hämoglobinwerten müßte bei Ihnen schon längst kongestives Herzversagen aufgetreten sein.«

Aaron war schockiert. Ein Blick auf die Untersuchungsbefunde machte das Erstaunen des Arztes jedoch verständlich. Bei starker Blutarmut hat das Herz sehr viel mehr als normal zu arbeiten, um den Rest des Körpers mit Sauerstoff zu versorgen. Nun leidet das Herz aber schon selbst unter Sauerstoffmangel, und so führt diese doppelte Belastung zu kongestivem Herzversagen. Der Patient wacht nachts auf und hat das Gefühl zu ersticken, was dann schließlich auch eintritt. Etwas fassungslos entnahm der Hämatologe eine Probe von Aarons Knochenmark. Der Körper enthält im allgemeinen nur etwa zweihundertfünfzig Gramm Knochenmark, doch reicht dies aus, um unseren gesamten Bedarf an roten Blutkörperchen zu erzeugen, mit einer Tagesmenge von zweihundert Milliarden neuer Zellen. Im Labor ergab sich, daß in Aarons Knochenmark keine Anzeichen von Vorläuferzellen zu finden waren, aus denen die roten Blutkörperchen entstehen. Nun wußte der Hämatologe, daß die Ursache von Aarons Zustand eine sogenannte aplastische Anämie war, also ein Zusammenbruch des Knochenmarks, aber er konnte keinen Grund dafür ausfindig machen. Auch ohne Symptome war Aaron sehr krank.

»Niemand weiß genau, wie lange ein rotes Blutkörperchen lebt«, sagte der Arzt zu ihm. »Man geht allgemein von einhundertzwanzig Tagen aus, doch könnte es auch nur ein Monat sein. Da Ihre jetzigen roten Blutkörperchen nicht ersetzt werden, muß ich Ihnen leider sagen, daß Sie nicht viel länger als neunzig Tage zu leben haben.«

Während Aaron ihm wie betäubt zuhörte, sagte ihm der Arzt, daß die Medizin sehr wenig für ihn tun könne; die sich empfehlende Behandlung sei eine Knochenmarktransplantation, eine

schwierige Operation, die er möglicherweise nicht überleben werde
und die ihn sowieso kaum retten könne. Er könne Bluttransfusionen bekommen, um die Anzahl der roten Blutkörperchen in seinem
Blut zu erhöhen. Andererseits würde der Einfluß des Spenderbluts
die Funktion seines Rückenmarks weiter verschlechtern; sobald
das Mark registrieren würde, daß die roten Blutkörperchen wieder
zunähmen, könnte es dies als Zeichen dafür auslegen, sich weiter
zurückzuziehen.

Da er keine Symptome verspürte, zögerte Aaron, sich einer
Transplantation zu unterziehen. Der Hämatologe gab ihm zwei Wochen, um sich zu entscheiden. Auch sagte er ihm, daß er als Arzt
gesetzlich verpflichtet sei, ihn darauf hinzuweisen, daß er seinen
Nachlaß baldigst regeln müsse. Mitgefühl war offenbar nicht die
Stärke dieses Arztes. Einmal vertraute Aaron ihm an, daß seine ältere Schwester plötzlich und unter tragischen Umständen gestorben
sei. Als Todesursache, obwohl dies nicht ganz sicher war, wurde
eine seltene Blutkrankheit angenommen, die möglicherweise angeboren war. Als der Arzt dies hörte, bat er Aaron ganz begeistert, er
solle doch herausfinden, woran genau seine Schwester gestorben
sei. Denn sie beide zusammen würden den Stoff für einen ausgezeichneten Beitrag in einer Fachzeitschrift ausmachen. Als mir Aaron über diesen Vorfall berichtete, wurde ich ausgesprochen wütend.

Am Tag nach der Diagnose traten bei Aaron Atemnot und Schlaflosigkeit auf. Er suchte verzweifelt nach einem Weg, um sich zu
heilen. Fast durch Zufall begann er mit Meditation und hörte von
unserer ayurvedischen Klinik. Einen Monat darauf war er bei mir
in Lancaster. »Das Tröstliche bei der ganzen Sache ist«, sagte ich,
»daß Sie sich gesund fühlten, bevor Sie erfuhren, was bei Ihnen
nicht stimmte. Gehen wir also davon aus, daß Sie diese Störung im
Griff haben, und tun wir alles, um Ihrem Körper zu erlauben, sich
selbst zu heilen.«

Ohne zu wissen, was seine Krankheit verursacht hatte, stellte
ich im Gespräch mit Aaron fest, daß es etliche wichtige Punkte
gab. Da war zunächst einmal die erschreckende Diagnose selbst,
die bei ihm eine Panik ausgelöst hatte. In solch einem Zustand
kann man sich nur schwerlich vorstellen, daß der Körper jemals ei-

nen Weg zur Heilung finden wird. Dazu schien Aaron ein gespannter und gehetzter Mensch zu sein. Er hatte während der Schulzeit vier Jobs ausgeübt und sich an die Grenze seiner Leistungskraft getrieben, um sich ein Auto kaufen und seine Ausbildungskosten zahlen zu können. Der Leistungsdruck an der Schule selbst war schon enorm. Aaron nahm routinemäßig große Vitamindosen und zusätzlich geschwürhemmende Medikamente ein, um seine chronischen Magenschmerzen zu lindern. Einige Monate zuvor hatte er sich eine Sehnenentzündung zugezogen, weil er das Tennisspielen übertrieben hatte. Daraufhin hatte er entzündungshemmende Mittel eingenommen, um die Schwellung unter Kontrolle zu bekommen, Medikamente also, die bekanntlich das Rückenmark in Mitleidenschaft ziehen. Ich bat ihn, jeglichen Medikamentenkonsum einzustellen.

Er blieb zwei Wochen in der Klinik und lebte zum ersten Mal in einer von »normalem« Streß freien Umgebung. Er übte weiterhin seine Meditation aus, aß eine einfache vegetarische Diät, die auf seinen besonderen Körpertyp abgestimmt war, und erhielt eine Serie von Massagebehandlungen, die der Ayurveda zur Reinigung des Körpers vorschreibt. Ich führte ihn auch in die für seine Krankheit bestimmte Urklangtechnik ein. Eines Nachts fing ihn eine Krankenschwester ab, als er mit nassem Haar den Korridor entlangging, und er bekannte in aller Einfalt, daß er sich davongemacht hatte, um schwimmen zu gehen. Als ich davon hörte, war ich sehr glücklich. Ein anderer Patient mit Aarons Blutwerten wäre für eine Sauerstoff- und Bluttransfusion reif gewesen. Diese Zeichen waren mehr als ermutigend.

Am Tag seiner Abreise bat ich Aaron, mindestens zwei Wochen lang keine weiteren Bluttests machen zu lassen. Ein Bluttest in Lancaster hatte ergeben, daß bei ihm die Anzahl der Retikulozyten – noch im Wachstum begriffene rote Blutkörperchen – viermal höher lag als bei seiner Ankunft. Da diese Zellen später zu roten Blutkörperchen ausreifen, hatte ich das Gefühl, daß dies die Wende anzeigte. Aaron hat tatsächlich seine ursprüngliche Prognose überlebt. Er hat noch immer eine schwere Anämie, doch hat sich sein Zustand nicht in dem Maße verschlechtert, wie es bei einem Patienten zu erwarten war, dessen Blutwerte auf Null zugehen.

Tatsächlich konnte ich feststellen, daß seine Anämie sogar etwas zurückgegangen ist.

Meiner Ansicht nach steht Aaron auf der Trennlinie zwischen zwei Arten von Medizin. Da ist zum einen die wissenschaftliche Standardmedizin, deren Methoden mich zutiefst geprägt haben, der ich aber nicht länger völlig vertrauen kann. Es ist nicht so, daß die Schulmedizin versagt hätte. Aarons Ärzte hatten seine Krankheit auf allen Ebenen der Physiologie verfolgt – vom Gewebe über die Zellen bis hin zu den Molekülen. In Aarons Fall war das Gewebe Knochenmark, die Zellen waren rote Blutkörperchen, und das Molekül war das Hämoglobin. Für einen konventionell ausgebildeten Arzt ist damit das Ende seiner Kompetenz erreicht, das Ende eines Weges, der durch zwei Jahrhunderte sorgfältigster rationaler Forschung ausgeschildert worden ist. Sobald man herausgefunden hat, was mit den Molekülen eines Kranken nicht in Ordnung ist, was kann man dann noch erfahren?

Dieser Gedankengang ist in sich selbst schlüssig und wissenschaftlich, doch klammert sie in gefährlicher Weise die Eindrücke des Alltagslebens aus. Unter den »Eindrücken des Alltagslebens« verstehe ich das, was ein Mensch ißt und wie er schläft, welche Gedanken ihm durch den Kopf gehen sowie alle Bilder, Gerüche, Geräusche und Berührungsimpulse, die er über die Sinne in sich aufnimmt. Wir können zwar sagen, daß der Körper aus Molekülen besteht, aber mit gleicher Berechtigung könnten wir behaupten, daß er aus solchen Erfahrungseindrücken besteht. Diese Definition stimmt mit unserem Selbstbild überein, das nicht wissenschaftlich ist, sondern fließend, wechselhaft und lebendig. Diesen Alltagserfahrungen entstammt die zweite Art von Medizin, die Quantenmedizin.

Wir mögen nun der Meinung sein, daß der Alltag zu alltäglich und einfach sei, als daß sich die Wissenschaft damit befassen könnte. In Wahrheit aber ist er viel zu komplex. Obwohl ein Hämoglobinmolekül aus zehntausend einzelnen Atomen aufgebaut ist, kann es isoliert und im einzelnen erfaßt werden – eine Leistung, die zu mehreren Nobelpreisen geführt hat. Was aber das Hämoglobin tut, wenn Sie auch nur einmal Atem holen, ist unmöglich nachzuvollziehen, da jedes einzelne rote Blutkörperchen zweihundertachtzig Millionen Hämoglobinmoleküle enthält, von denen ein jedes acht Sauerstoffatome an sich bindet. Ziehen wir in Betracht, daß die Lungen mit jedem Atemzug etwa einen Liter Blut, der fünf Billionen rote Blutkörperchen enthält, mit der Luft in Kontakt bringen, so ist die Gesamtzahl der chemischen Austauschvorgänge astronomisch. Der ganze Prozeß löst sich rasch in ein wirbelndes Chaos von Aktivitäten auf.

Wenn man den menschlichen Körper während einer Operation öffnet, steht man nicht vor der deutlich umrissenen Anordnung von Körperteilen, wie sie das Anatomielehrbuch mit seinen blau eingetragenen Nerven, den roten Blutbahnen und der eindeutig von der gelben Gallenblase abgehobenen grünen Leber vorführt. Statt dessen sieht ein ungeübtes Auge nur eine kaum differenzierte Gewebsmasse. Fast alles ist rosa und feucht, und ein Organ geht unmerklich ins andere über. Es ist ein großes Wunder, daß die naturwissenschaftliche Medizin überhaupt so viel über dieses pulsierende Chaos hat lernen können. Aber der Preis, den die Naturwissenschaft für dieses Wissen gezahlt hat, ist die Preisgabe der Alltagserfahrung. Ein Atemzug ist schließlich kein Chaos, außer für einen Molekularbiologen. Atmen ist der Grundrhythmus des Lebens, auf dem alle anderen Rhythmen fußen.

Erich Caseel, Professor für Physiologie an der Cornell University, weist hellsichtig darauf hin, daß ein Arzt, der seinen Patienten befragt, nicht versucht herauszufinden, was ihm fehlt, sondern lediglich nach Symptomen sucht, die zu einer bekannten, klassifizierten Krankheit passen. Das ist ein feiner, aber sehr bedeutsamer Unterschied. Er erinnert uns daran, daß das gesamte System von Organen, Gewebearten und so fort ein intellektuelles Gerüst ist, das der leichteren Klassifizierung des Körpers dient. Es muß andere Sichtweisen geben, die der Natur insofern getreuer sind, als sie auf der Alltagserfahrung gründen und über das ungeordnete Äußere der Natur hinwegblicken, um ihre wirkliche Bedeutung zu verstehen.

Chaos ist nur ein Erscheinungsbild, eine Maske, und mit anderen Augen betrachtet verwandelt es sich in reine Ordnung. Solange man den Code nicht verstand, schien der Tanz der Bienen planlos zu sein, eine Zufallsabfolge von Drehungen und Wendungen. Heutzutage sehen wir darin einen genauen Satz von Anweisungen, der die anderen Bienen im Stock zu einer Nektarquelle hindirigiert. Das heißt nicht, daß sich der Tanz selbst von Chaos in Ordnung verwandelt hat – nur seine Bedeutung für uns hat sich verändert. In ähnlicher Weise ist es unwahrscheinlich, daß einige wenige Blutdruckwerte von einem Herzkranken ein Muster ergeben. Wenn man aber den Blutdruck des Patienten regelmäßig mißt, so ergibt sich über einen Zeitraum von ein oder zwei Tagen hinweg ein deutliches Muster mit Höchst- und Tiefstwerten. Diese erst vor kurzem gemachte Entdeckung hat es den Kardiologen ermöglicht, Bluthochdruck auch bei solchen Patienten festzustellen, die bei Messungen in der Arztpraxis einen irreführend normalen Blutdruck aufweisen, da ihre Höchstwerte bei Nacht auftreten. Es ist ganz deutlich, daß etwas Bahnbrechendes im Entstehen ist, aber noch kann niemand seine ganze Bedeutung ermessen. Die Maske des Chaos ist erst seit kurzer Zeit zerbrochen.

Die beiden oben skizzierten Arten der Medizin brauchen keine Gegner zu sein, doch blicken sie momentan in entgegengesetzte Richtungen. Für einen Hämatologen ist es normalerweise von geringer Bedeutung, ob Aaron angespannt ist, gehetzt, angefüllt mit zweifelhaften Medikamenten und voller Panik bei dem Gedanken an den Tod. Für einen ayurvedischen Arzt sind diese Dinge wesentliche Faktoren der Krankheit, die den Patienten auf der Quantenebene – auf der feinsten Ebene seiner geistigen und körperlichen Existenz – beeinflussen und formen. Der Hämatologe ist nicht herzlos, er mag sich einen Fall wie den von Aaron sehr zu Herzen nehmen, aber er hat Schwierigkeiten, einen Zusammenhang zwischen einer Funktionsstörung des Rückenmarks und der gleichzeitigen Ausübung von vier Erwerbstätigkeiten zu sehen. Zwar gibt auch die Schulmedizin inzwischen zu, daß es derartige Zusammenhänge gibt, aber da ist irgendwo eine Grenze, welche die Schulmedizin nicht überschreiten kann.

Man kann nie zu viele Fragen stellen, um herauszufinden, was den Patienten wirklich krank macht. In Aarons Fall würde ich erfahren wollen, was er beim Tod seiner Schwester empfand, was er zum Frühstück ißt, mit welchen Menschen er verkehrt, wie er sich fühlt, wenn er beim Tennis verliert – ich möchte eigentlich alles

Wesentliche wissen. Das ist natürlich unmöglich. So viele Eindrücke drängen sich uns täglich auf, daß die Vorstellung eines eindeutigen Kausalbezugs aufgegeben werden muß. Es wäre absurd, das Gehirn eines Dichters zu sezieren, um die Quelle seiner Sonette zu finden; sein Kortex mußte zweifelsohne ein bestimmtes Gehirnwellenmuster aufweisen, um ein Sonett hervorzubringen, doch hat sich dieses längst aufgelöst und ist in einem Bereich jenseits unserer Zeit verschwunden. Es erscheint mittlerweile ebenso absurd zu behaupten, daß einer Rückenmarksfunktionsstörung wie bei Aaron eine isolierte physiologische Ursache zugrunde liegt. Auch sein Leben unterliegt dem Vergehen der Zeit, und das, was ich suche, ist vergangen.

Ich weiß, daß dies provozierend klingt, denn wie kann man ohne eine Ursache eine Therapie finden? Doch sind alle körperlichen Ursachen nur Ausschnitte eines größeren Zusammenhangs. Wenn Sie beispielsweise bei jemandem eine Erkältung verursachen wollen, brauchen Sie dazu mehr als einen Virus. Forscher haben Schnupfenviren gezüchtet und diese dann direkt auf die Nasenschleimhaut von Versuchspersonen aufgetragen, mit dem Ergebnis, daß lediglich zwölf Prozent der so Infizierten tatsächlich einen Schnupfen bekamen. Dieser Prozentsatz konnte auch dadurch nicht erhöht werden, daß man die Betreffenden kalter Zugluft aussetzte, ihre Füße in Eiswasser stellte und alle möglichen anderen physischen Ursachen in die Versuche einbrachte. Die Erfahrung, ein komplexes Zusammenspiel innerer und äußerer Kräfte, setzt sich über die Regeln oberhalb des Billardtisches hinweg.

Die Schulmedizin erkennt bereits, daß die Alltagserfahrung eine komplexe Rolle bei der Entstehung von Krankheiten spielen kann. Aus den Statistiken geht beispielsweise hervor, daß Alleinstehende und Witwen anfälliger für Krebs sind als Verheiratete. Ihr Alleinsein wird als Risikofaktor angesehen – man könnte es auch im eigentlichen Sinne als karzinogen bezeichnen. Wäre dann die Heilung von Einsamkeit nicht eine Krebstherapie? Daran ist kaum zu zweifeln, aber dafür braucht man eine andere Medizin als die heutzutage praktizierte. Ein ayurvedischer Arzt ist mehr an dem Patienten interessiert, den er vor sich hat, als an dessen Krankheit. Er erkennt, daß das, was den Patienten ausmacht, dessen Erfahrung ist – seine Sorgen, seine Freuden, seine Schrecksekunden, seine langen Stunden, in denen nichts von Bedeutung geschieht. Die Minuten des Lebens häufen sich in aller Stille an, und wie die Sandkörnchen in einem Fluß können diese Minuten plötzlich zu einer Sandbank werden, die aus dem Wasser auftaucht. Krankheiten entstehen auf diese Weise.

Der Anhäufungsprozeß geht im stillen vor sich und ist nicht aufzuhalten. Ich kann irgendwo in einem Verkehrsstau festsitzen und denken: »Jetzt gerade geschieht nichts mit mir.« Aber in Wirklichkeit nehme ich die Welt um mich herum in mich auf. Mein Körper verwandelt alles, was ich sehe, höre, rieche und berühre, genauso zu dem, der ich bin, wie den Orangensaft, den ich zu mir nehme.

Der Strom dieser Eindrücke, die mich formen, reißt nie ab, und durch meine Beteiligung gebe ich ihm seine endgültige Form. Die Naturwissenschaft kann diesen Prozeß nicht messen, da sie meine Sinne oder meine Gefühle nicht auf die Waage legen kann. Wieviel Einsamkeit braucht es, um Krebs zu erzeugen? Diese Frage ist völlig sinnlos. Das Karzinogen »Einsamkeit« ist nicht quantifizierbar. Ich erinnere mich an eine Nacht in der Notaufnahme eines städtischen Krankenhauses, als wir die Opfer eines Massenunglücks zu versorgen hatten: Ein später Nahverkehrszug war entgleist, und zusammen mit einem anderen Arzt arbeitete ich wie ein Berserker, um Dutzende von Patienten zu betreuen, die sich noch im Schockzustand befanden, um ihre Wunden zu verbinden, ihre Nerven zu beruhigen, Knochen einzurenken und kleinere chirurgische Eingriffe vorzunehmen. Unsere Arbeit schien kein Ende zu nehmen, aber nach fünf Stunden war alles getan, und wir fühlten uns wie Helden.

Da kam über Funk ein erneuter Notruf eines Krankenwagens und die Nachricht des Fahrers: »Wir kommen mit einem zwei Monate alten Säugling. Die Kleine ist bewußtlos. Keine Anzeichen von Atmung oder Puls, und sie ist schon ganz blau angelaufen.« Mir wurde plötzlich ganz flau im Magen, und ich sah einen Ausdruck der Verzweiflung im Gesicht des anderen Arztes. Wir wußten, was uns bevorstand. Die Trage wurde aus dem Krankenwagen gezogen. Auf ihr lag ein winziges Bündel, fast verloren auf dem großen, weißen Laken. Es war eigentlich ein Hohn, das Kind künstlicher Beatmung und Herzmassage auszusetzen, aber wir taten es trotzdem. Vom ersten Moment an wußten wir, daß es sich um einen plötzlichen Kindestod handelte, auch bekannt als SID-Syndrom (sudden infant death). Er tritt bei anscheinend völlig gesunden Kindern ein, ohne irgendeinen Grund, und selbst die schnellste Notbehandlung bleibt meistens erfolglos.

Wir entfernten unsere Wiederbelebungsgeräte, so rasch wir es anständigerweise tun konnten und schlossen dem Kind die Augen. Ich ging hinaus, um mit den jungen und offensichtlich gutsituierten Eltern zu sprechen, die völlig niedergeschmettert waren. Alles, was ich für sie tun konnte, war, ihnen die Adresse einer Gruppe von Eltern zu geben, deren Kinder auf dieselbe Weise gestorben waren. Sie verließen das Krankenhaus noch im Schockzustand; ich habe sie nie wiedergesehen.

Wer kann ermessen, was in mir vorging? Ich erinnere mich nicht an das Gesicht auch nur eines einzigen der Opfer des Zugunglücks, mit denen ich doch stundenlang beschäftigt gewesen war. Aber die blonden Haare und blauen Augen des Kindes sind noch so deutlich in meinem Gedächtnis wie in der Sekunde, als ich sie zum ersten Mal sah. Das kleine Mädchen hat einen Eindruck in mir hinterlassen. Ich weiß nicht, wo sie in mir lebt. Ist es wirklich nur ein bißchen graue Masse in meiner Hirnrinde? Es wäre sicher lächerlich, den Eindruck lokalisieren zu wollen. Tatsache ist jedoch, daß sich aus solchen Erfahrungen mein ganzes Wesen zusammensetzt – der Mensch, den Sie vor sich haben.

Solange man den Eindrücken des Lebens ausgesetzt ist, hört der Zustrom der Ereignisse, die einen zu dem machen, der man ist, niemals auf. Andererseits mag mein Wesen tiefer reichen als das, was ich sehe und höre. Es mag in mir einen Nullpunkt geben, wie es beim Licht einen Punkt der Nullschwingung gibt, aus dem sich das ganze Farbspektrum entfaltet.

Ginge man über meine Gedanken, Sinne und Gefühle hinaus, so würde man in einen Bereich geraten, der dem leeren Raum entspräche. Aber wie der leere Raum der Quantenphysik wäre mein »innerer Raum« womöglich gar nicht so leer. Ich würde vielmehr behaupten, daß unser innerer Raum ein fruchtbares Feld reiner Intelligenz ist und daß es einen machtvollen Einfluß auf uns ausübt.

Intelligenz ist leicht auszumachen und dennoch unmöglich zu finden. Das Wissen des Körpers scheint das Ergebnis einer höchstkomplexen Anordnung von Teilen zu sein, denen verschiedene Funktionen zugeschrieben werden – Verdauung, Atmung, Stoffwechsel und so fort. Trotz dieser Arbeitsteilung bleibt die Intelligenz überall dieselbe, so wie ein Tropfen Salzwasser die »Salzigkeit« des gesamten Ozeans teilt. Meerwasser gibt uns in der Tat ein vollkommenes Beispiel. Die Flüssigkeit in unserem Körper schmeckt so salzig wie das Meer und ist genauso reich an Magnesium, Gold und anderen Spurenelementen. Das Leben nahm seinen Ursprung im Meer, und wir sind nur deswegen außerhalb des Meeres lebensfähig, weil wir ein Meer in uns tragen. Wenn wir durstig sind und Wasser trinken, so tun wir das, um das Gleichgewicht in der Flüssigkeitschemie unseres inneren Meeres wiederherzustellen.

Das Durstgefühl wird zunächst vom Hypothalamus ausgelöst, einem etwa fingergliedgroßen Teil des Gehirns, das wiederum durch Nerven und chemische Botenstoffe mit den Nieren verbunden ist. Die Nieren regeln ständig den Wasserbedarf des Körpers, indem sie auf Signale »horchen«, die aus dem Blut kommen. Wie bei den Neuropeptiden handelt es sich dabei um chemische Signale, aber in diesem Fall sind die betreffenden Moleküle Salze, Proteine und Blutzucker sowie spezifische Botenstoffe. Das Blut seinerseits nimmt die Signale aus jeder einzelnen Zelle des Körpers wahr, von denen eine jede ihren eigenen Wasserbedarf regelt. Mit anderen Worten: Wenn Sie einen Schluck Wasser trinken wollen, so gehorchen Sie nicht einfach einem Ihrem Gehirn entstammenden Impuls, sondern Sie folgen einer Anfrage aller Zellen Ihres Körpers.

Wenn Sie ein kleines Glas Wasser trinken, so ersetzen Sie nur etwa vier Hundertstel Ihrer gesamten Körperflüssigkeit, doch befriedigt das genau den Bedarf von fünfzig Trillionen Zellen. Eine solche präzise Steuerung wird oft den Nieren allein zugeschrieben, doch treffen, wie wir soeben gesehen haben, die Nieren ihre Entscheidungen niemals allein; sie arbeiten stets in Rücksprache mit dem quantenmechanischen Körper – dem gesamten Intelligenzfeld. Die Gleichförmigkeit der Intelligenz ist auf der Ebene der physischen Zellgestalt nicht ersichtlich; sie koexistiert mit der sehr weitgehenden Spezialisierung der einzelnen Teile des Körpers. Das Neuron, dessen Zellwand mit Millionen von Natrium-Kalium-Pumpen ausgestattet ist, gleicht in keiner Weise einer Herzzelle oder einer Magenzelle. Dennoch ist die Ganzheit der Botschaft »Es ist Zeit für etwas Wasser« überall dieselbe.

In der Physik ist ein Feld etwas, das einen Impuls über eine weite, ja unendliche Entfernung hinweg überträgt. Ein Magnet erzeugt um sich ein Magnetfeld; kleine Magneten haben ein schwaches Feld, das sich nur über ein paar Zentimeter hinweg erstreckt, wogegen die Magnetpole der Erde stark genug sind, um den ganzen Globus zu umspannen. Alles, was sich in einem Feld bewegt, unterliegt dieser Wirkung; das ist beispielsweise der Grund, warum die Magnetnadel eines Kompasses sich automatisch nach den Polen unserer Erde ausrichtet. Im Intelligenzfeld des Körpers richtet sich jede Zelle nach dem Gehirn aus, das sozusagen der magnetische Nordpol ist.

Eine Zelle ist eine kleine Ausstülpung in diesem Feld, verglichen mit der gewaltigen des Gehirns. Aber deswegen ist die Zelle, wenn sie mit dem übrigen Körper »spricht«, dem Gehirn hinsichtlich der Qualität der Aussage nicht unterlegen. Wie das Gehirn muß sie ihre Botschaft mit Billiarden anderer Zellen korrelieren; sie muß sich in jeder Sekunde an Tausenden von chemischen Austauschprozessen beteiligen; und vor allem ist ihre DNS dieselbe wie die in jedem Neuron. Deshalb ist der kleinste Intelligenzimpuls ebenso intelligent wie der größte. Es ist eigentlich unsinnig, von wichtigen oder unwichtigen Intelligenzimpulsen zu sprechen. Wir brauchen uns nur an den Dopamin-Effekt zu erinnern. Die Unfähigkeit, das einfache Protein Serin in den Metaboliten Glyzin umzuwandeln, führt zu einer leichten Erhöhung des Dopaminspiegels, was dann zu dem katastrophalen Ergebnis einer Schizophrenie führt, die den ganzen Geist überrumpelt.

Jede Zelle ist ein kleines empfindungsfähiges Wesen. Unabhängig davon, ob es sich in der Leber, im Herzen oder in der Niere befindet, »weiß« es alles, was auch Sie wissen, nur eben auf seine Weise. Wir sind natürlich an die Vorstellung gewöhnt, daß wir klüger sind als unsere Nieren. Das Konzept des »Bausteins« beinhaltet ja gerade, daß der einzelne Stein einfacher als das Gebäude ist. Das

trifft auf eine anorganische Struktur zu, nicht aber auf uns. Der
Nervenimpuls einer Sorge kann beispielsweise im Magen als Ge-
schwür Ausdruck finden, im Dickdarm als Krampf, im Geist als
Besessenheit – alle aber sind lediglich verschiedene Manifestatio-
nen desselben Impulses. Sorge nimmt je nach Organ eine andere
Ausprägung an, aber jede Stelle im Körper weiß, daß da eine Besorgnis vorhanden ist, und erinnert sich daran. Sie mögen »vergessen«, daß Sie besorgt sind, aber dann ist ganz plötzlich wieder das
Gefühl da, um Sie zu erinnern. Und dieses Gefühl scheint überall
zu sein.

Wir haben schon an früherer Stelle festgestellt, daß, wenn man
den Körper so sehen könnte, wie er wirklich ist, man ihn als eine
Mischung aus beständigem Wandel und völliger Unwandelbarkeit
sehen würde. Er ist wie ein Haus, dessen Bausteine ständig ersetzt
werden, oder wie eine Skulptur, die gleichzeitig ein Fluß ist. Das
Problem, vor dem die Medizin bislang steht, ist, daß eine Seite unseres Wesens – das Fließen und das Sich-Verändern – zugunsten
der anderen – des Festen und Festgelegten – übergangen wurde.
Vielleicht können wir nun, nachdem wir einen Blick auf die Quantenebene geworfen haben, beide Aspekte zu einer Einheit zusam-
menführen, die unserer wirklichen, doppelten Natur gerecht wird.
Diese Einheit wäre ein Intelligenzimpuls. Ein Intelligenzimpuls ist
die kleinste Einheit, die intakt bleibt (Unwandelbarkeit), während
sie sich verändert (Wandel). Hätten Intelligenzimpulse diese allgemeine Eigenschaft nicht, so könnten sie nicht der Grundbaustein
des Körpers sein. Weder ein rein geistiger Impuls noch ein rein
physikalisches Teilchen könnte diese Bedingung erfüllen. Damit
sind sie auch nicht fähig, den Wandel zu überdauern.

Die Moleküle, aus denen unser Gehirn an dem Tage bestand, als
wir zum ersten Mal das Wort »Rose« dachten, sind nicht mehr vorhanden. Vorhanden ist aber das Konzept. Sie brauchen aber deswegen das Wort »Rose« nicht die ganze Zeit zu denken, damit es nicht
verlorengeht; Sie können Millionen anderer Worte denken, ohne
daß Sie sich jemals auf dieses Wort beziehen. Wenn Sie es dann das
nächste Mal brauchen, ist es unverzüglich da. Es hat seine Integri-
tät durch dick und dünn beibehalten, denn der Intelligenzimpuls
enthält Geist, Materie und die Stille, die beide zusammenschweißt.

Die physische Struktur des Körpers spiegelt Intelligenz wider und gibt ihr eine bestimmte Form, wobei sie sich jedoch nicht in dieses Gerüst aus Fleisch und Knochen einsperren läßt.

Karl Lashley, ein Pionier der Neurophysiologie, versuchte herauszufinden, wo im Gehirn das Gedächtnis angesiedelt ist, indem er einfache Experimente mit Ratten machte. Er brachte ihnen bei, durch ein Labyrinth zu laufen; dies ist eine Fähigkeit, die im Gehirn gespeichert und abgerufen werden kann, so wie auch wir Fähigkeiten erwerben. Dann entfernte er nach und nach kleine Mengen Hirngewebe. Lashley ging davon aus, daß, solange die Ratten noch wußten, wie das Labyrinth zu durchlaufen sei, gemessen an ihrer Geschwindigkeit und Genauigkeit, das Gedächtniszentrum des Gehirns noch intakt sein mußte.

Schrittweise entfernte er mehr und mehr Hirnmasse, aber seltsamerweise wußten die Ratten immer noch ihren Weg durch das Labyrinth zu finden. Schließlich waren mehr als neunzig Prozent des gesamten Kortex (Hirnrinde) entfernt. Es blieb nur noch ein kleines Stück Hirngewebe übrig, und dennoch erinnerten sich die Ratten, trotz eines leichten Rückgangs der Geschwindigkeit und der Genauigkeit, an ihren Weg. Dieses Experiment führte unter anderem zu der revolutionären Erkenntnis, daß jede Hirnzelle zusammen mit ihrer eigenen, spezifischen Aufgabe die Speicherung der Gesamtinformation des Gehirns vornimmt. Dies ist genau das, was wir festgestellt haben: Jeder Intelligenzimpuls ist gleich intelligent und birgt unendlich viele mögliche Projektionen des Geistes in den Körper. Wir brauchen ein Nervensystem, um als Einzelwesen zu existieren, aber als etwas dem unendlichen Intelligenzfeld Entspringendes scheint jedes Nervensystem fähig zu sein, diese Unendlichkeit auszudrücken.

John Lorber, ein britischer Neurologe, spezialisierte sich auf die Untersuchung von Patienten mit Wasserkopf, deren Schädelhöhle statt mit Hirngewebe mit Flüssigkeit gefüllt war. Im allgemeinen ist diese Störung ziemlich gefährlich und führt zu einer ernsthaften Beeinträchtigung der geistigen Funktionen.

Einer der Patienten Lorbers war jedoch ein hochbegabter Mathematikstudent, dessen Intelligenzquotient fast 130 betrug. Von seinem Hausarzt, der eine Schädelvergrößerung vermutete, an Lorber überwiesen, wurde der Student einer Hirnanalyse unterzogen, die ergab, daß die Hirnrinde nur einen Millimeter dick war, normalerweise sind es 4,5 Zentimeter. Mit anderen Worten: 98 Prozent aller Neurone, die für das Denken, Erinnern und alle übrigen im Zentralkortex vereinten höheren Funktionen notwendig sind, waren durch Flüssigkeit ersetzt worden. Mit zwei Prozent eines normalen Kortex war dieser Mann rein physiologisch in derselben Lage wie Lashleys Ratten, und doch war er ein unendlich viel fähigerer Kopf – er war effektiv normal und sogar in jeder Hinsicht überdurchschnittlich.

Wir nähern uns mehr und mehr dem stillen Intelligenzfeld als unserer fundamentalen Wirklichkeit. Aber wiederum gibt es das Problem, daß ein stiller Geist überhaupt nichts zu enthalten scheint. Vor etwa hundert Jahren war ein ähnliches Problem im Gespräch. Eine neue Wissenschaft war im Begriff zu entstehen – die Psychologie. Doch hatte sie es schwer, sich als solche zu qualifizieren, da sie dazu einen Forschungsgegenstand brauchte. Es war offensichtlich, daß jeder Mensch eine Psyche hat, nur gesehen und angefaßt hatte sie noch keiner. Die grundlegendsten Fragen bezüglich der Psyche waren seit Jahrhunderten unbeantwortet geblieben. War es die Seele, der Geist, die Persönlichkeit, oder waren es gar alle drei? Niemand würde in der Lage sein, ein psychologisches Experiment durchzuführen, solange diese Frage nicht geklärt war.

Der Wendepunkt war erreicht, als William James, ein brillanter Philosoph an der Harvard University und zugleich Arzt, die Behauptung aufstellte, daß die Psychologie tatsächlich ihren eigenen Forschungsgegenstand habe. Oder vielmehr Tausende von Gegenständen – alle die Gedanken, Gefühle, Wünsche und Eindrücke, die durch den Geist wirbeln. James nannte sie zusammenfassend »stream of consciousness« (Bewußtseinsstrom). Wenn es eine geistige Wesenheit oder Seele gab, wie es die Vorläufer der Psychologie seit Platons Zeiten behauptet hatten, so hatte die Naturwissenschaft sie dennoch bislang nicht finden können. William James sagte nicht, daß es eine solche unsichtbare Wesenheit nicht gebe, sah aber keine Möglichkeit, diesbezüglich wissenschaftliche Experimente anzustellen.

James verteidigte den Bewußtseinsstrom aus ausschließlich

pragmatischen Gründen und meinte, daß nichts im Geist als greifbar angesehen werden könne außer den Objekten (Gedanken), die ihn durchwanderten. Wenn man ständig denkt oder träumt – niemand weiß, was er geistig im Tiefschlaf tut –, muß die Wirklichkeit des Geistes einfach ein ständiger Fluß von Gedanken und Träumen sein. James war ein sehr gewitzter Beobachter: Er mußte dies auch sein, wenn man in Betracht zieht, daß er im Grunde das ganze Gebäude der Psychologie auf den Daten aufbaute, die er in seinem eigenen Kopf sammelte, wie auch Freud es ja tat, als er in den Bereich der Träume und des Unbewußten vorstieß. Aber James entging ein winziger Aspekt des Geistes: Der Bewußtseinsstrom besteht nicht nur aus Objekten, die stromabwärts treiben – zwischen allen Gedanken gibt es eine flüchtige Lücke der Stille.

Sie mag sehr klein und fast unbemerkt sein, aber sie ist immer da und ist absolut notwendig. Ohne sie würden wir etwa so denken: »Ichmagdiesesessenundnachtischaberwennnichzuvieleesseohdaisthanswoistdasgeld ...« und so fort. Die stille Lücke zwischen den Gedanken, spielt, da sie nicht faßbar ist, in der moderneren Psychologie keine Rolle, da diese völlig auf die Gedankeninhalte oder Gefühle ausgerichtet ist oder auf den Mechanismus des Gehirns. Ist man jedoch daran interessiert, was jenseits der Gedanken liegt, stellt sich die Lücke als wichtigstes Element heraus. Ständig ist uns für Sekundenbruchteile der Blick in eine andere Welt gewährt, die in uns liegt und dennoch außer Reichweite im Dunkel.

Ein Vers aus den alten indischen Upanischaden beschreibt dies in wunderbarer Weise: »Ein Mensch ist wie zwei Tauben, die in einem Kirschbaum sitzen. Ein Vogel ißt die Früchte, während der andere still zuschaut.« Der Vogel, welcher der schweigende Zeuge ist, symbolisiert jene tiefe Stille in jedem von uns, die nichts zu sein scheint und doch in Wahrheit der Ursprung der Intelligenz ist.

Das Faszinierende der Intelligenz ist, daß sie in eine Richtung fließt: Man kann Intelligenz benutzen, um ein Molekül zu erzeugen. Betrachtet man aber nur das Molekül, so kann man die Intelligenz daraus nicht rekonstruieren. Eine großartige Passage in Johann Wolfgang von Goethes »Faust« beginnt mit den wunderbar schlichten Worten: »Vom Eise befreit sind Strom und Bäche / Durch des Frühlings holden, belebenden Blick«. Hätte man seine elek-

trischen Hirnströme gemessen, während er schrieb, so würde das
Elektroenzephalogramm ein eindeutiges Muster aufweisen; keine
noch so gründliche Auswertung dieser Gehirnwellen würde jedoch
jemals einen Vers hervorbringen.

In allen unseren Molekülen ist Intelligenz vorhanden, die alles
beeinflußt, was sie tun. Aber man kann sie nicht sehen. Die DNS
liefert ein anschauliches Beispiel: Im Kern jeder Zelle schwimmt
die DNS ständig in einem Wirbel organischer Moleküle. Wann immer sie aktiv werden möchte, zieht die DNS diese Substanzen an
und benutzt sie, um neue DNS zu bilden. Das ist ein wesentlicher
Bestandteil der Zellteilung: Ein DNS-Doppelstrang teilt sich in der
Mitte wie ein Reißverschluß. Die zwei Hälften ergänzen sich dann
zu neuen und vollständigen DNS-Doppelsträngen, indem sie die
richtigen Aminosäuren an sich binden.

Das Bad von wirbelnden, ziellosen Molekülen, in dem sich die
DNS befindet, versorgt sie mit den notwendigen Substanzen: Ade-
nin, Thymin, Cytosin und Guanin. Die DNS kombiniert diese vier
»Bausteine« zu einer unendlichen Vielfalt von Abfolgen, von denen einige kurz sind, andere sehr lang wie die Polypeptidketten,
die sich von der DNS wie Ranken ausbreiten. Die DNS »weiß«
genau, welche »Bausteine« sie sich herausgreifen muß und wie
alles zusammenpaßt für jede Botschaft, die sie chemisch formulie-
ren will.

Die DNS kann aber nicht nur sich selbst bilden, sondern auch
die RNS (Ribonukleinsäure), die fast ihr Ebenbild ist und ihre aktive Ergänzung. Die Aufgabe der RNS ist es, das stille Wissen der
DNS aktiv in die mehr als zwei Millionen Proteine umzusetzen, die
den Körper aufbauen und erneuern.

Die DNS greift nicht einfach auf bereits Vorhandenes zurück,
sondern kann gezielt neue Substanzen erfinden – beispielsweise einen neuen Antikörper, nachdem wir einen Grippebazillus aufge-
schnappt haben, dem wir bislang noch nie ausgesetzt waren. Wie
das im einzelnen vor sich geht, ist nicht bekannt, obwohl die Molekularbiologen sogenannte »spacers« entdeckt haben, welche die
verschiedenen Genteilstücke (Genome) voneinander trennen. Es ist
ebenfalls hinlänglich bekannt, daß nur ein Prozent des Genmaterials in der DNS für das komplizierte Kodieren, die Selbstreparatur

und die Herstellung von RNS verwendet werden. So bleiben 99 Prozent des Genmaterials für Dinge übrig, über die die Naturwissenschaft bislang nicht Bescheid weiß.

Die rätselhafte Stille der DNS hat sehr viel Neugier geweckt, besonders bei jungen Forschern, die nicht glauben, daß der Mensch sein volles Intelligenzpotenzial nutzt. William James wagte sich mit der Annahme vor, daß wir nur fünf Prozent unserer Intelligenz nutzen (er bezog sich dabei auf die geistige Kapazität) und sogar ein Einstein maximal nur zwanzig Prozent ausschöpft. Wie sich dieser Prozentsatz in nutzbarer DNS niederschlägt, ist unbekannt, doch können wir so kühn sein und sagen, daß die DNS über gewaltige stille Reserven verfügt.

Ein Genforscher hat ausgerechnet, daß die Zahl der in einer einzigen Zelle erzeugten molekularen Verbindungen, übersetzte man sie in Sprache, ein tausendbändiges Lexikon füllen würde. Und das ist lediglich das Produkt des aktiven einen Prozents, das wir endlich erforscht haben. Dank der Entdeckung der rekombinierenden DNS – Teile von Genmaterial, deren Sequenz innerhalb der DNS-Stränge verändert werden kann – ist das potentielle Vokabular möglicherweise unendlich viel größer, als wir vermuten.

Die bereits bekannten Kombinationen der DNS reichen aus, um jegliche Lebensform auf unserem Planeten zu erzeugen, angefangen bei den Bakterien und Schimmelpilzen bis hin zu allen Pflanzen, Insekten, Säugetieren und Menschen.

Man könnte annehmen, daß der DNS-Anteil eines Organismus entsprechend zunimmt, je komplexer er ist. Tatsächlich enthält jedoch eine Lilie etwa hundertmal mehr DNS als der Mensch. Das Zählen von Genen ist also wenig sinnvoll: Der mengenmäßige Unterschied zwischen der DNS des Menschen und der eines Schimpansen oder Gorillas beträgt etwa 1,1 Prozent. Das scheint ein erstaunlich kleiner und zugleich höchst verdächtiger Unterschied zu sein. Können sämtliche strukturellen Unterschiede zwischen einem Menschenaffen und dem Homo sapiens, mit solch einer winzigen Bruchzahl erfaßt werden? Die Entwicklungsforscher mit ihrem von Darwin ererbten Glauben an den Materialismus bestehen darauf, daß dies möglich ist. Die Auseinandersetzung bekommt einen Dämpfer, wenn man nochmals darauf verweist, daß ein Zählen der

Gene wenig sinnvoll ist: Zwei verschiedene Arten von Fruchtfliegen (Drosophila) sind viel enger miteinander verwandt als Menschen und Schimpansen, und dennoch weist ihre DNS einen erheblich größeren Unterschied auf.

Eine andere Möglichkeit zu zeigen, daß unsere innere Stille lebendig und intelligent ist, wäre der Vergleich mit einer Maschine. Wenn ein Computer ein Problem angeht, benutzt er elektrische Impulse, die voneinander durch Lücken getrennt sein müssen und aus 1 und 0 kodiert werden, genauso wie jegliche sprachliche Botschaft in die Punkte und Striche des Morsealphabets zerlegbar ist. Das menschliche Gehirn bedient sich mechanisch kodierter Information in derselben Weise, aber die Lücken zwischen den einzelnen Informationseinheiten sind nicht einfach leer. Sie sind vielmehr die Angelpunkte, die es dem Geist erlauben, in jeder beliebigen Richtung zu schwingen. Mit andern Worten: Ein Computer hat eine endliche Anzahl Lücken voller Leere; wir dagegen haben eine unendliche Anzahl von Lücken voller Intelligenz.

Wir können alles aus diesen Lücken herausholen. Mozart holte ganze Symphonien daraus hervor, und zwar nicht Note für Note, sondern, wie er sich erinnerte, alles gleichzeitig, die gesamte Komposition mit vollständigem Orchestersatz. Eine Inderin namens Shakuntala Devi konnte zwei dreizehnstellige Zahlen im Kopf multiplizieren und brauchte für das sechsundzwanzigstellige Produkt sechsundzwanzig Sekunden. Man braucht mehr Zeit dafür, die Zahlen laut zu lesen: $7\,686\,369\,774\,870 \times 2\,465\,099\,745\,779 = 18\,947\,668\,177\,995\,426\,773\,730$.

Wenn Sie einem Computer eingeben, er soll zwei und zwei addieren, so liefert er entweder eine richtige oder eine falsche Antwort. Bittet man einen Fünfjährigen, dasselbe zu tun, kommt er vielleicht mit einer arithmetischen Antwort; doch könnte er ebenso gut antworten: »Ich möchte ein Vanilleeis.« Wir können dann annehmen, daß er sich langweilt; vielleicht ist er auch zu müde für eine Rechenstunde. Es wäre unsinnig zu sagen, seine Antwort sei rechnerisch falsch; vielmehr ist sein Geist nicht bei der Sache – man kann kein Programm entwerfen, das sämtliche möglichen Reaktionen eines Menschen auf seine Umwelt enthält.

Meine Absicht bei der ganzen Sache war zu verdeutlichen, wie komplex unsere alltäglichen Erfahrungen tatsächlich sind und wie weit vom Leben sich ein wissenschaftliches Modell entfernt, mit dem versucht wird, sie zu beschreiben. Die bisherige Ansicht, daß ein Gehirn ein in Zeit und Raum stabiler Computer mit verschiedenen lokalisierbaren Funktionen und eingeschränkter Flexibilität ist, ist ungerechtfertigt. Ein Nobelpreisträger, der Neurologe Dr. Gerald Edelman, hat darauf hingewiesen, daß das Gehirn mehr ein Vorgang ist als ein Ding, und daß dieser Vorgang sich ständig entwickelt. Es stimmt beispielsweise, daß unser Gedächtnis von zwei kleinen »Hardware«-Teilen, den sogenannten Ammonshörnern auf beiden Seiten des Gehirns abhängig ist; werden beide Stellen beschädigt, durch mangelnde Durchblutung oder Krankheit, so ist das Erinnerungsvermögen vernichtet.

Innerhalb dieser physischen Grenzen ist jedoch das Gehirn jedes Menschen einzigartig, sowohl hinsichtlich seiner Struktur als auch hinsichtlich der in ihm gespeicherten Informationen. Keine zwei Menschen besitzen dieselben Nervenverbindungen, und jeder einzelne erzeugt von Geburt an ständig neue und legt damit die vielfältigen Erinnerungen an, die uns alle voneinander unterscheiden. Eine Nervenverbindung muß nicht physischer Art sein; die durch das Gehirn zuckenden Signale lassen ständig neue Muster entstehen, die wiederum zu anderen Mustern angeordnet werden.

Nach Ansicht von Edelman wiederholt in Wirklichkeit niemand eine Erinnerung. Wenn man sich an ein vertrautes Gesicht erinnert, so wird etwas daran anders sein – vielleicht nicht das Gesicht selbst, aber der Kontext, der die Erinnerung veranlaßte und der jetzt traurig sein mag anstatt glücklich. Erinnerung ist also ein schöpferischer Akt. Sie erzeugt neue Bilder und gleichzeitig neue Hirnsubstanz.

Edelman ist der Ansicht, daß *jede* Erfahrung, die man in seinem Leben macht, die Anatomie des Gehirns verändert. Es ist deshalb nicht richtig, wenn man behauptet, das Ammonshorn sei der Sitz des Gedächtnisses, denn jede einzelne Erinnerung – der erste Tag, an dem wir ein Feld voller Osterglocken sahen – streift und flimmert über unseren ganzen Kortex, rührt hier und da an andere Erinnerungen, deutet sie neu und muß jedesmal, wenn Sie sie wün-

schen, neu geschaffen werden. Anders als ein Computer erinnern
wir uns, deuten um und ändern unsere Meinung. Das Universum ist
zwar einmal geschaffen worden, aber uns selbst schaffen wir mit jedem Gedanken neu.

Kurz: Alles ist davon abhängig, wie gut wir in der Stille wirken
können. Was immer an der Oberfläche des Lebens erfahren werden
kann – Liebe oder Haß, Krankheit oder Gesundheit – kommt von
einer tieferen Schicht herauf und gleitet darüber hinweg wie eine
Luftblase über das Wasser. Man kann versuchen, die Blasen nach-
einander platzen zu lassen, aber es steigen unaufhörlich neue
nach. Wenn wir über das Intelligenzfeld – oder nehmen wir hier das
Bild des Intelligenzmeeres – fahren wollen, so müssen wir es bis zu
seinen tiefsten Tiefen kennenlernen, wo der stille Zeuge in uns
weilt und wartet. Das ist unser nächster Schritt, nämlich eine
Landkarte der inneren Stille anzulegen und Zugang zu ihren gehei-
men Orten zu erlangen.

DAS GEHEIMNIS DER LÜCKE

Ich kam im Sommer 1988 mit einer Patientin zusammen, bei der im Jahre 1983 ein bösartiger Tumor in der rechten Brust diagnostiziert worden war. Sie verweigerte jegliche Art konventioneller Behandlung einschließlich Bestrahlung, Chemotherapie und Hormone. Sie berichtete mir, daß der Tumor recht groß gewesen sei, aber noch nicht auf die Lymphknoten unter dem Arm übergegriffen habe.

»Ich sollte Sie doch besser einmal untersuchen«, sagte ich, aber sie zögerte. »Ich muß Sie vorwarnen«, antwortete sie dann, »denn die meisten Ärzte sind sehr erschrocken, wenn sie es sehen, weil es so groß ist. Ich lasse mich im allgemeinen von Ärzten nicht mehr anfassen, weil die Furcht in ihren Augen mir Angst einflößt. Ich selbst habe keine Angst. Sie mögen das nicht glauben, aber ich hatte niemals das Gefühl, in Gefahr zu schweben. Nur wenn ich die Furcht eines Arztes sehe, werde ich unsicher. Sie sagen sogar Sachen wie: ›Wie können Sie so grausam zu Ihrem Mann sein und sich nicht operieren lassen.‹

Ich dachte, daß vielleicht eine Ärztin etwas verständnisvoller sein würde, aber als ich zu einer Ärztin ging, war sie noch entsetzter als die anderen. Sie fragte mich: ›Warum kommen Sie zu mir, wenn Sie sich das Ding nicht entfernen lassen wollen?‹ Ich sagte: ›Weil ich einfach möchte, daß Sie es überwachen – es ist in den letzten fünf Jahren etwas gewachsen.‹ Da stand sie fast zitternd auf und sagte zu mir: ›Kommen Sie nicht eher zurück, als bis Sie das Ding da entfernt haben wollen. Ich kann den Anblick nicht ertragen.‹«

Ich hatte keine Ahnung, wie meine Reaktion sein würde. Bei etwa der Hälfte der Frauen, bei denen man einen Brustkrebs feststellt, ist dieser auf die Brust beschränkt. Die Standardbehandlung war bislang die operative Entfernung entweder der Geschwulst oder

der ganzen Brust und die Bestrahlung der befallenen Stelle, um alle verbleibenden Krebszellen abzutöten. In beiden Fällen kommt es, wenn keine Nachbehandlung stattfindet, bei siebzig Prozent aller Patienten innerhalb der folgenden drei Jahre zu keiner Neuerkrankung. Mit schwacher oder auch stärkerer Chemotherapie kann die Anzahl der Langzeit-Überlebenden bis auf neunzig Prozent angehoben werden. Diese Frau hatte sich also dazu entschlossen, einen Vorteil auszuschlagen, der sehr zu ihren Gunsten war – doch war sie nicht die einzige, die den Rat der Ärzte ausschlug und überlebte.

Sie legte sich auf den Untersuchungstisch. Als ich den Tumor sah, verstand ich, warum die vorhergehenden Ärzte entsetzt gewesen waren – er wuchs ein weites Stück aus einer Brust heraus. Ich unterdrückte meine automatische Reaktion und hoffte, daß meinen Augen nichts anzumerken war. Ich setzte mich zu ihr, hielt ihre Hand und dachte nach. »Sehen Sie«, sagte ich leise. »Ich glaube nicht, daß Sie wirklich in Gefahr sind. Sie haben gesagt, daß Sie keine Gefahr verspüren, und das genügt mir. Aber diese Geschwulst ist störend. Sie verweigern sich selbst ein angenehmeres Leben, weil Sie sich die ganze Zeit darum kümmern müssen. Warum gehen Sie nicht zu einem Chirurgen und lassen sie entfernen?«

Damit hatte ich das Ganze offensichtlich aus einem völlig neuen Blickwinkel bewußt gemacht. Sie stimmte ohne weiteres zu, daß es keinen Vorteil bot, die Geschwulst zu behalten, und so überwies ich sie an einen behutsamen Chirurgen.

Ich erinnere mich noch an einige ihrer Worte beim Abschied: »Ich identifiziere mich nicht mit dieser Geschwulst«, sagte sie heiter. »Ich weiß, ich bin mehr als sie. Sie ist gekommen und wird gehen wie der Rest meines Körpers, aber innen bin ich davon nicht wirklich berührt.« Als sie meine Praxis verließ, sah sie vollkommen glücklich aus.

Ich fühlte, daß diese Frau die Vernunft auf ihrer Seite hatte. Die Angst in den Augen eines Arztes ist wie ein vernichtendes Urteil, und in ihrer Lage hätte ich nicht viel Vertrauen in meine Heilungschancen gehabt. Die Impulse aus meinem Gehirn würden nicht sagen: »Sie erzählen mir, daß ich möglicherweise genesen werde.«

Und das ist etwas ziemlich anderes. Wenn ein Arzt eine Patientin ansieht und sagt: »Sie haben Brustkrebs, aber Sie werden wieder gesund«, was meint er dann wirklich? Die Antwort ist durchaus nicht sicher. In dem einen Extrem können seine aufmunternden Worte, sofern sie glaubwürdig sind, für die Patientin den lebenswichtigen Unterschied ausmachen. Im anderen Extrem wird, wenn er im Grunde spürt, daß nichts mehr zu retten ist, etwas in seiner Stimme durchscheinen, das dann einen Zerstörungsprozeß in Gang setzt.

Erst kürzlich wurde aus dem Begriff »Placebo« ein neuer Begriff, »Nocebo«, abgeleitet, um den negativen Effekt zu kennzeichnen, den die Meinung eines Arztes haben kann. Ein Placebo ist ein Scheinmedikament, auf das der Patient reagiert, weil der Arzt ihm gesagt hat, daß es wirken werde. Mit einem Nocebo verabreicht man ein wirksames Medikament, auf das der Patient jedoch nicht reagiert, weil der Arzt ihn darauf hingewiesen hat, daß es unwirksam sei.

Nimmt man hier einen rein materialistischen Standpunkt ein, so scheint es keinen Unterschied zwischen der Operation zu geben, welche die Frau zunächst verweigert hatte, und der, welcher sie jetzt zustimmte. Aber jetzt identifizierte sie die Operation mit Heilung, anstatt wie vorher mit Gewalttätigkeit. Wenn ein Patient irgendeine Behandlungsform als etwas Gewalttätiges ansieht, wird sein Körper von negativen Gefühlen und den damit verbundenen Substanzen durchströmt. Es ist hinlänglich belegt, daß in einem Klima der Negativität die Heilungschancen erheblich vermindert sind – depressive Menschen schwächen nicht nur ihre Abwehrbereitschaft gegenüber Krankheiten, sondern sogar die Selbstheilungsfähigkeit ihrer DNS. Meine Patientin hatte also durchaus Gründe, so meine ich, mit der Operation zu warten, bis ihre Gefühle ihr Einverständnis dazu gaben.

Dieser Fall erinnert mich daran, daß es immer zwei Handlungszentren im Menschen gibt: den Kopf und das Herz. Medizinische Statistiken wenden sich an den Kopf, aber das Herz folgt seinem eigenen Rat. Während der letzten Jahre hat die alternative Medizin dadurch sehr viel Zuspruch gewonnen, daß sie dem Herzen seinen Platz einräumt und Liebe und Fürsorge in die Behandlung ein-

bringt. Ohne diese Zuwendung würde der Nocebo-Effekt unge-
hemmt sein Unwesen treiben, denn allein schon die moderne Kran-
kenhausumgebung verabreicht dem Patienten eine tüchtige Dosis
davon. Die psychotischen Anfälle, die auf Intensivstationen plötzlich vorkommen, zeigen, wie ungesund es ist, Menschen in sterilen, von der Außenwelt abgekapselten Umgebungen einzuschlie-
ßen. Als kleiner Junge war mein Sohn fast gleichermaßen fasziniert
von Krankenhäusern und Gefängnissen, was ich auf eine Furcht zu-
rückführe, die er nicht ausdrücken konnte. Wann immer er eine der
beiden Anstalten vom Auto aus sah, fragte er unweigerlich:
»Daddy, sterben Leute da drin?«

Der große Nachteil dabei, wenn wir dem Herzen wieder seinen
Platz in der Medizin einräumen wollen, ist, daß dies die Patienten
für ihre Gefühlsschwäche bestraft. Das Herz kann sehr zerbrech-
lich sein; es kann durch Leiden oder durch das Leben selbst abge-
härtet werden. Bücher über ganzheitliche Heilung behaupten
gerne, daß kranke Menschen ihre Krankheit »brauchen«. Die
heute anerkannte Richtung der Psychiatrie zeigt da auf sich selbst,
wenn sie sagt, daß chronische Krankheiten symbolisch für Selbst-
bestrafung, Rachsucht oder ein tiefes Selbstunwertgefühl stehen
können. Ich will nicht gegen diese Einsichten anreden, sondern
nur darauf hinweisen, daß sie dem Heilungsvorgang eher schaden
als nützen. Es ist schon im gesunden Zustand für jeden von uns
schwer genug, wenn wir mit unseren emotionalen Unzulänglichkei-
ten konfrontiert werden. Kann man von uns wirklich erwarten, daß
wir uns bessern, wenn wir krank sind?

Das tieferliegende Problem ist, daß *alles* als Nocebo wirken
kann, genauso wie alles als Placebo wirken kann. Es ist nicht das
Scheinmedikament, das Verhalten des Arztes am Krankenbett oder
der aseptische Geruch eines Krankenhauses, die schaden oder nützen, sondern ihre Bewertung durch den Kranken. Der wirkliche
Konflikt ist also nicht der zwischen Kopf und Herz. Etwas noch
Tieferes, im Bereich der Stille, erzeugt unsere Sicht der Welt.

Das grundlegende Verständnis, das die meisten von uns von sich
selbst haben, stammt aus dem Denken und Fühlen. Das ist nur natürlich. Aber wir wissen nur wenig über den Bereich der Stille und
darüber, wie er unsere Schritte lenkt. Kopf und Herz – so scheint

es – sind nicht der ganze Mensch. Der Bewußtseinsstrom, der ständig voller Gedanken ist, wirkt als Trennwand, hinter der die Stille verborgen bleibt. Das feste Erscheinungsbild des physischen Körpers ist eine weitere Barriere, denn wir können die Moleküle nicht sehen, die sich ständig in uns umordnen, und noch viel weniger ihren Bauplan, den wir ja ändern wollen.

Der Bauplan der Wirklichkeit ist ein wichtiges Konzept. Jeder Intelligenzimpuls läßt einen Gedanken oder ein Molekül entstehen, die eine gewisse Zeit in der relativen Welt – der Welt der Sinneswahrnehmung – verweilen, bevor sie von den nächstfolgenden abgelöst werden. In dieser Hinsicht ist jeder Gedanke bei seiner Erzeugung wie ein Stück Zukunft, während er erfahren wird, ein Stück Gegenwart, und nach seinem Verschwinden ein Stück Vergangenheit. Solange jeder Impuls gesund ist, solange ist die Zukunft nicht unbekannt – sie fließt Moment für Moment ganz natürlich aus der Gegenwart hervor. Das erklärt, warum Menschen, die ihren Tag voll ausschöpfen, im allgemeinen ihre geistigen Fähigkeiten bis ins hohe Alter hinein bewahren; sie lassen nicht zu, daß der Intelligenzstrom austrocknet.

Folgendes Schaubild mag dies veranschaulichen:

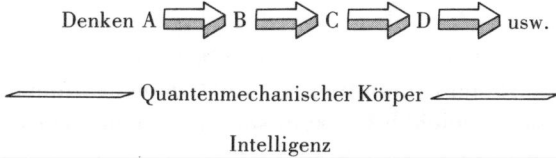

Oberhalb der Linie ist ein Gedankenfluß, der nie zum Stillstand kommt, zumindest solange wir wach sind. Gedanke reiht sich unaufhörlich an Gedanke. Unsere normale Erfahrung erfolgt innerhalb dieses Bereiches von Ereignissen, die auf der horizontalen Achse unendlich sein mögen, auf der vertikalen jedoch recht flach sind. Es ist möglich, ein ganzes Leben damit zuzubringen, das Inventar des Geistes zu sichten, ohne jemals in seine Quelle einzutauchen. Dabei ist es der Kontakt mit der Quelle, durch den der Geist seine Intelligenzmuster erzeugt. Diese Muster sind zunächst lediglich Blaupausen, aber was immer dort aufgezeichnet ist, hat

Dauer und formt unsere Vorstellungen und Auffassungen von der Wirklichkeit.

Höhenangst ist beispielsweise auf dieser Blaupause in einem solchermaßen veranlagten Menschen eingetragen. Tage oder sogar Jahre vergehen, ohne daß sich irgendein ängstlicher Gedanke regt, aber das Muster ist da. Und dann steht der Betreffende eines Tages oben an einer Rolltreppe und schaut hinunter, und die ganze Kettenreaktion der Angst bis hin zu den körperlichen Reaktionen kommt in Gang. Das Intelligenzfeld reagiert allerdings sehr empfindlich auf Veränderungen, im Guten wie im Bösen. Vor zwei Jahren hatte ich eine etwa dreißigjährige Patientin, die nach Lancaster kam, um ihren Brustkrebs behandeln zu lassen. Ihr Zustand war äußerst bedenklich, da es überall im Knochenmark zu Metastasenbildungen gekommen war. Sie litt deshalb unter ständigen Knochenschmerzen. Nachdem sie die übliche und in ihrem Fall massive Bestrahlungs- und Chemotherapie erhalten hatte, kam sie zu einer ayurvedischen Behandlung zu uns. Die Behandlung schlug bei ihr gut an. Nach einer Woche in der Klinik spürte sie, wie ihre Schmerzen nachließen. Wir machten ihr bezüglich ihres Krebses keine Versprechungen, aber sie kehrte in einem Zustand erneuter Hoffnung und Zuversicht nach Hause zurück. Unglücklicherweise sagte ihr dann ihr Arzt, als sie ihm über ihre Besserung berichtete, daß dies alles nur in ihrem Kopf existiere, denn sie habe ja keine angemessene Therapie erhalten, die ihre Symptome lindern könne. Am selben Tage noch kehrten ihre Knochenschmerzen zurück. Sie rief mich von Panik erfaßt an, und ich bat sie, sofort nach Lancaster zu kommen. Das tat sie auch, und innerhalb einer Woche waren ihre Schmerzen wieder verschwunden.

Ohne die Absicht, seiner Patientin zu schaden – ich bin sicher, er wollte nur »realistisch« sein –, hatte der Arzt dieser Frau einen schweren Fehler begangen. Er hatte angenommen, daß das, was »im Kopf« ist, nicht wirklich ist oder zumindest etwas der Wirklichkeit des Krebses Unterlegenes. Auf Grund seiner wissenschaftlichen Ausbildung kannte er den vorhersagbaren Verlauf bei verschiedenen bösartigen Tumoren, und wenn er ein unerwartetes Ergebnis sah, versuchte er, es in den Bereich des Vorhersagbaren zu verweisen. Ärzte zwängen ständig Patienten in vorhersagbare

Verlaufskorsette, da die medizinische Ausbildung nur auf der horizontalen Achse verläuft.

Der Hauptbeweggrund hinter aller medizinischer Forschung ist die immer engere Verknüpfung von Ursache und Wirkung. Unsere Urgroßväter ahnten vage, daß es Keime gibt. Wir könnten heute Tausende von spezifischen Viren und Bakterien in ihre Einzelbestandteile zerlegen, bis hin zu den winzigsten Aminosäuregruppen und sogar noch weiter. Leider läßt das nur wenig Raum für einen Ausflug entlang der vertikalen Achse, der eine tieferliegende Wirklichkeit erschließen könnte.

Kürzlich schrieb mir ein Patient auf seinen medizinischen Fragebogen, er habe »einst einen Gehirntumor« gehabt. Ich fragte ihn danach, und er erzählte mir folgendes: Vor etwa fünf Jahren begann er plötzliche Schwindelanfälle zu haben. Diese verschlimmerten sich rasch; binnen zwei Wochen hatte er Brechanfälle und Sehstörungen. Sein Gleichgewichtssinn und seine motorische Koordination nahmen rapide ab. Er begab sich zur Untersuchung ins Krankenhaus. Die Ärzte eröffneten ihm, daß die Tests eine etwa zitronengroße dunkle Masse im vorderen Teil seines Gehirns ergeben hatten, die ihrer Meinung nach ein Gehirntumor war. Eine Gewebeprobe des Tumors bestätigte, daß es sich tatsächlich um eine tödliche, rasch wachsende Krebsgeschwulst handelte.

Da der Tumor so groß war und sich an einer so kritischen Stelle befand, wurde er als inoperabel angesehen. Die Ärzte rieten zu starker Bestrahlung und Chemotherapie, ohne die der Mann innerhalb von sechs Monaten sterben würde. Die Therapie würde schwere Nebenwirkungen haben, die fast so gravierend wie die bestehenden Symptome sein würden. Manche davon, wie Brechreiz, Kopfschmerzen und Hautreizungen würden lediglich unangenehm sein, andere dagegen, wie die Schwächung des Immunsystems, könnten tödlich sein, da er künftig für andere Krebsarten anfälliger sein würde. In psychischer Hinsicht gebe es die Möglichkeit, daß er das Opfer von andauernden Depressionen und Ängsten werden würde. Selbst bei einer Maximalbehandlung zur Verkleinerung der Geschwulst stünden die Chancen für eine vollständige Heilung nicht gut, doch sei dies immer noch besser als gar nichts.

Der Patient konnte dieser Schlußfolgerung nichts abgewinnen,

obwohl sie vom statistischen Standpunkt her vernünftig ist. Er zog
nach Kalifornien und schloß sich einer Meditationsgruppe an, wo
er eine ganze Reihe von Diäten, geistigen Techniken, Körperübungen und Visualisierungstechniken ausprobierte. Er ermutigte sich
zu einer völlig positiven Einstellung gegenüber seinem Zustand.
Tausende von Krebspatienten, in der Regel aus Gesellschaftskrei-
sen mit hohem Bildungsniveau, wenden sich solchen Maßnahmen
zu, auf welche die Schulmedizin als Kurpfuscherei herabschaut. In
diesem Fall jedoch begann der Mann, sich besser zu fühlen, und innerhalb von sechs Monaten waren seine Symptome fast völlig verschwunden. Hoffnungsvoll, aber auch besorgt begab er sich wieder
nach Michigan und unterzog sich erneuten Untersuchungen. Der
Krebs war spurlos verschwunden, ohne irgendein Anzeichen dafür,
daß er jemals vorhanden gewesen war.

Daraufhin erklärten ihm die Ärzte, daß er unmöglich von einem
Krebs geheilt worden sein könne, da sie von einer solchen Heilung
noch niemals gehört hatten. In Wirklichkeit sei der ursprüngliche
Testbefund nicht der seine gewesen, sondern es müsse der eines
anderen Patienten gewesen sein. Der Fehler tue ihnen zwar leid,
doch gaben sie zu erkennen, daß sie nichts mehr mit dem Fall zu
tun haben wollten.

Der Patient, der immer noch von der Richtigkeit des ursprünglichen Befundes überzeugt ist, auf dem sich sein Name und seine
Versicherungsnummer befanden, war unendlich erleichtert, daß
seine Symptome verschwunden waren. Als ich mit dem Krankenhaus Kontakt aufnahm, um seine Unterlagen anzufordern, wurde
mir mitgeteilt, daß er dort niemals gegen Krebs behandelt, sondern
mit einem anderen Gehirntumorpatienten verwechselt worden sei.

Vermutlich konnten diese Ärzte trotz Röntgenaufnahme und einer Biopsie nicht akzeptieren, daß eine Spontanheilung eingetreten
war, und zwar aus dem einfachen Grund, weil nicht sein konnte,
was nicht sein durfte. Man sollte nie die Macht der Indoktrinierung
unterschätzen. Die ärztliche Ausbildung ist höchst technisch, spe-
zialisiert und rigoros, aber sie geht auf Menschen zurück, die Erfahrungen sammelten und diese Erfahrungen benutzten, um Muster
zu erkennen und Erklärungsmodelle anzufertigen. Diese Muster
und Modelle wiederum dienen zur Indoktrinierung ihrer Erzeuger,

und binnen kurzem wird die Doktrin zum Gesetz. Es ist faszinierend zu sehen, daß eine größere Untersuchung über vierhundert Spontanheilungen bei Krebs, die später von dem Ärztehepaar Elmer und Alyce Green ausgewertet wurden, zu dem Ergebnis kam, daß sämtliche Patienten nur eines gemeinsam hatten – jeder einzelne hatte seine Einstellung verändert, bevor die Heilung auftrat. Jeder hatte einen Weg zu Hoffnung, Mut und Lebensbejahung gefunden. Mit anderen Worten: Sie warfen ihre Indoktrinierung ab, selbst wenn die behandelnden Ärzte ihre eigene Begrenztheit nicht abwerfen konnten.

Das Geheimnis, das diese an sich eindeutigen Ergebnisse umhüllt, hat etwas mit dem Kausalbezug zu tun. Trat die Spontanheilung infolge der neuen Einstellung oder parallel dazu auf? Vielleicht ist die Kausalfrage in diesem Fall zu spitzfindig und muß durch die Perspektive einer allgemeineren, umfassenderen Genesung ersetzt werden, die sich in Geist und Körper gleichzeitig vollzieht. Das Geist-Körper-System, das im Begriff ist, den Krebs abzuwerfen, weiß gewiß, daß ein Prozeß im Gange ist, und mag beginnen, unverzüglich positivere Gedanken zu erzeugen.

Wie immer es auch geschehen mag, der Schlüssel scheint Spontaneität zu sein. Der bewußte Versuch, positive Einstellungen gezielt als Therapie einzusetzen, hat sich bei der Bekämpfung von Krankheiten als nicht zuverlässig erwiesen. Ein derartiger konstruierter Versuch reicht allgemein nicht sehr tief. Bewußtsein durchdringt die Materie stärker, als es die Medizin ihm zugesteht. Selbst wenn es ignoriert wird, weiß das stille Bewußtseinsfeld, was geschieht. Es ist schließlich intelligent. Sein Wissen reicht über Pufferzonen und Trennwände hinaus, viel weiter, als wir es vermuten.

Um dies zu veranschaulichen, hier ein Beispiel: Seit Jahrzehnten nahmen Chirurgen als gesichert an, daß ein Patient in der Narkose bewußtlos ist und daher unbeeinflußt von dem, was im Operationssaal vorgeht. Dann jedoch entdeckte man durch postoperative Hypnose von Patienten, daß in Wahrheit der »unbewußte« Geist jedes Wort hörte, das während des Eingriffs gesprochen wurde. Wenn die Chirurgen laut aussprachen, daß ein Fall ernster sei als angenommen oder daß nur geringe Heilungschancen bestünden, so neigten die Patienten dazu, diese düsteren Prognosen durch ihren

Verfall zu erfüllen. Infolge dieser Ergebnisse, welche die Vorstellung von Nocebos bestätigen, ist es heute allgemein üblich, keine negativen Bemerkungen während einer Operation zu machen. Je positiver die durch den Chirurgen ausgesprochene Meinung ist, desto positiver ist das Resultat für den Patienten.

Es wäre noch besser, wenn man die hochempfindliche und äußerst machtvolle Intelligenz für den Patienten nutzbar machte. Der Zweck des Eintauchens in den Bereich des Quantenkörpers ist es, die besagte Blaupause zu verändern, anstatt an den Symptomen an der Oberfläche herumzukurieren, denen man mit Medikamenten zu Leibe rückt. Jener Fall der Frau mit den Knochenschmerzen erinnert daran, daß die Pufferzone, die uns von der Linie, von unserem tieferen Selbst trennt, stets unser Werk ist. Sie kann deshalb jederzeit korrigiert werden. Wir bilden ständig Intelligenzmuster und interpretieren durch sie die Wirklichkeit. Wenn wir Schmerzen sehen, sind auch Schmerzen da, sehen wir keine, verschwinden sie.

Die Natur hat uns den Zugang zu unserem tieferen Selbst nie versperrt. Narkosebetäubte Patienten wußten, was mit ihnen geschah, wahrscheinlich seit den Anfängen der modernen Chirurgie gegen Mitte des letzten Jahrhunderts. Das stille Intelligenzfeld liegt auf Grund unserer eigenen Entscheidung außer Reichweite, was durch die kulturelle Voreingenommenheit während vieler Generationen verstärkt wurde. Bisweilen erzwingt sich eine neue Wirklichkeit Anerkennung, und dann können Veränderungen eintreten. Neue Intelligenzmuster bilden sich aus; ein tiefgreifender Wandel kann einsetzen, doch ist er nicht wesentlich verschieden von den Geist-Körper-Transformationen, über die wir bereits gesprochen haben.

Die normale Wirklichkeit ist wie ein Zauber – ein sehr notwendiger Zauber, denn wir leben mittels Gewohnheiten, Routinen und Codes, die wir für selbstverständlich halten. Probleme treten dann auf, wenn man nur verzaubern, nicht aber entzaubern kann. Wenn Sie genau jetzt Ihre Alltagswirklichkeit durchdringen und deren Ursprung erreichen könnten, würden Sie wahrscheinlich eine denkwürdige Erfahrung machen. Der Psychologe Abraham Maslow, ein Vorreiter bei der Untersuchung der positiven Aspekte der menschlichen Persönlichkeit, gab die klassische Beschreibung der

Erfahrung des tiefen Selbst: »Diese Momente waren erfüllt von reinem, ungetrübtem Glücklichsein, in dem alle Zweifel, alle Ängste, alle Gehemmtheit, alle Spannungen, alle Schwächen zurückblieben. Das Ego-Bewußtsein war verschwunden. Alle Getrenntheit und Entferntheit von der Welt löste sich auf.«

Obwohl solche Erfahrungen selten sind – Maslow nannte sie aus diesem Grund »Gipfelerfahrungen« – wohnt ihnen eine Heilkraft inne, die weit über ihre kurze Dauer von einigen Tagen oder sogar nur Stunden hinausreicht. Maslow berichtet, daß zwei seiner Patienten, von denen der eine seit langem depressiv war und oft den Selbstmord erwogen hatte, der andere unter schweren Angstanfällen litt, unmittelbar und dauerhaft geheilt waren, nachdem sie spontan solche Erfahrungen gemacht hatten. Bei jedem geschah dies nur einmal. Maslow spricht auch über die Versöhnung mit dem Leben, die den Betreffenden durch solche Augenblicke zuteil wurde: »Sie fühlten sich eins mit der Welt, verschmolzen mit ihr, wurden wirklich ein Teil von ihr, anstatt ein außenstehender Zuschauer zu sein. Einer der Befragten sagte beispielsweise: ›Ich fühlte mich wie ein Familienmitglied, nicht wie eine Waise.‹«

Jegliche plötzliche Offenbarung einer tieferen Wirklichkeit birgt eine enorme Kraft. Sie auch nur einmal gekostet zu haben, kann das Leben unumstößlich lebenswert machen. Maslows Patienten erkannten diese innere Kraft als etwas außerhalb des Alltäglichen Befindliches. Sie ist keine Energie oder Stärke, Genie oder Einsicht, sondern liegt allen gleichermaßen zugrunde. Sie ist Lebenskraft in ihrer reinsten Form.

Maslows Verständnis blieb an diesem kritischen Punkt stehen; es gelang ihm nie, einen anderen zu einer Gipfelerfahrung hinzuführen. Aber er war fasziniert von diesen Ereignissen, die das normale Leben transzendieren. Nach Jahrzehnten des Schreibens und Nachdenkens über dieses Thema kam er 1961 zu dem Schluß, daß das, was er beobachtet hatte, nichts Mystisches war, sondern zum normalen Leben gehörte: »Das wenige, was ich bisher über mystische Erfahrungen gelesen habe, brachte diese mit Religion, mit übernatürlichen Visionen in Verbindung. Und wie die meisten Wissenschaftler hatte ich sie ungläubig beschnüffelt und das ganze als Unsinn abgetan, vielleicht waren es Halluzinationen, vielleicht war es Hysterie – fast ohne Zweifel war es pathologisch. Aber die Menschen, die mir von diesen Erlebnissen berichteten, waren ganz anders – sie waren die gesündesten Menschen überhaupt!«

Da er diese Erlebnisse bei nur weniger als einem Prozent der Bevölkerung ausfindig machen konnte, betrachtete Maslow sie als Zufälle oder auch als Gnadenakte. Ich denke, sie waren Durchblicke in das Feld, das dem Leben jedes einzelnen zugrunde liegt, sich aber bislang unserem Zugriff entzog. Das heißt, daß wir sehr tief eintauchen müssen, wenn wir die »normale« Wirklichkeit transzendieren wollen. Wir sind auf der Suche nach einer Erfahrung, die der Welt eine neue Gestalt geben wird.

Jene stille Lücke zu finden, die zwischen unseren Gedanken aufblitzt, scheint relativ leicht zu sein. Da sie aber nur vorüberzuckt, ist diese winzige Lücke eben keine Tür. Der Quantenkörper ist von uns nicht getrennt. Er ist wir. Und dennoch erleben wir ihn jetzt gerade nicht. So, wie wir hier sitzen, denken wir, lesen wir, sprechen wir, atmen und verdauen wir – alles oberhalb der in unseren Schaubildern gezogenen Linie.

Ein Beispiel, das den quantenmechanischen Körper verdeutlicht: Nehmen wir einen Stabmagneten und legen ein Papier darüber. Streuen wir dann Eisenspäne auf das Papier und bewegen wir dieses leicht hin und her. Was zutage tritt, ist ein Muster von gekrümmten Linien, die sich vom Pluspol des Magneten zum Minuspol spannen (und umgekehrt). Das Gesamtmuster, das wir so entstehen lassen, stellt eine Landkarte der magnetischen Kraftlinien dar, die sonst unsichtbar geblieben wäre. Erst die automatische Anordnung der Eisenspäne bringt das Bild zum Vorschein.

In diesem Beispiel vollzieht sich die gesamte Geist-Körper-Aktivität oberhalb des Papiers, und das verborgene Intelligenzfeld liegt darunter verborgen. Die Bewegung der Eisenspäne, die sich automatisch nach dem magnetischen Feld, das hier für das Intelligenzfeld steht, ausrichten, stellt die Geist-Körper-Aktivität dar. Das Feld ist völlig unsichtbar und unerkennbar, solange es sich nicht dadurch bemerkbar macht, daß es ein paar Stückchen Materie herumbewegt. Und das Blatt Papier? Es ist der quantenmechanische Körper, eine dünne Leinwand, auf der sich genau abzeichnet, welche Intelligenzmuster gerade manifest werden.

In diesem einfachen Vergleich steckt mehr, als man zunächst vermutet. Ohne das trennende Papier könnten Magnet und Eisenspäne nicht in geordneter Weise wechselwirken. Bringen Sie einmal einen Magneten in die Nähe von Eisenspänen. Anstatt in regelmäßigem Abstand Linien zu bilden, klumpen die Späne formlos auf der Magnetoberfläche zusammen. Mit dem Papier haben Sie ein Abbild des jeweiligen Magnetfeldes. Wenn Sie nämlich den Magneten drehen, so können Sie verfolgen, wie sich die Späne bewegen, um das neuerzeugte Feld darzustellen. Wüßten Sie nicht, daß da ein Magnet ist, so würden Sie schwören, daß das Eisen »lebendig« ist, da es sich ja von selbst bewegt. In Wirklichkeit ist es jedoch das verborgene Feld, das diese lebensähnlichen Erscheinungen erzeugt.

Wir haben hier ein wirklichkeitsgetreues Bild davon, in welcher Beziehung der Körpergeist zum Intelligenzfeld steht. Sie bleiben getrennt, aber die Trennwand ist unsichtbar und hat keine greifbare Dimension. Sie ist einfach: eine Lücke. Die einzige Möglichkeit, um zu erfahren, daß die Quantenebene überhaupt besteht, ist, daß Bilder und Muster überall im Körper entstehen. Seltsame Furchen überziehen die Oberfläche des Gehirns; prächtige Spiralmuster wie in einer Sonnenblume werden in den DNS-Molekülen sichtbar; die Innenseite des Schenkelknochens enthält wunderbare Gespinste von Knochengewebe, ähnlich den Verzweigungen in der Struktur einer Hebebrücke.

Wo immer man hinschaut, nirgends ist Chaos. Und das ist der stärkste Beweis dafür, daß es tatsächlich eine verborgene Physiologie gibt. Intelligenz verwandelt Chaos in Muster. Die Vorstellung, daß jede Minute Milliarden chemischer Botschaften verarbeitet werden müssen, läßt an Chaos denken. Doch ist die Komplexität des Geist-Körper-Systems irreführend, denn was aus unseren Gehirnen kommt, sind kohärente Bilder, so wie Zeitungsbilder, die sich aus Tausenden verstreuter Punkte zusammensetzen. Die Materie unseres Körpers zerfällt nie zu einer formlosen, geistlosen Masse – bis zum Moment des Todes. Als Antwort auf die Frage: »Wo ist dieser quantenmechanische Körper überhaupt?« kann man sagen, daß er sich in einer Lücke befindet, die leider schwer vorstellbar ist, da sie still ist, keine Dimension hat und überall existiert.

Es erscheint nunmehr leicht, in dieses Intelligenzfeld einzutauchen. Dazu bedarf es lediglich eines Sprungs über die Lücke. Aber obwohl die Lücke keine Breite hat, stellt sie vielleicht ein größeres Hindernis dar als eine Stahltür. Wir können unser Schaubild vereinfachen, um zu zeigen, was den Sprung so erschwert.

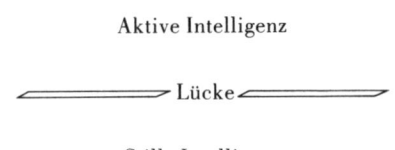

Aktive Intelligenz

Lücke

Stille Intelligenz

Das ganze Problem beruht auf dem Unterschied zwischen aktiver und stiller Intelligenz. Wir haben gesehen, daß dieser Unterschied sehr real ist. Die DNS kann aktiv oder still sein; unsere Gedanken können zum Ausdruck kommen oder in den Schubladen der Stille ruhen; wir können wach sein oder schlafen. Alle diese Übergänge verlangen einen Sprung über die Lücke, keine bewußte Reise. Wenn man sehen will, was Schlaf ist, muß man wach bleiben, was unmöglich ist. Will man den Unterschied zwischen aktiver und latenter DNS sehen, so ist dieser nicht an irgendeiner chemischen Verbindungsstelle zu finden, denn beide Formen der DNS sind physikalisch identisch. Dasselbe gilt für alle anderen Transformationen von Geist und Körper. Auch in der Physik trifft dies zu: Ein Photon ist eine Erscheinungsform des Lichts, eine andere ist die Lichtwelle. Beide aber entstehen in einem verborgenen Feld. Auf der Oberfläche der Wirklichkeit nehmen wir entweder Photonen oder Lichtwellen wahr. Daß jedoch beide in einer Wirklichkeit existieren können, beruht darauf, daß sie zuvor als bloße Möglichkeiten im Quantenfeld bestehen. Wer kann eine Möglichkeit festhalten? Und doch ist es dies, woraus die Quantenwelt besteht. Wenn Sie ein Wort aussprechen oder ein Molekül herstellen, haben Sie sich zu einer Handlung entschlossen. Eine kleine Welle erhebt sich an der Oberfläche des Ozeans und wird ein Ereignis in der Raum-Zeit-Welt. Der Ozean selbst aber bleibt unverändert, ein gewaltiges, stilles Reservoir von Möglichkeiten, von Wellen, die erst noch entstehen müssen.

Während sie auf dem Papier herumtanzen, könnten die Eisenspäne einander anblicken und sagen: »Das also ist das Leben – gehen wir seinen Geheimnissen einmal auf den Grund!« Nach diesem
Entschluß könnten sie mit einem Denkabenteuer der Art beginnen,
das wir Wissenschaft nennen. Wie abenteuerlich diese Gedanken
jedoch auch sein mögen, werden sie doch niemals die Lücke überqueren. Die Tür in der Lücke steht den Gedanken nur in einer
Richtung offen, und das ist das eigentliche Geheimnis.

Aus einer bestimmten Perspektive heraus betrachtet erscheint
die ganze Vorstellung, daß wir Ausstülpungen eines unsichtbaren,
unendlichen Feldes sind, höchst lächerlich. Der Körper des Menschen ist ein Paket von Fleisch und Knochen, das ein paar tausend
Kubikzentimeter Raum einnimmt; sein Geist ist ein erstaunlich
komplexer, aber dennoch endlicher Mechanismus, in dem eine bestimmte Anzahl von Begriffen stecken; die menschliche Gesellschaft ist eine gröblich unvollkommene Organisation, verstrickt in
eine Geschichte von Unwissenheit und Konflikten.

Diese offenbaren Tatsachen haben jedoch seltsamerweise nie
die Kernfrage beantwortet. Wir vertrauen auf unsere endlichen Alltagserfahrungen, die ausreichen, um einen Wagen zu fahren, unseren Lebensunterhalt zu verdienen und an den Strand zu gehen,
doch sind sie, verglichen mit der überwältigenden Erfahrung des
Unendlichen, nicht so ganz überzeugend. Diese Erfahrung, durch
die Jahrhunderte wiederholt, führt immer wieder Menschen zu der
Vermutung, daß die Wirklichkeit ganz anders und viel umfassender
ist als das, was Geist, Körper und Gesellschaft allgemein annehmen.

Einstein selbst erlebte diese Wirklichkeit. Er berichtet von Momenten, wo »man sich von seiner eigenen Identifizierung mit der
menschlichen Begrenzung befreit fühlt ... In solchen Momenten
kommt es einem so vor, als stünde man irgendwo auf einem kleinen
Planeten und schaute voll Ehrfurcht auf die kalte und doch zutiefst
bewegende Schönheit des Ewigen, des Unergründlichen. Leben
und Tod zerfließen in eines, und es gibt weder Evolution noch
Schicksal, nur das Sein.«

Dies mag wie eine spirituelle Einsicht klingen, und Einstein bezeichnete sich selbst als tief gläubig, doch ist es in Wahrheit ein

Blick auf jene Ebene unseres eigenen Bewußtseins, die kartographiert und erforscht werden kann. Ohne irgendeine Kontrolle über ihren Bewußtseinszustand oder eine stimmige Erklärung dafür zu haben, was ihnen da widerfährt, spüren die Menschen dennoch, daß dieser Zustand verzückter Stille nicht einfach Leere ist. Die großen Lehren der Menschheit wurden im wesentlichen von einer einzelnen Person oder einigen wenigen Individuen begründet, die das Universum in und durch sich selbst gewahr wurden. Um das Geheimnis der Lücke zu lüften, müssen wir jene befragen, die bereits dort waren. Wenn sie eine wirkliche Welt gefunden haben, so wird es immer wieder Menschen wie Einstein geben, welche die Nachfolge antreten, und es werden Einsteine der Weisheit sein.

2 KÖRPER DER SELIGKEIT

»In jedem Atom existieren Welten in Welten.«
Yoga Vasishtha

IN DER WELT DES RISHI

Ein Junge in Indien hat es nicht nötig, sich eine Zeitmaschine zu wünschen. Als ich sieben Jahre alt war, brauchte ich nur zwei Minuten, um zu Fuß vom Militärkrankenhaus, wo mein Vater arbeitete, zum großen Bazar von Poona zu gehen. Dort war die Luft voll von alten Gerüchen wie Safran, Staub, Sandelholz und dem Rauch der Kochstellen. Ich nahm diese Gerüche damals nicht bewußt war, da ich von den Schlangenbeschwörern fasziniert war. Im Krankenhaus gab es nur den Geruch von Dettol, einem Allzweckreiniger, der wie pures Formaldehyd in die Nase stach. Physiker vergleichen die Zeit mit einem Pfeil; in Indien ist der Pfeil auf sich selbst zurückgebogen. Wir kamen damit zurecht. Wenn ein Soldat sich etwas in den Fuß getreten hatte, gab ihm mein Vater eine Tetanusspritze, aber wenn dann der Mann hinaushumpeln wollte, um Shiva ein Dankopfer darzubringen, hatte mein Vater dafür Verständnis.

Wenn ich heute nach Hause fliege und vom Flugzeugfenster hinunterblicke, so sehe ich auf den Feldern nahe der Rollbahn Ochsengespanne beim Pflügen. In den Städten ist es gar nichts Ungewöhnliches, wenn Geschäftsleute in makellos nachgemachten englischen Tweedanzügen um Sadhus oder Gottessucher herumgehen müssen, die in Lendenschurz und orangefarbenem Gewand mitten auf dem Bürgersteig sitzen. Diese tägliche Szene erinnert an eine archäologische Ausgrabungsstätte, deren Schichten hoffnungslos miteinander vermischt sind oder noch besser, deren Schichten aus dem Boden herausgesprungen und lebendig geworden sind.

Jede Ausgrabungsstätte muß jedoch eine Grundschicht haben. Das sind in diesem Fall die Sadhus. Die Tradition der indischen Gottessucher reicht mindestens bis ins dritte Jahrtausend vor Christi Geburt zurück. Ihre Worte sind aufgezeichnet und in Sanskrit

weitergegeben worden, das mit gutem Recht als die menschliche
Ursprache bezeichnet werden kann. Ihre traditionelle Heimstätte
ist der Himalaya, wo die Sadhus Tage und auch Wochen im »Sa-
madhi«, in tiefer Meditation verbringen. Ihr Leben ist völlig der inneren Stille gewidmet. Nur gelegentlich kommt ihnen der Gedanke, auf eine Pilgerreise zu gehen. Dann nehmen sie ihre
Bettelschalen und machen sich im Vertrauen darauf, daß die Natur
sie mit der nötigen Nahrung und Unterkunft versorgen wird, auf
den Weg nach Süden. Heutzutage können sie meistens kostenlos in
einem Zug oder einem Bus mitfahren.

Was ich als Kind über die Sadhus erfuhr, kam von einem meiner
Onkel, von meines Vaters ältestem Bruder, der durch das ganze
Land reiste, um Sportartikel zu verkaufen. Wir nannten ihn Bara
Onkel. Das bedeutete »Großer Onkel«, womit wir ihn vor anderen,
weniger bedeutenden Verwandten auszeichneten. Er kam stets mit
Feldhockeyschlägern – Indien war traditionellerweise Weltcham-
pion in dieser seltenen Sportart –, Fußbällen oder Federbällen als
Geschenken zu uns. Selbstverständlich konnten wir es kaum erwar-
ten, ihn wiederzusehen.

Bara Onkel war unglaublich redselig und gesellig. Er erzählte
die abenteuerlichsten Geschichten über das, was er unterwegs erlebt hatte. Das Denkwürdigste davon geschah in Kalkutta. Bara
Onkel bahnte sich seinen Weg durch die Menge, als er plötzlich fast
über einen alten Sadhu stolperte, der am Rinnstein saß. Geistesabwesend griff mein Onkel in die Tasche, fand zwei Annas (etwa vier
Pfennig) und warf sie in die Schale des Sadhus. Der Sadhu warf
ihm einen Blick zu und sagte: »Wünsch dir etwas, was immer es
auch sein mag.«

Verblüfft stieß mein Onkel hervor: »Ich möchte ein bißchen
Barfi.« Barfi ist eine indische Leckerei, etwa wie Weichkaramel,
und wird üblicherweise aus Mandeln oder Kokosnuß hergestellt. In
aller Ruhe griff der Sadhu mit der rechten Hand in die Luft, mate-
rialisierte zwei Stücke frischen Barfi und gab sie Bara Onkel. Der
stand ein paar Sekunden lang wie angewurzelt da, gerade lange genug, um zu sehen, wie sich der Sadhu erhob und wie ein Schatten
in der Menge verschwand. Mein Onkel sah ihn niemals wieder. In
gewisser Hinsicht hatte er einen angemessenen Gegenwert für

seine zwei Annas erhalten, denn damit hätte er bei einem Straßen-
verkäufer zwei Stücke Barfi bekommen. Aber jedesmal, wenn er
die Geschichte erzählte, schüttelte er den Kopf und sagte reuevoll:
»Wenn ich an all die Dinge denke, die ich mir hätte wünschen können ...«

Als Junge glaubte ich fest an Bara Onkels Geschichte. Im heutigen Indien stellen sich skeptische Menschen beim Anblick eines
Sadhu eher die Frage: »Ob er wohl echt ist?« In den zwanziger Jahren begannen Wissenschaftler aus Europa und Amerika ihre For-
schungsreisen nach Indien, um Swamis, Yogis und Sadhus der
unterschiedlichsten Art zu beobachten. Einige hatten bemerkenswerte Grade an körperlicher Selbstbeherrschung erreicht – sie
konnten offensichtlich minutenlang den Atem anhalten oder ihren
Herzschlag auf Null verringern. Ein typisches Testverfahren war,
einen dieser Heiligen, wie die Gottessucher in Indien gemeinhin
genannt werden, in einem Kasten zwei Meter tief einzugraben. Dies
wurde als wissenschaftliches Experiment angesehen, war allerdings recht grob. Nach Ablauf einiger Tage, wenn der Kasten
ausgegraben wurde, hatte man ein Ergebnis oder auch keins. Das
beabsichtigte Ergebnis war, daß sich der Heilige noch am Leben
befand. Fast alle frühen physiologischen Studien sind ihrem Ansatz
nach sehr oberflächlich, und viele von ihnen weisen jene eigenartige Vermischung von Wissenschaft und Sensationslust auf.

Die Kontrolle eines Sadhu über seinen Körper ist jedoch lediglich physischer Art und geht an seiner eigentlichen Existenz vor-
bei. Diese Menschen sind darauf aus, die Maske der materiellen
Erscheinung zu zerbrechen, also die Welt »oberhalb der Linie« zu
verlassen, um zu sehen, was darunter liegt. Das indische Leben ist
tatsächlich traditionellerweise so gestaltet, daß diese Suche möglich ist. Nachdem ein Mann eine Erziehung genossen, eine Familie
gegründet und seine Kinder großgezogen und die materiellen Annehmlichkeiten des Lebens genossen hat, erwartet man von ihm,
daß er ein »Sanyasin« wird, daß er also sein Leben als Hausvater
aufgibt, die Bettelschale nimmt und sich auf die Suche nach etwas
anderem macht. Wenn man nun sagt, er mache sich auf die Suche
nach Gott, nach der Wahrheit, nach der Wirklichkeit oder nach sich
selbst, so ist das alles nicht ganz richtig, denn das eigentliche We-

sen der Suche ist, daß niemand das Ziel kennt. Er begibt sich auf die Wanderschaft in eine Welt, in die von dieser Welt aus kein vorgezeichneter Weg führt. Um unsere Begriffe zu verwenden: Er macht sich auf, die Lücke zu überqueren.

Ich wuchs heran und lernte, einen europäischen Anzug zu tragen und um Heilige auf dem Bürgersteig herumzugehen. Als ich mich aber eingehender mit den Fragen der Geist-Körper-Medizin zu beschäftigen begann, kam ich immer wieder zu den alten Traditionen Indiens zurück.

Der zweite Teil dieses Buches konzentriert sich auf das, was ich gefunden habe. Die uns bekannte Welt der Atome und Moleküle hört nicht unvermittelt auf; sie geht unmerklich in eine andere Wirklichkeit über. An mancher Stelle überlappen sich diese beiden Welten jedoch. Zeit und Raum nehmen eine andere Bedeutung an; die eindeutigen Trennungslinien zwischen innerer und äußerer Wirklichkeit verschwinden. Wir befinden uns in einer Welt, die nirgends so eingehend erforscht wurde wie in Indien. In seiner echtesten Form ist ein Sadhu ein Forschungsreisender in der transzendentalen Wirklichkeit jenseits der Lücke. Das ist die Tradition, deren Bewahrer er ist, eine der ältesten und weisesten auf unserem Planeten. Um begreifen zu können, was er uns zu sagen hat, müssen wir eine neue Straße einschlagen, fort von der Physik, aber immer noch in derselben Richtung, auf der Suche nach uns selbst.

Vor der Relativitätstheorie war es im Westen keine Frage, daß Zeit, Raum, Materie und Energie verschiedene Teilbereiche der Wirklichkeit bilden. Unsere Sinne begreifen einen Baum als etwas gänzlich anderes als einen Lichtstrahl oder einen elektrischen Funken. Wir mögen das Gefühl haben, daß die Zeit eine geheimnisvollere Einheit ist, die sich verlangsamen, schneller werden oder sogar stillstehen kann, aber wir würden nie sagen: »Ich mag New York mehr als Montag.« Es scheint selbstverständlich zu sein, daß Raum und Zeit, Materie und Energie Gegensatzpaare sind, aus dem einfachen Grund, daß keines ins andere verwandelt werden kann. Die normale Welt der Sinneserfahrung ist in der uns vertrauten Weise darstellbar:

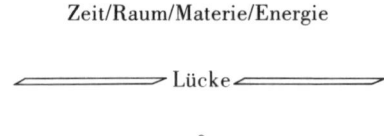

Zeit/Raum/Materie/Energie

Nachdem Einstein die Gleichung $E = mc^2$ veröffentlicht hatte, mußte sich diese einfache, vernünftige Weltsicht verändern, denn es war nunmehr möglich (die Atombombe bewies dies), Materie in enorme Energiemengen umzuwandeln. Die allgemeine Relativitätstheorie räumte dann mit der Trennung von Zeit und Raum auf. Heute befaßt sich die Physik mit einem vereinheitlichten Konzept, das Raum-Zeit genannt wird und bestimmten Umständen angepaßt werden kann (wenn beispielsweise ein Objekt fast Lichtgeschwindigkeit erreicht). Nachdem sie bewiesen hatte, daß die Natur viel weniger unterteilt war, als die Naturwissenschaft dies bis zu diesem Zeitpunkt angenommen hatte, eröffnete die Relativitätstheorie eine weitere, noch erstaunlichere Möglichkeit. Einstein stellte die These auf, daß ein fundamentales Feld allen Raum-Zeit-Transformationen wie auch allen Masse-Energie-Transformationen zugrunde liegt. Dies setzt eine einheitliche Ebene der Natur voraus, mit anderen Worten: eine Raum-Zeit-Materie-Energie.

Einstein war intuitiv von dieser Möglichkeit überzeugt, die die Wahrnehmungen der Sinneswelt radikal in Frage stellte, und zwar zu einer Zeit, als niemand sonst die Weitsicht hatte, ernsthaft darüber nachzudenken. Von 1920 an brachte er die letzten dreißig Jahre seines Lebens damit zu, isoliert von den anderen Physikern seiner Generation und fast in Vergessenheit geraten, die mathematischen Formeln für eine Theorie des vereinheitlichten Feldes zu erarbeiten. Seine Theorie sollte alle Grundkräfte in der Schöpfung zusammenfassen und das Universum als etwas Ganzes erklären. Anstelle von vier Teilbereichen sollte es nur noch einen geben.

Mit dem Wort »zusammenfassen« ist das Erbringen eines Beweises gemeint, daß zwei völlig verschieden scheinende Dinge auf einer tieferliegenden Ebene der Natur wechselseitig transformiert werden können. Photon und Lichtwelle sind klassische Beispiele dafür; sie scheinen völlig verschieden zu sein, doch sind sie auf einer unendlich feinen Ebene der Natur vereinbar – auf der sogenannten Planckschen Skala, deren Dimensionen eine Milliarde mal eine Milliarde kleiner sind als das kleinste Atom. Bislang ist noch niemandem die mathematische Formel für das vereinheitlichte Feld gelungen. Das käme der Erschließung der gesamten verborgenen Zone gleich, die wir als ?-Zone bezeichnet haben. Eine neue Theorie, die sogenannte Superstring-Theorie, hat jedoch möglicherweise endlich die Lösung parat – dreißig Jahre nach Einsteins Tod.

Angesichts eines Problems, das mit rationalem Denken nicht zu lösen ist, steckt die Wissenschaft in einer Sackgasse, doch können sich ganz unvermutete Wege auftun. Vor Tausenden von Jahren befaßten sich die alten Rishis oder Seher Indiens ebenfalls mit dieser Frage, ob die Natur letztlich vereinigt ist. Ein Rishi ähnelt einem Sadhu insofern, als sein Leben der Stille und dem inneren Leben gewidmet ist. Die Rishis lebten jedoch vor viel längerer Zeit; sie sind es, welche die ältesten Schriften des Veda oder Offenbarungen der Weisheit aufgezeichnet haben. Dazu gehört auch der Rg Veda – ein Hymnenbuch –, der möglicherweise sehr viel älter als die Pyramiden ist und gelegentlich als ältestes Denkmal der Weltliteratur bezeichnet wird. Fragt man einen modernen Inder, was der Veda ist, so wird er auf diejenigen Bücher hinweisen, welche die Worte der Rishis enthalten. Aber in Wirklichkeit ist der Veda der Inhalt des Rishibewußtseins, und das ist lebendig.

Ein Rishi hat einen solch tiefen Blick in das Wesen der Dinge getan, daß sogar Gott zu seinen Füßen sitzt, um zu lernen. Diese Lektion befindet sich in dem Text »Yoga Vasishtha«, in dem der junge Krishna, eine Verkörperung des Göttlichen, den Weisen Vasishtha um Belehrung bittet.

Es kommt mir hier nicht auf die spirituelle Bedeutung des Rishi und seines Wissens an. Es liegt in der Geschichte der Menschheit noch gar nicht so lange zurück, daß in allen Kulturen Religion, Psychologie, Philosophie und Kunst zu einem harmonischen Ganzen verwoben waren. Doch können einzelne Stränge herausgezogen werden; in diesem Falle interessiert mich, was die Rishis über das grundlegende Wesen der Wirklichkeit zu sagen hatten.

Die Rishis waren genauso fähig wie wir, die Natur in Raum, Zeit, Materie und Energie zu unterteilen, doch wandten sie einem

solchen Ansatz, der unsere Sichtweise und gedankliche Erfassung
der Welt so völlig beherrscht, den Rücken zu. Sie zogen es statt
dessen vor, das Problem in einer höchst praktischen Weise zu lösen.
Sie entschlossen sich, die Lücke zu überqueren und tatsächlich in
die ?-Zone vorzudringen, wo das Denken keinen Zugang hat. Dazu
benutzten sie einen einfachen »Dreh« in ihrem Bewußtsein, der jedoch weitreichende Folgen hatte. Es war so, als kehrte man die objektive Welt mit der Innenseite nach außen. Um dies zu tun, mußten die Rishis die Natur in unerwarteter Weise analysieren, die
wiederum durch ein Schaubild dargestellt werden kann:

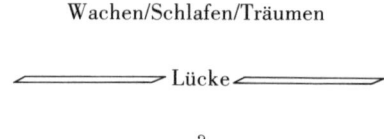

Wachen/Schlafen/Träumen

Lücke

?

Dieses Schaubild ist genauso gültig wie jenes, mit dem wir das Kapitel eröffneten, aber es betrachtet die Welt von einem rein subjektiven Standpunkt. Anstatt Zeit, Raum, Materie und Energie »da
draußen« zu sehen, beobachteten die Rishis, daß die Wirklichkeit
»hier drinnen« beginnt, in unserer bewußten Wahrnehmung. Zu jedem beliebigen Zeitpunkt, so folgerten sie, muß ein Mensch sich in
einem der drei Zustände subjektiver Bewußtheit befinden – Wachzustand, Schlaf oder Traum. Was er in diesen Zuständen wahrnimmt, ist seine Wirklichkeit. Die alten Seher nahmen an, daß die
Wirklichkeit somit in verschiedenen Bewußtseinszuständen verschieden war – ein Tiger im Traum ist nicht der Tiger im Wachzustand. Er gehorcht völlig anderen Gesetzen, und umgekehrt müssen
die Gesetze des Schlafzustandes, obwohl sie dem bewußten Geist
nicht bekannt sind, von denen des Wachzustandes und des Traums
verschieden sein.

Die Rishis sahen genauer hin und entdeckten eine Lücke zwischen jedem dieser Zustände, die als Angel dient, wenn eine Wirklichkeit in die andere hinüberwechselt. Kurz bevor er in den Schlaf
hinüberwechselt, verläßt der Geist allmählich den Wachzustand,
zieht sich von der Sinneswahrnehmung zurück und schließt die

wach erfahrene Welt aus. Doch bevor der Geist tatsächlich ein-
schläft, öffnet sich am Verbindungspunkt eine winzige Lücke, ähnlich der, die zwischen unseren Gedanken aufzuckt: Sie ist wie ein
kleines Fenster auf das Feld hinaus, das jenseits von Wachen oder
Schlafen liegt. Diese Wahrnehmung erschloß die Möglichkeit, die
üblichen Begrenzungen der fünf Sinne hinter sich zu lassen, indem
man durch die Lücke hindurchtauchte.

Angesichts der gängigen Vorstellung, daß der Westen praktisch
und der Osten mystisch ist, ist es faszinierend festzustellen, daß
die Rishis viel stärker auf direkte Erfahrung bedacht waren als jeder Quantenphysiker. Ihr subjektiver Ansatz war der sogenannte
Yoga, das Sanskritwort für »Einheit«. Die verschiedenen Übungen,
die heutzutage in Yogaklassen gelehrt werden, gehören lediglich zu
einem Zweig, der Hatha Yoga genannt wird. Wir wollen uns mit
dem wirksamsten Ansatz des Yoga beschäftigen, der geistiger Art
ist.

Da sowohl die Quantenphysiker als auch die Rishis auf der Suche nach einer allem zugrundeliegenden Einheit der Natur sind, ist
die Ähnlichkeit zwischen dem Yoga und Einsteins Bemühungen um
eine vereinheitlichte Feldtheorie sofort ersichtlich. Der Hauptun-
terschied zwischen beiden ist der, daß die Rishis, da sie keine
Theoretiker waren, erklärten, daß das vereinheitlichte Feld in der
wirklichen Welt bestehe – es sei ein Erfahrungswert und nicht einfach eine gedankliche Konstruktion.

Vom subjektiven Standpunkt der Rishis aus ist das einzige,
was das vereinheitlichte Feld sein konnte, ein anderer Bewußtseinszustand. Sie nannten ihn schlicht *Turiya*, den vierten, um
deutlich zu machen, daß er nicht zu den drei Zuständen des Wa-
chens, Schlafens und Träumens gehörte. Oder sie bezeichneten ihn
als »Parama« oder Jenseits, womit gemeint war, daß er über die gewöhnliche Erfahrung hinausging. Aber wie und wo konnte der
vierte Zustand überhaupt bestehen und erfahren werden? Die Antwort war eine zweifache. Erstens sagten die Seher, sei der vierte
Zustand überall vorhanden, aber von den anderen drei Zuständen
wie von einem Wandschirm verdeckt. Einige alte Texte erklären,
daß sich der vierte Zustand mit den anderen vermischt habe wie
Milch mit Wasser und daß ihn zu finden genauso schwer sei wie die

Trennung von Milch und Wasser. Und zweitens könne der vierte Zustand erst dann erfahren werden, wenn der Geist seine normale Aktivität transzendiert habe, was eine spezielle Meditationstechnik erfordere.

Das Wort »Rishi« selbst steht für einen Menschen, der gelernt hat, diesen vierten Zustand willentlich zu erreichen und zu beobachten, was er enthält. Diese Fähigkeit ist nicht mit dem uns geläufigen »Denken« gleichzusetzen. Das ganze Phänomen ist eine unmittelbare Erfahrung, so wie das Wahrnehmen von Fliederduft oder die Stimme eines Freundes. Sie ist unmittelbar, nicht-begrifflich und bewirkt, anders als der Duft der Blüten, einen tiefgreifenden Wandel. Während sie in tiefer Meditation saßen, ganz in ihrer subjektiven Bewußtheit versunken, erforschten die Rishis Turiya so, wie wir uns den Grand Canyon anschauen würden. Als Personen haben diese Seher Namen, aber die Reise in die ?-Zone verwischt die Grenzen dessen, was wir immer persönliche Identität nennen. Vasishtha ist beispielsweise nicht nur der Name eines der größten unter den alten Rishis, sondern er steht für einen integralen Bestandteil des Veda – des transzendentalen Wissens –, den der Mensch Vasishtha als erster erschaute. Um diesen Teil des Veda zu kennen, müßte man sich im »Vasishtha-Bewußtsein« befinden. Kurz: Diese Weisen nahmen die Existenz in ihrer reinsten Form wahr.

Für den Westen, der die entsprechenden Meditationstechniken nicht beherrschte, gab es keine Möglichkeit, die Existenz eines vierten Bewußtseinszustandes systematisch zu überprüfen. Deshalb ist Turiya von der Wissenschaft ignoriert worden. Und in der Tat würden viele Wissenschaftler diesen Zustand als unbedeutend oder sogar bedrohlich ansehen. Allein der Begriff »Einheit« ruft unerwünschte Bilder wach: die Auflösung in einen Zustand des Nichts oder den Verlust der eigenen Identität, die zerfließt wie Wassertropfen, die im Ozean verschwinden. Trotz gelegentlich ausbrechender Begeisterung für östliche Lehren entstammt der Wissenszuwachs des Westens weit stärker der äußeren Beobachtung als der inneren.

Aber wenn es einen Zustand gibt, der jenseits der üblichen drei liegt, so ist es wahrscheinlich, daß er von Zeit zu Zeit auftaucht, sei es auch nur durch Zufall. Charles Lindbergh berichtet beispiels-

weise von einem Vorfall, der sich 1927 in einem der kritischsten
Momente seines Lebens ereignete. Am zweiten Tag seiner histo-
rischen Atlantiküberquerung spürte Lindbergh, daß er am Rande
der körperlichen Erschöpfung angelangt war. Da er befürchtete, die
Kontrolle über sein Flugzeug zu verlieren, erlaubte er sich, ab und
zu einzudösen und vertraute darauf, daß er auf Kurs blieb. Dann
setzte eine erstaunliche Bewußtseinsveränderung ein:

»Immer und immer wieder kehrte ich am zweiten Tag meines
Fluges zu einem Zustand geistiger Wachheit zurück, der genügte,
um wahrzunehmen, daß ich geflogen war, während ich weder
schlief noch wachte. Meine Augen waren geöffnet gewesen. Ich
hatte auf die Anzeigen der Instrumente reagiert und war im großen
und ganzen auf Kurs geblieben. Doch hatte ich das Gefühl für Umstände und Zeit verloren. Während unermeßlicher Zeiträume
schien ich mich über meinen Körper und mein Flugzeug hinaus zu
erstrecken, losgelöst von allen irdischen Werten, und erlebte
Schönheit, Form und Farbe, ohne dazu meiner Augen zu bedürfen.«

Als Kind hatte Lindbergh in den Feldern, die zu seines Vaters
Hof gehörten, gelegen und ein ähnliches Gefühl empfunden, »jenseits der Sterblichkeit« zu sein, während er in den Himmel blickte.
Aber der Vorfall über dem Nordatlantik reichte weiter. Lindbergh
erinnerte sich später: »Es war ein Erlebnis, bei welchem sowohl
der Intellekt als auch die Sinne ersetzt wurden durch etwas, das als
gegenstandsfreie Bewußtheit bezeichnet werden könnte ... Ich erkannte, daß Vision und Wirklichkeit austauschbar waren, wie Energie und Materie.«

Das klingt wie das subjektive Gegenstück zu den Raum-Zeit-
Transformationen, deren Möglichkeit im objektiven Bereich Einstein bewiesen hatte. Subjektive Erfahrung ist jedoch bekanntlich
schwer zu messen, besonders dann, wenn sie über den normalen
Wahrnehmungsbereich hinausreicht. Die Physiologen warteten bis
in die späten sechziger Jahre, bevor der erste es wagte nachzuweisen, daß die alten Rishis dem menschlichen Geist tatsächlich eine
neue Dimension erschlossen hatten. Was diesen Nachweis ermög-
lichte, war ein plötzlicher Anstieg des Interesses an Meditation und
insbesondere an Transzendentaler Meditation, kurz TM genannt,
die 1959 von ihrem Begründer Maharishi Mahesh Yogi aus Indien

in die USA gebracht wurde.* Ab Mitte der sechziger Jahre erfreute sich TM steigender Popularität. Auf dem Höhepunkt der Bewegung erlernten allein im Jahre 1975 fast eine halbe Million Amerikaner TM. TM stieß in der westlichen Welt auf großes Interesse.

Andere indische Meister waren schon vor Maharishi in den Westen gereist, doch war er der erste, dem es gelang, die kulturellen Schranken mit solcher Breitenwirkung zu überwinden. Als er zu lehren begann, hatten die meisten Menschen im Westen kaum etwas von Meditation gehört, und viele betrachteten sie mit Skepsis. In gewisser Weise war eine Wortverwirrung dafür verantwortlich. Für einige ist Meditation gleichbedeutend mit Kontemplation oder sogar mit Beten. Wir tun uns schwer einzusehen, daß für einen Rishi Meditation nur eines bedeuten kann: *Dhyan*. Das ist das Sanskritwort für das Beruhigen des Geistes in der Stille des vierten Zustandes. Dhyan ist die Sprachwurzel ähnlicher Wörter in allen asiatischen Sprachen, so beispielsweise des japanischen Wortes »Zen«. Um den Unterschied hervorzuheben, fügte Maharishi das Wort »transzendental« hinzu, das unterstreicht, daß der Geist seine üblichen Grenzen überschreiten beziehungsweise transzendieren muß, um Turiya zu erreichen.

Es war ein bedeutsamer Schritt für Maharishi, den Himalaya zu verlassen, wo er vierzehn Jahre verbracht hatte, und direkt in das moderne Amerika zu gehen. Die Ashrams (Klöster) entlang des Ganges, an den entlegensten Stellen von Utar Kashi, dem »Tal der Heiligen«, sind die weltfernsten Orte Indiens, eines Landes, in dem es selbst in den weltlichsten Gegenden keine zuverlässigen Telefone gibt. Betrachtet man ein Foto aus dem Jahre 1964, so kann man sich leicht vorstellen, welchen Eindruck er auf seine Umgebung machte. Das Foto entstand am Big Bear Lake, hoch in den Bergen oberhalb von San Francisco. Im Schatten von gewaltigen Ponderosa-Fichten ist ein Picknick vorbereitet, ungeachtet der Tatsache, daß der Boden von einem halben Meter Schnee bedeckt ist.

---

*   Da TM eine sehr gründlich untersuchte Meditationsform ist, konzentriere ich mich darauf sowie auf ihre Ursprünge im Veda. Andere Meditationstraditionen aus anderen Kulturbereichen haben wertvolle medizinische Anwendungsaspekte und spirituelle Bedeutung, über die zu sprechen ich aber nicht qualifiziert bin.

Das Licht hat eine glitzernde Hochgebirgsbrillanz. Auf dem Foto sind ein Dutzend Menschen zu sehen, elf davon sind in Mäntel und Parkas eingemummelte Amerikaner. Der zwölfte – Maharishi – fällt sofort auf. Er sitzt fröhlich auf einem Tuch im Schnee, angetan mit dem traditionellen Mönchsgewand aus weißer Seide, Sandalen und Schultertuch. Er sieht klein aber wohlgestaltet aus; sein langes Haar und sein Bart sind nicht beschnitten, was ebenfalls eine Mönchsregel ist.

Zu dieser Zeit hatte Maharishi bereits seinen »Kulturschock« hinter sich. Bei seinem ersten Besuch in den Staaten im Jahre 1959 kündigte eine Tageszeitung in San Francisco Transzendentale Meditation als »nicht-medikamentöses Beruhigungsmittel« an und pries sie als eine vielversprechende Therapie gegen Schlaflosigkeit. Da es der erste Artikel war, der über seine Ankunft berichtete, wurde er Maharishi von seinen amerikanischen Gastgebern mit Stolz präsentiert. Sie lasen ihn laut vor und warteten auf seine Reaktion. Maharishi saß still da, dann sagte er nur ein Wort: »grausam«. Seine Gastgeber waren schockiert. »Ich würde am liebsten nach Hause laufen«, sagte Maharishi mit gedämpfter Stimme. »Dies scheint ein seltsames Land zu sein. Die Werte hier sind anders.« Es brauchte eine Weile, bevor er über die Amerikaner lachen konnte, die einschlafen wollten, wo er sie doch aufwecken wollte. Noch heute wundern sich manche über Maharishis Reaktion, da ja Meditation fast ein Synonym für Entspannung und deren Nutzen geworden ist, wozu auch eine bessere Schlafqualität gehört. Ärzte, denen gegenüber ich die Meditation erwähnte, versichern mir allgemein, daß Meditation der Entspannung dient, unabhängig davon, ob sie nun daran »glauben« oder nicht. Erst im Licht des Veda kann man begreifen, warum das sehr kurzsichtig ist.

Der Veda stellt eine ungeheure Erweiterung des menschlichen Geistes dar. Die beste Weise, ihn zu beschreiben, ist der Vergleich mit einem kosmischen Computer. Der gesamte Input (Eingabe) der Natur läuft hier zusammen, und alle Naturphänomene entstehen aus ihm. Die Schaltzentrale für diesen Computer befindet sich im menschlichen Gehirn, dessen Milliarden von Nervenverbindungen ihm genug Komplexität liefern, um die Komplexität des Universums widerzuspiegeln. Als Objekt sei das Gehirn uninteressant, meinten die Rishis. Wichtig sei es deswegen, weil unsere eigene Subjektivität durch das Gehirn hindurchscheine: Wenn unser Gehirn uns die Welt zeige, so zeige dies uns in Wirklichkeit uns selbst. Bildhaft wäre es mit einem Spiegel vergleichbar, der etwas reflektiert. Hier kommt es zu einer Vermischung: Der Spiegel ist das Spiegelbild, das Spiegelbild ist der Spiegel. Genauso ist die einzige Wirklichkeit, über die wir etwas wissen können, die, welche in unserem Gehirn widergespiegelt wird. Alles, was existiert, ist deshalb unsere Subjektivität.

Ein Physiker würde dem normalerweise nicht zustimmen, da er sich mit dem objektbezogenen Ansatz angefreundet hat und die Subjektivität buchstäblich als seinen Feind betrachtet. Ein Physiker sagt: »Dies ist ein Photon.« Er sagt nicht: »Dies ist mein Gefühl dessen, was ein Photon ist.« Der Veda entbehrt nicht des objektiven Wissens – aus ihm entstanden eigene Wissenschaften wie Botanik, Physiologie, Astronomie, Medizin und so fort. Aber die Rishis waren nicht der Ansicht, daß die Objektbezogenheit der zuverlässigste Weg der Wissensgewinnung sei, besonders dann, wenn mehr als die bloße Oberfläche der Natur erforscht werden soll. Die Wahrheit sei, daß die Wahrnehmung sich entweder verengen oder weit öffnen kann.

Die Natur ist wie eine Radioskala. Wenn man einem isolierten Objekt Aufmerksamkeit widmet – einem Stein, einem Stern oder einer ganzen Galaxie –, so wählt man einen Kanal auf der Skala aus. Der Rest muß selbstverständlich ausgeschlossen werden – aber nur auf dieser Bewußtseinsebene.

Es mag sein, daß auf anderen Bewußtseinsebenen mehr Kanäle empfangen werden können oder mehrere Kanäle gleichzeitig. Heutzutage schätzen Physiker, daß unsere Sinnesorgane weniger als ein Milliardstel aller uns umgebenden Energiewellen und Teilchen wahrnehmen. Wir leben in einer »Energiesuppe«, die unvorstellbar viel größer ist als die Welt, die wir sehen. Das sichtbare Universum stellt man sich heutzutage als winzige Wiedergabe der ursprünglichen Schöpfung vor, oder auch als Überbleibsel einer viel weiteren Wirklichkeit, die irgendwann vor Beginn der Zeit in sich zusammenfiel, wobei ihre zehn Urdimensionen sich auf die vier uns bekannten verringerten. Ich bitte um Verzeihung, daß ich den Ausdruck »vor Beginn der Zeit« verwende, der ein grelles Paradox ist, aber es gibt keine andere Möglichkeit, Ereignisse vor dem Urknall sprachlich einzuordnen. Auch scheint es, daß im Moment der Schöpfung unser Universum mit dem Milliardenfachen der heute mit Radioteleskopen beobachtbaren Energie erfüllt war. Der Rest wurde in dasselbe verborgene Feld zurückgenommen, in dem auch die verbleibenden sechs Dimensionen verschwunden sind.

Die Rishis erklärten, daß wir uns durch ein erweitertes Bewußtsein sogar diese unvorstellbare, verlorene Wirklichkeit von neuem erschließen könnten. Die theoretische Physik bestätigt, daß die verlorengegangenen Dimensionen und unsichtbaren Energiefelder im Grunde nicht irgendwohin verschwunden sind. Sie sind lediglich wieder in das Urfeld hinein »entschlafen«. In ähnlicher Weise ist die transzendentale Ebene des Bewußtseins überall verfügbar. Man braucht nicht an irgendeinen besonderen Ort zu gehen, um sie zu finden. Man braucht nur aufzuwachen. William James drückte diese Idee in einem berühmten Satz aus:

»Unser normales Wachbewußtsein, rationales Bewußtsein, wie wir es nennen, ist nur eine spezielle Art von Bewußtsein, während rundherum, nur durch eine hauchdünne Trennwand abgeschirmt, potentielle Bewußtseinsformen existieren, die völlig anders sind. Wir können durch unser Leben gehen, ohne jemals ihr Vorhandensein auch nur zu ahnen. Regen wir sie aber in der richtigen Weise an, so sind sie im Handumdrehen in ihrer Ganzheit da.«

Wenn so viel mehr Wirklichkeit in Reichweite liegt, warum können wir sie dann nicht berühren? Seltsamerweise wurde der Schlüssel zu einer Antwort von Forschern gefunden, die mit neugeborenen Kätzchen experimentierten. Katzen werden mit geschlossenen Augen und unentwickelten Sehnerven geboren. Wenn sie ihre Augen öffnen, setzt gleichzeitig ein Entwicklungsprozeß des Sehvermögens ein. Beides erfolgt immer parallel. Man stellte jedoch Mitte der siebziger Jahre fest, daß, wenn man einem Kätzchen während der ersten zwei oder drei Tage, in denen es normalerweise zuerst die Augen öffnet, die Augen verbindet, es für den Rest seines Lebens blind bleibt. Tatsächlich formt die Seherfahrung während dieser kurzen, aber kritischen Phase die neuronalen Verknüp-

fungen im Gehirn, die dann das Sehen möglich machen. Das war
eine wichtige Entdeckung, denn die Biologen sind sich weiterhin
uneins darüber, ob Vererbung oder Erfahrung für das Verhalten ausschlaggebend ist. Es ist eine alte Frage, ob eine Eigenschaft angeboren oder anerzogen ist. Lernt ein Rotkehlchen das Singen von
seiner Mutter, oder wird es auch singen, wenn es isoliert aufwächst? Das Experiment mit den Kätzchen zeigte, daß wohl Anlagen als auch Erziehung notwendig sind. Das Gehirn des Kätzchens
ist auf das Sehenkönnen programmiert, aber es bedarf des tatsäch-
lichen Sehens, damit sich das Programm voll entfalten kann. Darin
liegt allerdings noch eine tiefere Bedeutung. Unsere eigenen Gehirne könnten in genau derselben Weise beschränkt sein. Viele
Dinge, die es »da draußen« gibt, existieren für uns nicht, und zwar
nicht deswegen, weil sie nicht da sind, sondern weil wir »hier
drinnen« nicht die Voraussetzungen geschaffen haben, sie wahrzunehmen. Wir sind wie Radios, die scheinbar alle Frequenzen aufnehmen können, in Wahrheit aber auf drei geeicht sind: Wachen,
Schlafen, Träumen.

Da unser Gehirn das einzige Radio ist, das wir haben, wissen
wir nicht, ob es einen vierten Zustand gibt, bis unser Nervensystem
darauf eingestellt ist. Es ist durchaus möglich, daß wir von jenem
jenseits liegenden Bereich umgeben, ja buchstäblich darin gebadet
sind, und ihn dennoch nicht registrieren.

In diesem Licht betrachtet ist der Veda so etwas wie die gesamte
Bandbreite aller Frequenzen. Mit der Zeit jedoch verzerrte sich
seine Bedeutung, als die Menschen den Kontakt mit dem reinen
Bewußtsein verloren. Anstelle des vedischen Wissens blieben Indien nur noch die vedischen Schriften. Die Bücher preisen den
Veda als höchstes und universales Wissen, aber der heutige Zustand Indiens macht deutlich, daß die tatsächliche Kraft des Veda
erloschen ist und lediglich die äußere Form fortbesteht. Es ist so,
als wüßte man, daß es einen kosmischen Computer gibt, als habe
man das komplette Bedienerhandbuch, hätte aber vergessen, wo
man ihn anschließen soll.

Um den Menschen den Weg zum reinen Bewußtsein zu weisen,
mußte Maharishi sie von der Oberfläche des Lebens fortführen.
Alle anderen östlichen Meister, die das zuvor versucht hatten, hat-

ten dies so dargestellt, als sei das Sich-nach-innen-Wenden gleichbedeutend mit einer Aufgabe weltlicher Annehmlichkeiten. Maharishi schlug genau den entgegengesetzten Weg ein und sagte, daß
der ganze Zweck des Transzendierens der sei, den Geist zu erweitern. Wenn die subjektive Wahrnehmungsfähigkeit sich erweitert,
dann muß ihr Gegenbild – die sichtbare Welt – sich ebenfalls erweitern. Der lange Verfall indischer Weisheit hat zu dem Mißver-
ständnis geführt, daß Verzicht der Weg zu Turiya sei und Weltentsagung das Ziel des Lebens.

»*Leben* auf der Grundlage von Weltentsagung! Das ist eine völ-
lige Entstellung der indischen Philosophie und hat nicht nur den
Weg zur Selbstverwirklichung versperrt, sondern auch unaufhörlich
die Wahrheitssucher in die Irre geführt. Tatsächlich hat sie dies der
Möglichkeit beraubt, jemals das Ziel zu erreichen.«

So schrieb Maharishi im Jahre 1967 in seinem richtungsweisen-
den Kommentar zur Bhagavadgītā. Seine Worte gehen wie ein kräftiger Windstoß durch die erstarrte östliche Doktrin. In jeder Tradition – nicht nur in der indischen – hatte das Dogma von Verzicht
und Weltentsagung bislang eine verheerende Wirkung. Die vorherrschende Meinung ist die, daß der Geist aus der Aktivität hinausge-
drängt werden muß, wenn er zur Stille kommen will. Ein kräftiges
Bild aus dem Veda enthält die Aussage, daß Meditation dem Zäh-
men eines wilden Elefanten gleicht. Das Tier muß an einen Pfahl
gefesselt werden und solange trompeten und trampeln, bis es völlig
erschöpft ist. Dann erst kann die Zähmung beginnen.

Maharishi meint, daß dies ein folgenschwerer Fehler sei. Die
Wahrheit sei, daß der Geist den vierten Zustand erreichen möchte
und ihn suche, sobald er seiner natürlichen Neigung folgen dürfe.
Meditation ist also nur ein Mittel (Maharishi nennt die Meditation
die »mühelose Mühe«), um den Geist in die richtige Richtung zu
lenken. Der sichtbarste Beweis dafür, daß er recht hat, kommt aus
der stillen Lücke, die ganz natürlich im Raum zwischen den Gedanken erscheint. Aber der Veda gibt uns noch ein Beispiel zur Unterstützung: Gedanken sind wie Meereswellen. Steigend und fal-
lend sehen sie nur ihre eigene Bewegung. Sie sagen: »Ich bin eine
Welle.« Die größere Wirklichkeit aber, die ihnen entgeht, ist: »Ich
bin das Meer.« Es gibt keine Trennung zwischen beiden, was immer

die Welle auch denken mag. Wenn eine Welle ausläuft, dann erkennt sie unmittelbar, daß ihr Ursprung das Meer ist – unendlich,
still und unwandelbar – seit Anbeginn aller Zeit.

Dasselbe gilt für den Geist. Wenn er denkt, ist er ganz Aktivität;
hört er auf, kehrt er zu seinem Ursprung in der Stille zurück. Erst
dann, wenn der Geist reines Bewußtsein berührt, öffnet sich die
wahre Schatzkammer des Veda. Die Erfahrung des Veda ist deshalb
nichts, was früher einmal war, oder gar etwas spezifisch Indisches.
Sie ist universal und jedermann zu jeder Zeit zugänglich. Der ganze
»Trick« ist der, daß man sich nicht waagerecht bewegt, wie es der
Fluß des Bewußtseins üblicherweise tut, sondern senkrecht ein-
taucht. Dieser senkrechte Abstieg ist Transzendieren, Meditation,
Dhyan, »Ins-Jenseits-Gehen« – alles Zustände eines Geistes, der
aufhört, sich mit den Wellen zu identifizieren, und sich als Meer er-
fährt. Wenn dieses Argument richtig ist, so müssen das Wesen des
Geistes und die Geist-Körper-Verbindung neu überdacht werden.
Der Punkt, nach dem Archimedes Ausschau hielt – ein Ort, an dem
man stehen und die Welt bewegen könnte – existiert tatsächlich. Er
liegt in uns, verdeckt von dem faszinierenden, aber irreführenden
Film, den uns der Wachzustand vorführt.

Das mag erklären, warum die Geist-Körper-Medizin sich als so
unzuverlässig erwiesen hat. Wir nehmen ganz selbstverständlich
an, daß jemand, der seinen Krebs überlebt oder sich von sonst einer lebensgefährlichen Krankheit selbst heilt, sich derselben Mechanismen bedient wie jeder andere auch. Das aber stimmt nicht.
Geistige Prozesse können tief oder flach sein. Tief einzutauchen
bedeutet, den verborgenen Bauplan der Intelligenz zu finden und
ihn zu verändern. Erst dann kann die Visualisierung beispielsweise
eines Krebsgeschwürs stark genug sein, um die Krankheit zu besiegen. Aber die meisten Menschen können das nicht. Ihre Gedankenkraft ist zu schwach, um die erforderlichen Mechanismen auszulösen.

Die praktische Frage ist die, ob die Meditation stark genug ist,
um unsere Gedankenkraft nachhaltig zu verbessern. Verschiedene
Untersuchungen von Wissenschaftlern, die mit Maharishi zusam-
menarbeiten, haben ergeben, daß die Meditation tatsächlich einen
tiefgreifenden Wandel bewirken kann, der über die einfache Ent-

spannung hinausreicht, welche die meisten westlichen Menschen darin suchen, ja sogar weit über die medizinischen Zwecke wie Streßlösung, Senkung von Bluthochdruck und anderes mehr.

Der erste westliche Wissenschaftler, dem ein wesentlicher Durchbruch bei der Erforschung des vierten Zustandes oder genauer gesagt: dem überhaupt erst einmal der Nachweis dieses Zustandes gelang, war ein amerikanischer Physiologe namens Robert Keith Wallace. Im Jahre 1967 war Wallace Medizinstudent an der University of California in Los Angeles und begann dort mit der Forschung für seine Doktorarbeit über physiologische Veränderungen während der Ausübung der TM. Mit Hilfe der Methoden der modernen biomedizinischen Forschung nahm er über mehrere Jahre hinweg Messungen an TM-Ausübenden vor. Er schloß sie, ohne die Meditation zu beeinträchtigen, an Geräte an, um ihre Gehirnwellen, ihren Blutdruck, ihre Herzfrequenz und andere Parameter physischer Veränderung zu messen. Die Testpersonen saßen zwanzig Minuten lang da und übten die weltweit gleiche geistige Technik aus, die jeder Meditierende erlernt.

Wallace trug in kurzer Zeit einen umfangreichen Datenschatz mit einzigartigen Ergebnissen zusammen. Zunächst stellte er fest, daß tatsächlich während der Meditation etwas Meßbares im Körper geschah. Innerhalb weniger Minuten nach Beginn der Meditation trat bei den Testpersonen ein Zustand tiefer Entspannung ein, der von einer Verlangsamung der Atem- und Herzfrequenz, dem Auftreten von Alphawellen im EEG (Elektroenzephalogramm, Flußdiagramm der elektrischen Hirnströme) sowie von einer Verringerung des Sauerstoffverbrauchs (ermittelt durch eine Atemanalyse) gekennzeichnet war. Diese letzte Messung war besonders bedeutsam, da sie zeigte, daß der Stoffwechsel des Körpers, der unmittelbar mit dem Gesamtbrennstoffverbrauch in den Zellen zusammenhängt, verringert wurde.

Meditierende erreichten den tiefsten Punkt ihrer Entspannung sehr rasch. Man braucht nach dem Einschlafen etwa vier bis sechs Stunden, bis der Sauerstoffverbrauch seinen tiefsten Stand erreicht. Meditierende dagegen brauchten dazu nur wenige Minuten. Darüber hinaus beträgt die Abnahme bei Schlafenden im Schnitt weniger als sechzehn Prozent, während bei Meditierenden Rückgänge zu verzeichnen waren, die gelegentlich fast das Doppelte betrugen. Wallace war von diesen Zahlen beeindruckt, zumal ein solch tiefer Entspannungszustand nie zuvor aufgezeichnet worden war. Was dies zeigte, war, daß die subjektiven Erfahrungen während der Meditation – innere Stille, Frieden und Entspannung – eine meßbare physische Grundlage hatten. Auch war es sehr bedeutsam, daß die Testpersonen nicht eingeschlafen waren oder sich in Trance befanden. Sie waren innerlich völlig wach und hatten sogar eine Empfindung erhöhter Bewußtheit. Wallace schloß daher, daß Meditation ein »hypometabolischer Wachzustand« sei. Da seine Messungen sich von allem unterschieden, was bislang während Wachzustand, Traum und Schlaf zu beobachten gewesen war, folgerte er, daß er es mit einem völlig neuen Bewußtseinszustand zu tun hatte – dem vierten Zustand.

Bei manchen Meditierenden war es zu physischen Veränderungen gekommen, die weit über den Durchschnitt hinausgingen. Wie bei den in Indien und im Himalaya untersuchten Yogis schien ihr Atem über lange Perioden hinweg auszusetzen, und die allgemein von ihnen erreichte Tiefe der Entspannung war erstaunlich. Auf der subjektiven Ebene wurden diese tieferen Zustände erfahren als absolute innere Stille, ein Gefühl unendlicher Ausdehnung und tiefen Verstehens. Der Geist war aller spezifischen Gedanken entleert, doch blieb ein klares Erleben von »Ich weiß alles«. Niemand konnte diese Erfahrungen klären, da wissenschaftliche Instrumente zu grob sind, um sie ausfindig zu machen, geschweige denn sie zu analysieren. Aus Gehirnwellenmustern läßt sich beispielsweise nicht ablesen, ob es sich um einen Gesunden oder einen Geisteskranken handelt; sie können nur ein halbes Dutzend Hirnerkrankungen mit Sicherheit anzeigen und sind noch viel weniger dazu geeignet, höhere Bewußtseinszustände festzuhalten.

Für jeden in der vedischen Wissenschaft Bewanderten war jedoch ersichtlich, daß sich diese Personen auf einer sehr tiefen Ebene transzendentalen Bewußtseins befanden. Im Yoga Vasishtha, einer der bedeutendsten Quellen direkter Erfahrung des Transzendenten, heißt es über den vierten Zustand: »Wenn es zu einem mühelosen Aussetzen des Atems kommt, so ist dies der höchste Zustand. Er ist das Selbst. Er ist reines, unendliches Bewußtsein.

Wer ihn erreicht, ist frei von Sorge.« Man würde schwerlich eine bessere Beschreibung dessen finden, was die Physiologen beobachteten. Wallace sichtete physiologische Meßdaten aus Untersuchungen an japanischen Zen-Meditierenden und stieß auf vergleichbare Ergebnisse. Erstaunlich dabei war jedoch, daß seine zumeist jungen, der Nach-Hippie-Generation angehörenden amerikanischen Testpersonen, die erst seit kurzem meditierten, dieselben Testwerte erreichten wie Zen-Meditierende, die schon zehn Jahre lang diese Meditation ausübten.

Was Wallace aus anderer Sicht tat, war, daß er die Geist-Körper-Verbindung der wissenschaftlichen Forschung erschloß. Es ist heutzutage allgemein anerkannt, daß der Körper spontan auf den jeweiligen Bewußtseinszustand reagiert, was ja auch die Rishis gesagt hatten. Das Paradoxe dabei ist, daß wir überhaupt das Nach-innen-Tauchen lernen müssen. Die Meditation hilft uns einen Vorgang steuern, der uns täglich und ständig beeinflußt, ob wir uns dessen nun bewußt sind oder nicht.

Unter meinen Patienten in Boston war kürzlich eine Frau Mitte Sechzig, die seit etlichen Jahren an einer degenerativen Erkrankung des Herzmuskels litt. Es gibt verschiedene Erscheinungsformen dieser Erkrankung; in ihrem Falle war es eine sogenannte idiopathische Kardiomyopathie, was besagt, daß keine Ursache festgestellt werden konnte. Ihr Hauptsymptom war zum Zeitpunkt der Diagnose eine bei jeder Anstrengung auftretende Atemnot – ein akutes Herzversagen durch Herzerweiterung. Die Medizin kann so gut wie nichts gegen diese Krankheit unternehmen, was die Patientin sehr beunruhigte. Doch hatte der sie behandelnde Kardiologe ihr zwei Monate zuvor bei ihrer letzten Sprechstunde empfohlen, ein Angiogramm in einer Klinik machen zu lassen.

Der Zweck eines solchen Angiogramms ist es, festzustellen, ob die Herzkranzarterien, die Blutgefäße also, die Sauerstoff ins Herz leiten, verstopft sind. Der Kardiologe war der Ansicht, daß, wenn es dort irgendeine verengende Ablagerung gab, ein Teil ihres Problems auf eine Erkrankung der Arterien zurückzuführen war, die behandelt werden konnte. Nur mit großer Überwindung unterzog sie sich dem Test. Der Angiograph, der ebenfalls Arzt war, kam anschließend zu ihr.

»Ich habe gute Nachrichten für Sie«, sagte er. »Ihre Blutgefäße
sind sauber – Sie haben also keine Erkrankung der Herzkranzarterien. Meiner Ansicht nach besteht keine Notwendigkeit für eine
Operation.« Als er im Begriff war, das Zimmer zu verlassen, wandte
er sich noch einmal um und sagte: »Sollte sich Ihr Zustand jedoch
verschlechtern, so ist das einzig Sinnvolle eine Herztransplantation.«

Das hatte man der Patientin vorher nie gesagt, und innerhalb
von wenigen Tagen trat ihre Atemnot nicht nur bei Anstrengungen
auf, sondern verschwand auch beim Niederliegen nicht. Von
Schlaflosigkeit geplagt und immer beängstigter, suchte sie ihren
Kardiologen auf, der keine Ursache für die Verschlimmerung der
Symptome feststellen konnte. Schließlich stellte er sie eines Tages
zur Rede und erfuhr, daß sie sich vor einer Herztransplantation
fürchtete. Er versicherte ihr, daß ihre Ängste unbegründet seien,
da ihr Zustand weit davon entfernt sei, einen solch drastischen Eingriff erforderlich zu machen. Von Stund an verschwanden ihre Symptome.

Wir sehen erneut, wie eng objektive und subjektive Wirklichkeit
miteinander verbunden sind. Wenn sich die eine verändert, so zieht
die andere nach. Die objektbezogene Wirklichkeit ist scheinbar
stabiler als unsere subjektiven Zustände mit ihren flüchtigen Wünschen und Gefühlsschwankungen. Und dennoch ist auch sie nicht
von Dauer. Man ist wieder an das Bild erinnert, das schon zu Beginn dieses Buches in Chitras Krankengeschichte auftauchte, aber
für uns alle gilt: Der Körper ist wie eine Geigensaite, die einerseits
einen bestimmten Ton halten kann, auf der aber mit dem auf und ab
gleitenden Finger jeder erdenkliche Ton zu erzeugen ist.

Die Tonhöhe stellt hierbei unsere Bewußtseinsebene dar. Dies
ist eine sehr grundlegende innere Eigenschaft, eine Art Fokus, in
dem alle unsere Gedanken, Gefühle und Wünsche zusammenlau-
fen, oder auch eine getönte Brille, durch die wir die Welt in einem
bestimmten Farbton sehen. Die meisten Menschen sind sich dieses
Zusammenhangs nicht bewußt, andere wiederum nehmen es sehr
deutlich wahr: Ein depressiver Mensch strahlt etwas Bedrückendes
aus, selbst dann, wenn er versucht, positiv zu handeln. Ein feind-
seliger Mensch kann einen ganzen Raum zum Brodeln bringen,

selbst dann, wenn er die harmlosesten Dinge sagt. Unsere jeweilige
Bewußtseinsebene ist immer nur ein Teil eines größeren Spektrums. Niemand ist ausschließlich feindselig oder fröhlich, intelligent oder dumpf, zufrieden oder unzufrieden – in jeder Persönlichkeit gibt es Dutzende feiner Zwischenstufen.

Wichtig dabei ist, daß alles, was wir denken und tun, von dieser
Ebene aus bestimmt ist. Wir können uns nicht auf eine höhere oder
tiefere Ebene hinauf- oder hinabdenken. Das erklärt, warum Meditation nicht einfach eine unter vielen Denkrichtungen und Wegen
der Innenschau ist, wie fälschlicherweise vielfach im Westen angenommen wird. Meditation ist vielmehr eine Methode, eine neue
»Tonhöhe« zu erreichen. Der Vorgang des Transzendierens oder
Überschreitens löst den Geist von seiner festen Ebene ab und ermöglicht ihm, und sei es auch nur für einen kurzen Augenblick,
ohne jegliche Ebene zu existieren. Er erfährt einfach gedankenfreie
Stille, ohne Gefühle, Absichten, Wünsche, Ängste, ohne Inhalt.
Wenn der Geist dann anschließend wieder seine übliche Tonhöhe
(Bewußtseinsebene) erreicht, hat er etwas mehr Bewegungsfreiheit
erworben.

Vom medizinischen Standpunkt aus könnte eine Krankheit so
etwas wie ein falscher Griff auf der Geige sein. Und aus irgendeinem Grund ist das Geist-Körper-System unfähig, den Griff zu ändern, zu einem gesünderen Ton überzugehen. Wenn das so ist, dann
könnte Meditation ein hochwirksames therapeutisches Mittel sein,
das dem Körper erlaubt, sich von der Krankheit zu lösen. Medita-
tionsforscher stießen gegen Ende der sechziger Jahre auf dieses Potential, als sie entdeckten, daß viele Meditierende im Oberschul-
alter, die schon relativ stark alkohol-, nikotin- und drogensüchtig
gewesen waren, ihre Gewohnheit innerhalb weniger Monate nach
Beginn der Meditation spontan aufgaben. Wir können das als Los-
lösung von einer alten Bewußtseinsebene bezeichnen, die das jeweilige Suchtmittel verlangte. Im Zusammenhang mit den Neuropeptiden ist es möglicherweise so, daß die Meditation gewisse
Rezeptoren befreite, indem sie Moleküle anbot, die mehr Befriedi-
gung boten als Alkohol, Nikotin oder Marihuana.

Bis zum Jahre 1978 hatte Robert Keith Wallace über ein Jahrzehnt damit zugebracht, verschiedene Geist-Körper-Wirkungen bei

TM-Ausübenden zu untersuchen. Er entschloß sich, nunmehr einer neuen Spur nachzugehen und einen sowohl komplexeren als auch ganzheitlicheren Bereich, den menschlichen Alterungsprozeß, zu erforschen. Der Alterungsprozeß wird traditionellerweise unhinterfragt als unvermeidlicher Aspekt des normalen Lebens akzeptiert, und man betrachtet Abweichungen allgemein als Ausnahmen. Manche Menschen leben auf Grund außergewöhnlicher Gene, eines starken Immunsystems oder glücklicher Umstände länger als andere, doch gibt es keinen allgemein anwendbaren Faktor, der dem Alterungsprozeß Einhalt gebieten könnte. Gäbe es ihn, so wären die Körperfunktionen von Siebzigjährigen durchweg genauso gesund wie bei den meisten Zwanzigjährigen.

Es gibt jedoch keinen wissenschaftlichen Nachweis, daß der Alterungsprozeß normal ist – wir sind ihm lediglich alle unterworfen. Das »normale« Leben ist so vielen Belastungen ausgesetzt, daß man davon ausgehen kann, daß die Physiologie ständig unter überhöhtem Druck steht – durch Lärm, Umweltverschmutzung, negative Gefühle, falsche Ernährung, Rauchen, Trinken und so fort. Allein die allgegenwärtige »Krankheit des In-Eile-Seins« beschleunigt den Alterungsprozeß heutzutage bei fast jedem von uns. Wenn Meditation diesen Faktoren entgegenwirkt, so könnte sie völlig neue Erkenntnisse über den Alterungsprozeß zutage fördern. Wallace machte sich daran, eine Gruppe erwachsener Meditierender auf ihr sogenanntes biologisches Alter hin zu untersuchen. Das biologische Alter zeigt den körperlichen Zustand eines Menschen verglichen mit dem statistischen Mittelwert der Gesamtbevölkerung. Es ist ein genaueres Maß als das chronologische Alter, denn keine zwei Menschen im Alter von fünfundfünfzig Jahren sind in derselben körperlichen Verfassung.

Anfänglich hatte Wallace lediglich drei Variable ins Auge gefaßt: Blutdruck, Hörvermögen und Nahsehschärfe. Alle drei verschlechtern sich mit zunehmendem Alter und dienen daher als zuverlässige Indikatoren.

Wallace stellte fest, daß das biologische Alter von Meditierenden durchschnittlich deutlich unter ihrem chronologischen Alter lag. Im einzelnen Fall waren die Unterschiede erheblich größer; so war eine weibliche Testperson ganze zwanzig Jahre jünger, als es ihr chronologisches Alter vorgab. Auffällig war, daß der Unterschied sehr eng mit der Dauer der Meditationspraxis zusammenhing: Wallace ermittelte eine Trennlinie zwischen denen, die weniger als fünf Jahre und denen, die fünf Jahre oder mehr meditiert hatten. Das biologische Alter der ersten Gruppe lag durchschnittlich um fünf Jahre unter dem chronologischen, das der zweiten Gruppe um zwölf Jahre. Was Wallaces Team besonders beeindruckte, war, daß ältere Testpersonen genauso gute Testergebnisse hatten wie sehr viel jüngere. Ein typischer Sechzigjähriger, der fünf Jahre oder mehr meditierte, hatte im Durchschnitt die Physiologie eines Achtundvierzigjährigen.

Ein weiterer wichtiger Punkt in dieser bemerkenswerten Studie ist, daß die Testpersonen nicht *versuchten*, langsamer zu altern. Sie entfernten einfach ein unsichtbares Hindernis, und damit traten die günstigen körperlichen Veränderungen von allein auf. Dieses spontane Aufblühen scheint recht unspezifischer Art zu sein: Eine aus dem Jahre 1986 stammende Feldstudie der amerikanischen Versicherungsgesellschaft Blue Cross – Blue Shield an 2000 Meditierenden ergab, daß diese sehr viel gesünder als die Norm der Bevölkerung waren, bezogen auf siebzehn Hauptrisikobereiche geistiger und körperlicher Krankheiten. Der Unterschied war erheblich: Beispielsweise nahm die Gruppe die stationäre Behandlung bei Herzkrankheiten um 87 Prozent weniger in Anspruch als Nicht-Meditierende, und um 50 Prozent weniger bei allen Tumorarten. Es gab gleichermaßen eindrucksvolle Rückgänge bei Störungen der Atemwege, des Verdauungstrakts, bei schweren Depressionen und so fort. Obgleich die Studie auf nur eine Gruppe beschränkt war, ist dies eine sehr ermutigende Nachricht für jeden, der sich einem ganzheitlichen präventivmedizinischen Ansatz verschrieben hat.

Der vierte Zustand könnte in Zukunft eine wesentliche Rolle spielen. Das menschliche Bewußtsein gründet in einer supranormalen Bewußtseinsebene, deren Erfahrung jedoch zur Norm werden kann, sobald wir uns daran gewöhnt haben. Wenn Turiya der Entstehungsort des Geistes ist, warum sollte er dann nicht die ständige Heimstätte des Geistes sein? Dies gilt es als nächstes zu erforschen. Wir müssen ausfindig machen, ob die Natur nur in Einsteins theoretischem Modell vereinheitlicht ist oder auch in uns selbst.

DAS ENTSTEHEN
EINER KRANKHEIT

Die Rishis nahmen in der Körper-Geist-Debatte eine einfache Haltung ein. Alles, so sagten sie, entstammt dem Geist. Dieser projiziert die Welt genauso wie ein Filmapparat. Unsere Körper sind ein Teil des Films, und das gilt für alles, was dem Körper widerfährt. Worüber sich ein Rishi wundert, ist nicht, daß wir uns krank oder gesund machen können, sondern daß wir uns dabei nicht wahrnehmen. Könnten wir in aller Stille Zeuge unserer selbst sein, so würden wir dies mehr und mehr sehen. Der Himmel, das Meer, Berge und Sterne würden unserem Geist entströmen, denn auch sie gehören ja alle zu diesem Film. Wenn die Rishis recht haben, dann war es falsch, der objektiven Wirklichkeit so viel Glauben zu schenken. Und doch scheint unser objektiver Bezugsrahmen nicht falsch zu sein. Er erweist sich sogar im großen und ganzen als durchaus nützlich: Der Himmel und die Sterne scheinen »da draußen« und völlig unabhängig von uns zu existieren. Werden wir von unserem eigenen Film hinters Licht geführt?

Um den Fall der Rishis vertreten zu können, muß man ihre Sichtweise annehmen, was bedeutet, daß man sich außerhalb der üblichen Wirklichkeit des Wachzustandes stellen muß – zumindest ein bißchen. Im Idealfall stünde man im Transzendenten, doch schon die Verwirklichung einer stillen Zeugenschaft ist gut genug. Sind Sie dazu fähig, so beginnen Sie zu würdigen, daß der Geist tatsächlich ein machtvoller Schöpfer ist. Mir war diesbezüglich vor kurzem ein kleiner Einblick vergönnt: Ich verließ Bombay an Bord eines vollbesetzten Flugzeugs. Alles schien völlig normal zu sein, außer daß im selben Moment, als das Signal »No Smoking/Fasten Your Seatbelt« erschien, der Steward im Eiltempo den Gang entlang auf die vordere Kabinentür zurannte. Und schon kam über den Lautsprecher die Stimme des Piloten: »Meine Damen und Herren, bitte bleiben Sie auf Ihren Sitzen. Wir fliegen nach Bombay zurück.« In der Stimme war ein leichtes Zittern zu hören, und als wir alle in gespannter Stille dasaßen, begann eine junge indische Stewardess laut zu schluchzen.

Einige Minuten später rumpelte das Flugzeug über die Landebahn und drei Feuerwehren erschienen an unserer Seite, deren Sirenen sogar den Düsenlärm übertönten. Sonst geschah nichts. Eine Erklärung zu dem Vorfall wurde nicht abgegeben. Die eine Hälfte der Passagiere stieg sofort in einen anderen Jet um, die andere Hälfte zog es vor, am Boden zu bleiben. Ich hatte mich während der ganzen Sache nicht sonderlich beunruhigt gefühlt und ging an Bord. Als ich das nächste Mal etwa zehn Tage darauf ein Flugzeug bestieg, war ich völlig entspannt. Doch als zusammen mit dem Gongschlag das »No Smoking/Fasten Your Seatbelt« erschien, begann mein Herz zu klopfen. Ich konnte das zunächst nicht begreifen, wurde mir dann jedoch bewußt, daß ich einen kleinen konditionierten Reflex entwickelt hatte. Den Pawlowschen Hunden troff beim Klang einer Glocke der Speichel aus dem Maul, und ich beschleunigte meinen Herzschlag aus fast demselben Grund. Kaum hatte ich diesen Zusammenhang erfaßt, bemerkte ich, daß mein Herzschlag wieder normal wurde.

Während einiger Sekunden war ich beim Entstehen eines der Impulse, die meine Wirklichkeit prägen, zugegen gewesen. Es ist nur folgerichtig anzunehmen, daß ich mich selbst unbeabsichtigt geschaffen habe, indem ich Millionen solcher Impulse angehäuft habe. Sie dringen zu rasch und zu heftig auf mich ein, als daß ich sie analysieren könnte – man könnte ebenso gut von einem Wasserfall verlangen, daß er seine Tropfen zählt – und die Schwierigkeit ist, daß sie so abstrakt sind. Für einen Rishi ist unsere ganze Welt Schicht um Schicht aus reiner Abstraktion aufgebaut. Da wir uns dieser Welt bereitwillig überantworten, scheint ein Wildwestfilm wirklich zu sein, obwohl wir ja wissen, daß es lediglich ein Lichtstrahl ist, der von einer weißen Oberfläche reflektiert wird. Ein Traum besteht vollständig aus im Gehirn abgefeuerten Nervenimpulsen; solange wir aber den Traum träumen, sind wir von seiner Wirklichkeit eingefangen. Jeder von uns kennt jenen enttäuschenden Moment, wenn ein Traum aufhört, überzeugend zu sein. Anstatt durch die Luft zu fliegen, beginnt man zu spüren: »Es ist ja nur ein Traum«, und nach kurzem Widerstand ist die Welt des Wachzustandes wieder hergestellt.

Genauso wird die von uns im Wachzustand akzeptierte Welt nur durch die im Gehirn abgefeuerten Nervenimpulse erfahrbar. Wenn Sie eine Blume berühren, bringt dieser Akt des Berührens die Kräftefelder und Materiefelder Ihrer Hand mit denen der Blume zusammen. Alle diese Felder sind höchst abstrakt, doch scheint uns die Berührung gar nicht abstrakt zu sein. Wir sind von ihr überzeugt. Die Rishis weisen nachdrücklich darauf hin, daß wir uns alle selbst überzeugen. Eine berühmte Parabel dafür stammt von Shankara, dem größten Denker der vedischen Tradition:

Ein Mann geht am Abend die Straße entlang und sieht eine riesige Schlange zusammengerollt im Staub liegen. Er sucht erschrocken das Weite und schreckt die Dorfbewohner mit seinem Schrei: »Eine Schlange, eine Schlange!« auf. Alle sind verängstigt; die Frauen und Kinder weigern sich wegen der Schlange, die Häuser zu verlassen, und der normale Tagesablauf eines jeden ist von Furcht überschattet. Da entschließt sich ein tapferer Dorfbewohner, sich die Schlange näher anzusehen. Er bittet den Mann, der den Schreckensruf ausgestoßen hat, ihn dort hinzuführen. An der Stelle angelangt, finden sie jedoch keine Schlange, sondern nur ein zusammengerolltes Seil in der Mitte der Straße. – Alle unsere Ängste, so sagt Shankara, stammen aus solchen Täuschungen. Tatsächlich ist es so, daß das Wirkliche niemals von dem getrennt werden kann, was wir uns als wirklich einreden.

Diese Art der Logik ist nicht spezifisch indisch – sie kann sich leicht in den Bezugsrahmen der Moderne einfügen. Denken Sie daran, was geschieht, wenn zwei Magnetstäbe mit ihren Pluspolen zusammenkommen: Die Magnetfelder stemmen sie auseinander. Könnten diese Magnete nun denken, so würden sie etwas Festes zwischen sich »spüren«. Sie würden aus etwas Abstraktem das Gefühl einer Berührung erzeugen, so wie wir alle das tun.

Der Grund dafür, warum wir ein Objekt als weich, hart, rauh, glatt und so fort empfinden, ist, daß diese Interpretation in unserem Gehirn stattfindet. Im wesentlichen sind unsere fünf Sinne lediglich Werkzeuge. Der Tastsinn ist eigentlich das Gehirn, das mit

Hilfe spezieller Nervenzellen in die Welt hinausreicht, um bestimmte Informationen aufzugreifen – eine sehr enge Bandbreite, die völlig verschieden ist von dem, was eine Schlange »berührt«, wenn ihre Zunge durch die Luft zuckt.

In ähnlicher Weise sind die Nervenenden, von denen die Netzhaut unserer Augen überzogen ist, ebenfalls Fortsetzungen des Gehirns. Von ihrer Struktur her ist die Netzhaut wie ein Bündel von Nervenenden, das wie das faserige Ende eines Seils ausläuft, wobei das Seil der Sehnerv wäre, in dem Millionen einzelner Nervenfasern zusammengefaßt sind. Obwohl sie tiefer in unserem Körper liegen als die Nervenenden unter unserer Haut, »berühren« auch die sensorischen Zellen des Auges die Außenwelt. Es besteht kein wesentlicher Unterschied zwischen dem Lichtfeld, das mit unseren Augen in Kontakt kommt, und dem Energiefeld, das wir mit den Fingern berühren – der eigentliche Unterschied zwischen Sehen und Fühlen entsteht in unserem Gehirn. Und das gilt für alle anderen Sinne: Gehör, Geruchssinn, Geschmack beruhen auf spezialisierten Zellen, die Impulse direkt an das Gehirn zur Auswertung weiterleiten. Ohne diese Auswertung würde für uns nichts bestehen.

Alle Dinge der Welt sind an unsere Sinne gebunden, und unsere Sinne wiederum an unser Gehirn. Die übliche Vorstellung: »Dieser Stuhl ist hart« entspricht nicht der Wahrheit; man muß sie umformulieren zu: »Dieser Stuhl ist hart, weil mein Gehirn ihn mir so darstellt.« Für einen kosmischen Strahl ist der Stuhl überhaupt nicht hart; er durchquert ihn, als ob der Stuhl Luft wäre. Ein Neutrino durchrast die Erdkugel mit derselben Leichtigkeit. Die Rishis gingen noch weiter. Sie bemerkten, daß man ein Objekt nicht physisch zu berühren braucht, um zu wissen, wie es sich anfühlt. Beantworten Sie diese Frage: Was ist weicher, eine gestärkte Leinenserviette oder ein Blütenblatt? Sie können beide leicht in ihrem Geist vergleichen, ohne daß Sie nun losgehen und eine wirkliche Serviette und ein Blütenblatt suchen müßten, indem Sie einfach ein inneres Gefühlsbild benutzen.

Der Grund dafür, daß Sie das tun können, ist, daß Sie sich auf eine feinere Ebene als die des Tastsinns begeben haben. Ähnliches gilt auch für Klänge, Bilder, Gerüche und Geschmackserinnerungen. Doch ist diese Ebene des Geistes nicht das Ende – in der Meditation kann man noch weiter zurückgehen, jenseits der fünf Sinne (der Ayurveda nennt sie »Tanmatras«), bis man beim Bewußtsein in seinem vereinheitlichten Zustand angelangt ist. Die vedischen Texte vergleichen dies mit einer Bewegung von den fünf Fingerspitzen hinab bis in den gemeinsamen Handteller. Subjektiv gesehen würde das äußere Bild der Rose auf dem Bildschirm des Geistes immer schwächer werden, bis schließlich nur noch der Schirm zurückbliebe. Dann wäre man am wahren Ursprung der Sinne angelangt, im Feld der Intelligenz selbst. Auf diese Weise, so schlossen die Rishis, entstehe die gesamte Welt der physischen Wirklichkeit.

Wir scheinen uns hier in tiefem philosophischem Fahrwasser zu befinden, aber tatsächlich beeinflußt jede Schicht des Berührens, Sehens, Hörens, Riechens und Schmeckens unser Alltagsleben. Wenn Sie gerne Austern essen, und ich mich davor ekle, so liegt der Unterschied weder in den Austern noch in unseren Geschmackspapillen begründet. Der Kontakt zwischen den Molekülen der Auster und den Geschmacksrezeptoren in unserem Mund ist für beide von uns derselbe. Erst während des Vorgangs des Schmeckens entsteht Ihr *Gefühl* des Genießens und mein *Gefühl* des Ekels. Alle Rohdaten der Erfahrung müssen durch den Filter der Intelligenz, und keine zwei Menschen werten in derselben Weise aus.

Wenn sich etwas in der Welt zu verändern scheint, sagen die Rishis, so sind es im Grunde wir, die sich verändern. Einer meiner Freunde, Inder wie ich, ist Chirurg. Er ist allgemein als Feinschmecker bekannt. Seine Lieblingsspeise ist Omelett, und zwar je exotischer, desto besser. Als wir das letzte Mal zusammen ein spätes Sonntagsfrühstück aßen, bestellte er sich zu meiner Überraschung kein Omelett. Als ich ihn nach dem Grund fragte, antwortete er: »Ich kann den Geschmack von Omelett nicht mehr ausstehen.« Es stellte sich heraus, daß seine Vorliebe in dieser Woche plötzlich vergangen war. Er hatte zu Hause ein Omelett angerührt, während sein sechsjähriger Sohn Arjun zusah. Ein Ei nach dem anderen wurde aufgeschlagen und die Schalen beiseite geworfen. Zufällig fielen einige von ihnen in eine braune Tüte mit Vogelfutter, das für die Spatzen bestimmt war.

»Ach bitte, wirf da nichts rein«, sagte Arjun ernsthaft. »Die Vögel werden denken, ihre Kleinen sind gestorben. Und sie werden dann nichts essen wollen.«

Mein Freund ist normalerweise stolz auf die altklugen Bemerkungen seines Sohnes. Aber mit einem Male konnte er den Geschmack des Omeletts, das er gerade zubereitet hatte, nicht mehr ertragen. Und ebenso ging es ihm bei allen weiteren. Die Wissenschaft stünde etwas hilflos da, wenn sie die Veränderung, die in ihm stattgefunden hatte, erklären müßte, denn sie ist zu wenig greifbar und sehr individuell. Die Vorstellung, daß ein Omelett gut schmeckt, hat dabei ebenso wenig Gewicht wie die, daß es schlecht schmeckt. Dasselbe gilt für alle anderen Gefühle. Ist ein Eiderdaunenkissen weich? Nicht für jemanden, der eine Migräne hat und vor Schmerzen stöhnt, wenn sein Kopf es berührt. Um es zusammenzufassen: Der Art und Weise, wie ein Sinneseindruck ausgewertet werden kann, sind keine Grenzen gesetzt. Auch nicht der Art und Weise, wie der Körper darauf reagiert.

Die Rishis sagen, daß das Leben erst durch unsere Beteiligung Form annimmt. Nichts ist an sich gut oder schlecht, hart oder weich, schmerzlich oder angenehm, es sei denn, wir erleben es so. Dasselbe trifft auf die Krankheit zu. Eine Krankheit ist nicht der molekulare Kontakt eines äußeren Organismus mit den Molekülen unseres Körpers. (Wie wir bereits sahen, ist die Wahrscheinlichkeit, daß jemand einen Schnupfen bekommt, selbst wenn man ihm einen Tropfen mit Schnupfenviren direkt auf die Nasenschleimhaut aufträgt, höchstens eins zu acht.) Es ist noch nicht einmal die Menge an Toxinen in unserem Blut oder die Wirkung von Zellen, die aus der Reihe tanzen. Nach Ansicht der Rishis ist eine Krankheit eine Abfolge von Momenten, die wir durchleben, während derer wir alle Partikel des enormen Informationsschwalls sichten, der von überall her und selbst aus unserem eigenen Körper auf uns eindringt. Unser Körper ist auch eine Welt. Als ich zum ersten Mal auf den Ayurveda stieß, war ich zutiefst beeindruckt von einem Vers in den alten Schriften, der lautet:

Wie der menschliche Körper, so ist der kosmische Körper,
Wie der menschliche Geist, so ist der kosmische Geist,
Wie der Mikrokosmos, so ist der Makrokosmos.

Diese Worte stehen vielen Interpretationsweisen offen. Für mich bedeuten sie, daß ich mit meinen täglichen Aktivitäten für zwei Welten verantwortlich bin: für die kleine in mir und die große, die mich umgibt. Meine Bewertung jeder kleinsten Einzelheit »da draußen« - Sonne, Himmel, ein möglicher Regen, die Worte anderer, der Schatten eines Bürohochhauses – ist von einem Ereignis »hier drinnen« begleitet. Mir steht in jeder Sekunde eine unbegrenzte Wahl offen, wie ich die Welt gestalten will, denn die Welt hat allein die Gestalt, die ich ihr gebe.

Der berühmte Neurologe Sir John Eccles bringt das sehr deutlich zum Ausdruck. Er schreibt:»Ich möchte, daß Sie begreifen, daß es in der Natur keine Farbe gibt und auch keine Klänge – nichts davon. Auch keine Struktur, kein Muster, keine Schönheit, keinen Duft.« Mit anderen Worten: Nichts ist im Universum so wichtig wie unsere Beteiligung daran.

Der subjektive Ansatz der Rishis fand im Ayurveda ein höchst nutzenbringendes Anwendungsgebiet. Der Ayurveda wird allgemein als ein medizinisches System bezeichnet, doch könnte man ihn mit derselben Berechtigung als ein System zur Heilung von Täuschungen bezeichnen, das der Krankheit ihre Überzeugungskraft nimmt und eine gesündere Wirklichkeit an ihre Stelle treten läßt. Der Name Ayurveda selbst weist darauf hin, daß es sich dabei um ein Heilsystem im weitesten Sinne handelt. Das Wort stammt aus zwei Sanskritwurzeln, *Ayus* für »Leben« und *Veda*, das entweder »Wissen« oder »Wissenschaft« bedeutet. Die eigentliche Bedeutung ist also »Wissenschaft vom Leben«.

Die Patienten wollen immer wieder wissen, welche Behandlungsarten spezifisch ayurvedisch sind – gibt es da neue Medikamente auszuprobieren, neue Körperübungen, Diätpläne oder noch geheimnisvollere östliche Therapien? Ich antworte stets mit »Ja« darauf, muß dann aber etwas verlegen hinzufügen, daß ich sehr viel Zeit mit Gesprächen verbringe und versuche, die Leute dazu zu bringen, daß sie nicht mehr so von ihrer Krankheit überzeugt sind. Im Ayurveda ist dies der erste und wichtigste Schritt zur Heilung. Solange der Patient von seinen Symptomen überzeugt ist, bleibt er in einer Wirklichkeit gefangen, in der das Kranksein das vorherrschende Element ist. Der Grund dafür, warum die Meditation im

Ayurveda einen solch hohen Stellenwert hat, ist der, daß sie den Geist in eine »Freizone führt, die von Krankheit unberührt bleibt.« Solange man nicht weiß, daß es einen solchen Bereich gibt, wird die Krankheit scheinbar das ganze Feld beherrschen. Und das ist die hauptsächliche Täuschung, die es aufzuheben gilt.

Es steht außer Frage, daß wir Szenarien schaffen und dann bis in unsere Zellen hinein von ihnen vereinnahmt werden. Eine junge Schülerin aus Boston, die in Vermont ein College besuchte, kam kürzlich mit ihren Eltern in meine Praxis. Diese waren zutiefst erschrocken gewesen, als ihre Tochter mitten im Frühjahrstrimester mit stechenden Brustschmerzen nach Hause kam. Die Schmerzen hatten begonnen, während sie sich von einer schweren Erkältung erholte, und waren im Verlauf einer Woche alarmierend heftig geworden. Eines Nachts kam es zu einem schweren Anfall: Atemnot, Zuckungen und Schwindelgefühle setzten ein, und das Mädchen geriet in einen solchen Angstzustand, daß die Eltern mit ihm in die nächstgelegene Klinik fuhren.

Als sie dort anlangten, befand sich die ganze Familie kurz vor einer Panik. Der Notarzt hörte sich den Herzschlag des Mädchens an, stellte fest, daß es ein leichtes Herzflimmern hatte, und beschloß, ein EKG (Elektrokardiogramm) zu machen. Der Befund ergab gelegentliche Herzrhythmusstörungen. Der Arzt führte daraufhin einen etwas gründlicheren Ultraschalltest durch, ein sogenanntes Echokardiogramm, aus dem ein tatsächlicher Herzfehler abzulesen war.

»Sie hat einen Mitralklappenprolaps«, informierte er die Familie. Das bedeutete, daß, wenn eine der Herzklappen sich schloß, sie sich nach innen stülpte, auf die Herzkammer zu. »Ich möchte, daß sie hier die Nacht über auf der Intensivstation bleibt«, sagte er, und eine Stunde darauf war das Mädchen nach oben verfrachtet, zur Linderung ihrer Schmerzen an einen Morphium-Dauertropf angeschlossen und durch kleine Schläuche in der Nase mit zusätzlichem Sauerstoff versorgt. Um sie herum lagen die Opfer von Herzanfällen und Hirnschlägen, einige offensichtlich im Koma. Das Mädchen empfand die ganze Situation als äußerst beängstigend und bekam unter dem Morphiumeinfluß Halluzinationen, bevor sie endlich einschlief.

Am anderen Morgen ergab eine sorgfältige Auswertung ihrer
Tests den Befund, daß ihre Schmerzen wahrscheinlich nicht nur auf
einen Mitralklappenprolaps zurückzuführen waren, sondern auch
auf eine Perikarditis, eine Entzündung des Herzbeutels. Nachdem
man ihr starke entzündungshemmende Medikamente sowie Betablocker zur Verringerung der Herzfrequenz verschrieben hatte, entließ man sie. Zwar nahmen die Brustschmerzen nun ab, aber sie
hatte einen starken Widerwillen gegen die Betablocker, da diese
nicht nur auf das Herz wirken, sondern sich auch an Hirnrezepto-
ren anbinden und Schläfrigkeit und geistige Orientierungsschwä-
che verursachen.

Man verschrieb ihr andere Medikamente, was nur zu neuen Nebenwirkungen führte und ihren Symptomfächer weiter öffnete. Die
neu verschriebenen Mittel sollten ihre Blutgefäße erweitern, doch
senkte dies zu sehr den Blutdruck, was Schwindelgefühle und
Übelkeit hervorrief. Gelegentlich fiel sie ohne Vorwarnung in Ohn-
macht.

Es gelang ihr, sich mit diesen Nebenwirkungen abzufinden,
hauptsächlich deswegen, weil sie um jeden Preis ihre Ausbildung
fortsetzen wollte. Doch jedesmal, wenn sie ihre Dosis auch nur ein
bißchen verringerte, kehrten die Brustschmerzen in voller Stärke
zurück, begleitet von den übrigen Symptomen. Im Sommer kam sie
in den Ferien nach Hause zurück und erschreckte eines Abends
ihre Eltern, als sie nach dem Abendessen die Hände auf die Brust
preßte. Sie begann so heftig zu hyperventilieren, also übermäßig zu
atmen, daß ihre Mutter eine große Papiertüte holte, damit sie hin-
einatmen konnte. Innerhalb weniger Minuten hatte sie starke Herz-
arrhythmien, begann sich zu übergeben und fiel schließlich in Ohn-
macht. Ihre Eltern verbrachten die ganze Nacht und viele weitere
Nächte an ihrem Bett.

Da die Ärzte alles in ihren Kräften Stehende getan hatten, hielt
die Familie nach anderen Heilungsansätzen Ausschau. Sie stießen
dabei auf einen Zeitungsbericht über Ayurveda, und an einem Juli-
tag kamen alle drei – Vater, Mutter und Tochter – nach Lancaster in
die Klinik. Ich hörte mir die Krankengeschichte des Mädchens in
allen Einzelheiten an, überprüfte ihre EKGs und war danach einigermaßen erstaunt.

»Ihre Schmerzen stammen nicht vom Herzen«, sagte ich zu ihr,
und um dies zu beweisen, drückte ich stark auf ihr Brustbein. Sie
zuckte zurück. »Sie sind noch sehr empfindlich, weil Sie hier ursprünglich eine Entzündung hatten, hier, wo die Rippenknorpel
und das Brustbein zusammenkommen. Es ist eine sogenannte co-
stosternale Chondritis, eine Beschwerde, die manchmal nach einer
Erkältung oder einer anderen Virusinfektion einsetzt.«

Ihre Eltern und sie sahen mich erschrocken an, aber ich fuhr
fort und nahm das Puzzle Stück für Stück auseinander. In der
Nacht, als sie in die Notaufnahme gebracht wurde, hatte ihr hohes
Angstniveau zu gelegentlichen Herzrhythmusstörungen geführt.
Ihre Hauptdiagnose, der Mitralklappenprolaps, tritt bei immerhin
zehn Prozent aller jungen Frauen mit solch leichtem Körperbau auf
wie dem ihren. Die Ursache dafür ist nicht bekannt, noch gibt es
eindeutige Hinweise darauf, warum dies zumindest bei einigen Patientinnen Schmerzen verursacht. Auch das begleitende Herzflimmern scheint nicht gefährlich zu sein. Ihre Herzbeutelentzündung
war eine Fehlinterpretation des EKG – wahrscheinlich hatte schon
die Heftigkeit ihres Anfalls den Arzt davon überzeugt, daß eine
ernsthaftere Störung vorlag. Die übrigen Symptome – Übelkeit, Erbrechen, Herzflattern, Schwindelgefühl, Ohnmachtsanfälle, Atemnot und Hyperventilation – waren durch die Medikamente oder direkt durch ihre eigene Einstellung verursacht worden.

»Ich habe versucht, mich in den Augenblick zurückzuverset-
zen, als Ihre Beschwerden begannen«, sagte ich, »um Ihnen zu zeigen, wie sich das Ganze nach und nach hochgeschaukelt hat. In ihrer jetzigen Form ist Ihre Krankheit ein bloßer Reflex, der
ausschließlich durch Ihre Erwartungshaltung fortdauert.«

In diesem Moment sahen die Eltern des Mädchens einigermaßen beleidigt drein. Ich wußte um die Angst, die sie des Nachts am
Krankenlager gefühlt hatten, die Angst, daß ihr Kind in Lebensge-
fahr schwebte. Um ihnen deutlich zu machen, daß ich niemandem
einen Vorwurf machte, erzählte ich ihnen von meinem Erlebnis im
Flugzeug, als das »No Smoking« mein Herzen zum Klopfen gebracht hatte. Wäre noch ein bißchen mehr Angst mit ins Spiel
gekommen, so hätte mein Herzklopfen der Ausgangspunkt für
»Herzbeschwerden« sein können, die denen ihrer Tochter an

Überzeugungskraft in nichts nachgestanden hätten. Sie waren immer noch beunruhigt. Wenn ihre Tochter stechende Brustschmerzen hatte, so dachten sie, daß ihr etwas geschah; und nun schien es so zu sein, daß sie sich selbst etwas antat. Die Geschichte der Geist-Körper-Medizin hat dies zu einem äußerst wunden Punkt gemacht. Es ist nicht einfacher, sich eine Krankheit als reines »Kopfprodukt« statt als von Keimen verursacht vorzustellen. Die Keime sind weitgehend verdrängt worden, aber anstatt daß damit der Gesundheit das Feld überlassen war, wurde die Krankheit nur noch rätselhafter. Warte ich darauf, daß der Krebs mich befällt, oder ist meine Persönlichkeit quasi eine Einladung?

Der Fall dieses Mädchens liefert ein perfektes Beispiel. Ein Kardiologe würde vielleicht auf einen Herzfehler als Ursache ihrer Schmerzen hinweisen, ein Psychiater könnte sagen, daß nicht ein Herzfehler die Ursache war, sondern daß das Mädchen einfach in Panik geraten sei. Die Medikamente verursachten bei ihr Erbrechen, aber sie erbrach auch dann noch, als diese abgesetzt wurden. Ein niedriger Blutdruck kann Ohnmachtsanfälle auslösen, aber das kann auch Angst tun. Die moderne Medizin hat diese Punkte in endlosem Hin und Her erörtert.

Das Ergebnis ist laut Umfrage bei Patienten eine enorme Zunahme von Schuldgefühlen. Nur eine hauchdünne Linie trennt das Erfragen der Ängste von Patienten und ihre Verstärkung. Ich habe stundenlang mit der Beratung von Krebspatienten zugebracht. Sie hören aufmerksam zu, »weil der Herr Doktor« spricht. Ich sage ihnen, daß sie den Krebs besiegen können, und sie sind rasch und bereitwillig einverstanden. Aber wenn ich dann allein bin, werde ich von einem schrecklichen Gedanken heimgesucht, der in ihren Augen auf der Lauer liegt: »Sie sagen, daß ich krank bin, aber eigentlich habe ich es mir selbst angetan.«

Das Mädchen hatte eine ganze Weile lang geschwiegen. »Also bin ich es, die das Ganze inszeniert?« meinte sie schließlich.

»Nein«, antwortete ich, »aber Sie sind offensichtlich daran beteiligt. Ziehen Sie Ihre Beteiligung zurück, und ich wette, daß sich etwas ändern wird.«

»Und wie soll ich das tun?«

»Sie müssen aus Ihrer eigenen Beeinflussung ausbrechen. Das

nächste Mal, wenn Sie einen Anfall haben, nehmen Sie sich einfach etwas zurück; nehmen Sie die Schmerzen einfach wahr, so un-
schuldig, wie Sie können.« Wenn sie das tatsächlich tun könne, so
sagte ich ihr, würde die ganze Sache wahrscheinlich spurlos verschwinden. Sie hörte zu und dankte mir, und dann hörte ich zwei
Wochen lang nichts von ihr.

Vielleicht hatte ich zu viele Nerven angerührt. Ich hatte ihre
Krankheit zu etwas Persönlichem gemacht, während die Familie ja
verzweifelt gehofft hatte, daß es etwas Unpersönliches war. Die
Schulmedizin unternimmt große Anstrengungen, um Krankheiten
sauber und systematisch in Schubladen einzuordnen, wobei das
persönliche Element ausgesondert wird. Ich hatte während der
Aufnahme der Krankengeschichte bemerkt, daß die Patientin ihrer
Diagnose unverhältnismäßig viel Wert beimaß. Sie begann den Bericht jeder Episode mit den Worten: »Wenn ich meinen Mitralklappenprolaps bekomme ...« Es war so, als ob diese Worte alles erklärten. Sie waren wie ein Netz, mit dem sie alle Symptome
zusammengezogen hatte und fest in der Hand hielt. Als ich sie darauf aufmerksam machte, sah sie sehr nachdenklich aus. Sie hatte
so viel in diesen Begriff »Mitralklappenprolaps« hineinprojiziert,
daß er für sie schon fast ein Zauberwort geworden war. Es war wichtig, diesen Zauber zu brechen, der unglaublich mächtig sein kann.

Ich hatte mich getäuscht, als ich meinte, sie habe sich unser
Gespräch nicht zu Herzen genommen. Aus Neugier rief ich die Familie an, um zu erfahren, wie es ihr ging. Die Nachrichten waren
sehr gut: Sie brauchte keine Medikamente mehr zu nehmen, und
ihre Anfälle beschränkten sich auf gelegentlich auftretende Brustschmerzen. Ihre Eltern sahen sie manchmal mit geschlossenen Augen dasitzen. Wenn sie dann fragten, was sie tat, bekamen sie zur
Antwort: »Ich nehme den Schmerz einfach wahr, bis er aufhört.«
Die Begleitsymptome – Schwindelgefühl, Erbrechen, Ohnmachtsanfälle und so fort – waren verschwunden.

Es gibt gewisse extreme Gefühle wie Ekel, Furcht, Grauen und
Schrecken, die manche Menschen nicht ertragen können. Wenn
diese Menschen von Furcht und Schrecken befallen werden, so
würden sie schwören, daß ihre Empfindungen von außen an sie
herankommen. Im Falle von Verfolgungswahn hat der Betreffende

sogar den Eindruck, daß »sie« solche Empfindungen durch einen
Zauber in ihm erzeugen. »Sie« können Marsmenschen sein, Kom-
munisten oder die Leute von nebenan. Freud nannte sie Gefühle
unseres Unterbewußtseins und brachte viele Jahre damit zu, sie bei
neurotischen und psychotischen Patienten zu beobachten.

Aber das Unheimliche ist immer gegenwärtig, so denke ich. Die
Natur zieht einen Schleier über unsere geheimsten Ängste, der unsere innere Not so lange vor uns verbirgt, bis ein unsichtbarer
Damm bricht und alles Angestaute hervorströmt. Dann erhebt sich
die doppelte Frage: »Geschieht mir dies oder tue ich es mir selbst
an?« Es ist im Grunde unerheblich, ob das Endergebnis eine
Krankheit ist oder lediglich ein massives Unwohlsein. Wichtig für
den Arzt ist allein, daß er den Patienten davor bewahrt, sich in seinen Zweifel zu verstricken, denn das führt zu völliger Handlungs-
unfähigkeit. Die Medizin hat schon jetzt einen sehr hohen Preis dafür bezahlt, daß sie die individuelle Seite einer Krankheit nicht
angemessen in Betracht gezogen hat. Einerseits haben wir als Ärzte
Schuldgefühle in den Patienten geweckt, andererseits können wir
sie aber nun nicht beruhigen. Die Patienten sind bestürzt bei dem
Gedanken, daß sie an ihrer Krankheit schuld sind. Die Ärzte ahnen
nicht, daß sie diese Schuldgefühle anschüren. Vielleicht deswegen, weil man ihnen immer und immer wieder erzählt hat, daß niemand zu tadeln sei. Wenn man aber sagt, eine richtige Lebensweise
werde einer Herzattacke oder dem Krebs vorbeugen, muß man
dann nicht auch akzeptieren, daß eine falsche Lebensweise eben
diesen Krankheiten Vorschub leistet?

Die ganze Problematik von Schuld und Verantwortung ist nur
mit Mühe zu lösen. Als ich noch meine Privatpraxis als Endokrino-
loge besaß, hatte ich fettleibige Patienten, deren Übergewicht sie
dem akuten Risiko aussetzte, zuckerkrank zu werden. Ich warnte
sie beständig vor der Gefahr, die Eßsucht mit sich bringt, und
wußte doch gleichzeitig, daß ich damit nur ihren Schuldkomplex
vergrößerte, was letztendlich zu noch hemmungsloserem Essen
führen würde. Wenn ein Patient Kettenraucher war, wurde ich immer sehr deutlich und sagte: »Mein Gott, Sie wissen, daß Sie mit
dem Rauchen aufhören müssen – denken Sie an die Risiken, denen
Sie sich aussetzen!« Viele dieser Patienten waren ehemalige Solda-

ten, die ich im Militärkrankenhaus in Boston betreute. Sie hörten mir zu und gingen dann nach oben in den PX (Discountladen für Militärangehörige), wo es steuerfreie Zigaretten zu kaufen gab. Ich kaufte meine ebenfalls dort, denn ich war während meiner Nachtschichten als Stationsarzt zum Raucher geworden.

Kaum eine Krankheit macht das Paradox von Schuld und Verantwortung deutlicher als der Lungenkrebs. Die Öffentlichkeit ist sich sehr bewußt, daß es sich dabei fast ausschließlich um eine Raucherkrankheit handelt. Das bürdet dem Patienten eindeutig die gesamte Schuld auf, aber dann macht sich noch ein anderer Gedanke Platz. Sind diese Menschen denn nicht nikotinsüchtig? Aus einem Bericht des amerikanischen Gesundheitsministeriums aus dem Jahre 1988 geht hervor, daß sie es sind, und daß ihre Sucht möglicherweise schwerer zu heilen ist als Rauschgift- oder Trunksucht. Das bedeutet, daß man es nicht mit einer rationalen Situation zu tun hat.

Sigmund Freud versuchte viele Jahre lang, das Rauchen einzustellen, nachdem ihm sein Arzt gesagt hatte, daß zwanzig Zigaretten pro Tag – Freuds normale Ration – Gift für sein Herz seien. Es gelang ihm einmal sieben Wochen lang, aber seine Herzbeschwerden wurden schlimmer als zuvor. Er wurde unerträglich depressiv und nahm gezwungenermaßen das Rauchen wieder auf. Seinem Biographen berichtete er, daß, wenn er nicht rauche, die Qualen das menschlich Erträgliche überstiegen. Ich habe Lungenkrebspatienten im fortgeschrittenen Stadium gesehen, die auf ihre Röntgenaufnahme warteten und kurz noch um die Ecke verschwanden, um sich eine Zigarette anzustecken. Das bedeutet, daß Vorbeugemaßnahmen womöglich unrealistisch sind, denn sie müßten einsetzen, bevor noch die erste Zigarette geraucht wird.

Bei jeder Krankheit – und nicht nur bei Lungenkrebs – sind die Patienten oft zu sehr der Sucht verfallen, zu schuldbewußt oder auch schlichtweg zu störrisch, als daß man ihnen helfen könnte. Man kann nicht umhin, eine tief irrationale Anlage im Menschen zu sehen. Im Militärkrankenhaus hatten wir es mit allen Arten von Alkoholikern zu tun, einschließlich der zerlumpten, unterernährten, die routinemäßig von der Polizei auf den Straßen aufgesammelt wurden. Eine der häufigsten Beschwerden bei fortgeschrittenem

Alkoholismus ist Bauchspeicheldrüsenentzündung. Alle, die damit eingeliefert werden, müssen mit größter Sorgfalt behandelt werden. Sie können weder essen noch verdauen, denn jede Beanspruchung der Bauchspeicheldrüse verstärkt nur die Entzündung und verursacht rasende Schmerzen. Die Patienten übergeben sich, wenn sie auch nur einen Bissen zu sich nehmen. Wir mußten sie Tropfen um Tropfen intravenös ernähren und einen Schlauch in ihren Magen einführen, um die Verdauungssäfte abzuziehen, welche die Entzündung der Bauchspeicheldrüse verursachten. Dazu verabreichten wir Antibiotika, um die Infektion in Schach zu halten.

Das war alles, was wir tun konnten, um diese Männer dem Tod zu entreißen. Aber wenn wir Erfolg gehabt hatten und sie entlassen wurden, begann oft dasselbe Ritual. Auf der gegenüberliegenden Seite der Straße lag eine Bar. Unsere Patienten verließen das Krankenhaus, schwankten mühselig über die Straße und verschwanden aus unserer Sicht. Ihr erster Drink kam zehn Minuten nach ihrer Rettung. Mitgefühl mit solchen Menschen hat seine Grenzen. Es ist verzeihlich, wenn jemand sagt: »Wenn Sie rauchen und trinken wollen, wenn Sie sich nicht körperlich betätigen und darauf bestehen, sich mit Cholesterol vollzustopfen, dann wird es mit Ihnen ein böses Ende nehmen.« Unweigerlich sagt man so etwas oder denkt es zumindest. Aber im wesentlichen besteht Mitgefühl darin, daß man erkennt, wie schwer es ist, gut zu sein. Jemandem zu vergeben bedeutet, ihm seine Freiheit zu lassen, auch dann, wenn er diese Freiheit über jedes erträgliche Maß hinaus mißbraucht.

Es gibt eine indische Geschichte von einem Sadhu und einem Skorpion:

Ein Mann geht die Straße entlang und erblickt einen Sadhu, der neben einem Graben kniet. Er nähert sich ihm und sieht, daß der Sadhu einen Skorpion beobachtet. Der Skorpion möchte den Graben überqueren, aber als er in das schlammige Wasser gerät, beginnt er unterzugehen. Der Sadhu faßt vorsichtig hinunter, um ihn aus dem Wasser zu ziehen, aber kaum hat er ihn berührt, so bekommt er einen Stich. Wieder versinkt der Skorpion, wieder hebt ihn der Sadhu heraus und wieder wird er gestochen. Dies geschieht dreimal. Schließlich ruft der Mann aus: »Warum läßt du dich die ganze Zeit stechen?« Der Sadhu entgegnet: »Da kann man nichts tun. Es liegt im Wesen des Skorpions zu stechen, und es liegt in meinem Wesen zu retten.«

Unsere Gesellschaft hat die Medizin als Institution ins Leben gerufen, um sicherzustellen, daß unser Instinkt, einander zu retten, nie ausstirbt. Es ist derselbe Instinkt, der uns in der Schwäche eines Mitmenschen keinen Makel sehen läßt, und wir deshalb freiwillig und gerne Mißstände beheben, für die wir selbst nicht verantwortlich sind. Wenn ich je in ein Krankenhaus käme und entdeckte, daß der Funken des Mitgefühls erloschen wäre, so könnte ich unter die Medizin einen Schlußstrich ziehen – dann hätte das Dunkel gewonnen.

Die moderne Medizin läßt die Einzelperson außer Betracht. Das hat etwas mit ihrer naturwissenschaftlichen Grundlage und deren Grundsatz zu tun, daß Krankheit von objektiven Ursachen herrührt. Eine sorgfältige Analyse zeigt jedoch, daß dies nur teilweise wahr ist. Eine Krankheit kann nur dann Fuß fassen, wenn ein Wirt sie einläßt. Daher rühren die gegenwärtigen Ansätze zum Verständnis unseres Immunsystems. Sowohl die griechische Medizin als auch der Ayurveda gründeten auf der Vorstellung, daß der Wirt ausschlaggebend ist. Die Griechen glaubten an die Existenz einer Flüssigkeit namens »Physis«, die in das Leben und aus dem Leben herausfloß und dieses durchströmte. Der Fluß der Physis verband die Organe des Körpers mit der Außenwelt, und solange beide sich im Gleichgewicht befanden, war der Körper gesund. Dieser Zusammenhang spiegelt sich in der Verwandtschaft unserer Wörter »Physik« und »Physiologie« wider, von denen sich das erste auf die äußere Welt und das zweite auf die innere bezieht.

Im Ayurveda bedarf es zur Aufrechterhaltung der Gesundheit des Gleichgewichts dreier Elemente, der sogenannten *Doshas*. Wesentlich bei der ganzen Sache ist nicht, ob Physis oder Doshas tatsächlich existieren, sondern daß der eigene Gleichgewichtszustand bestimmt, ob man krank oder gesund ist.

Die Medizin besinnt sich auf diesen Begriff zurück, welcher der älteste in allen Heilkünsten ist, doch bemerke ich, daß immer noch eine gewisse Unpersönlichkeit über allem schwebt. Wir konstruieren ein konkretes Ding namens »Immunsystem« und fixieren darauf unsere Hoffnungen. Die ursprünglichen Vorstellungen der Griechen und des Ayurveda waren sehr viel organischer. Ein Patient war keine Ansammlung von Wirtszellen, sondern jemand, der aß, trank, dachte und handelte. Wenn ein Arzt die Doshas oder die Physis eines Menschen verändern wollte, so änderte er dessen Gewohnheiten. Auf diese Weise setzte er an der Wurzel der »Weltbeteiligung« des Patienten an.

Es gibt Dutzende medizinischer Systeme in der Welt, die sich zum Teil in offenem Konflikt miteinander befinden. Wie können sie Menschen heilen und sich doch so völlig widersprechen? Was für mich Gift ist, betrachtet der Homöopath als Heilmittel. Ich meine, die Antwort ist die, daß jede Medizin dadurch wirkt, daß sie einem Patienten Schritt für Schritt durch seine Krankheit hindurchhilft, bis das Pendel wieder in Richtung Gesundheit zurückschwingt. Ich will mich hier nicht in Einzelheiten verlieren, denn der ganze Vorgang findet ja nicht in Büchern statt, sondern in einem lebenden Menschen. Es gibt Menschen, die sind durch das Trinken von Traubenmost vom Krebs geheilt worden. Wenn es einem gelingt, dem Körpergeist sein Gleichgewicht wiederzugeben, so wird das Immunsystem des Patienten entsprechend reagieren. Die Immunzellen urteilen nicht danach, ob der Arzt an Allopathie, Homöopathie oder Ayurveda glaubt. Wann immer ein System fähig ist, unsere Beteiligung an der Krankheit zu ändern, hat es seine Wirksamkeit bewiesen. Ich bin jedoch sicher, daß dem Ayurveda in Zukunft immer mehr Bedeutung zukommen wird, da er die Notwendigkeit anerkennt, daß die Heilung eines Patienten zunächst mit der Heilung seiner Wirklichkeit beginnt.

Ich spüre mehr und mehr die Bedeutung der subjektiven Wirklichkeit eines Patienten. Ein Röntgenarzt im mittleren Alter kam zu mir, nachdem bei ihm eine Leukämie festgestellt worden war. Er kannte alle Einzelheiten dieser Krankheit, einer unberechenbaren Variante namens chronische Myelose, die zu einer abnormen Produktion der weißen Blutkörperchen (Myelozyten) führt. Vorerst hatte er außer etwas Müdigkeit während des Tages keine Symptome, aber die Sterblichkeitsstatistiken, die er nur zu gut kannte, waren mit ihrer durchschnittlichen Überlebensquote von 36 bis 44 Monaten kein Anlaß zur Hoffnung. Andererseits konnte er, auf Grund der Unberechenbarkeit der Krankheit, auch sehr viel länger leben. Bevor er mich aufsuchte, war er in einem führenden New Yorker Krebsinstitut gewesen. Dort machte man ausführliche Bluttests und bot ihm dann ein halbes Dutzend experimenteller medikamentöser Therapien an. Es gab keine einzige anerkannte Behandlungsform für seine Leukämie, und keine der experimentellen versprach in irgendeiner Weise, seine Lebenserwartung zu verlängern.

Nachdem er sich bedacht hatte, verzichtete er auf jegliche Behandlung und begann, begierig alles über Spontanheilungen Verfügbare zu lesen, darunter auch etwas aus meiner Feder. Er suchte mich aus diesem Grunde auf.

»Ich möchte ja glauben, daß ich geheilt werde«, sagte er zu mir. »Aber eine Sache beunruhigt mich dabei. Ich lese eine Menge über Spontanheilungen bei Krebs, aber ich bin bislang noch auf keine Spontanheilung bei Leukämie gestoßen.«

Man konnte sehen, wie sein ärztlicher Verstand am Arbeiten war. Die Leukämieart, die er hatte, steht mit einem Genfaktor in Verbindung, dem sogenannten Philadelphia-Chromosom. Der Befund war diesbezüglich positiv gewesen, und für ihn als Arzt war damit die Sache klar – er war das gezeichnete Opfer seiner Gene. Die einzige Chance für den Ayurveda war, ein Wunder zu bewirken. In den Fachzeitschriften gab es jedoch für Leukämiewunder keine Anhaltspunkte.

»Schauen Sie«, sagte ich. »Sie sind besessen von der Statistik dieser Krankheit. Vergessen Sie die einmal – was Sie tun wollen, ist ja, der Statistik ein Schnippchen zu schlagen, stimmt's?«

»Ja, ich weiß«, meinte er geistesabwesend. »Aber ich kann in der ganzen Fachliteratur keine einzige Spontanheilung finden. Natürlich könnte ich der erste sein, aber ...«

Ich hatte eine glänzende Idee: »Warum sagen Sie sich nicht einfach, daß Sie Krebs haben«, schlug ich vor. »Dann hätten Sie doch noch Grund zu hoffen.«

Sein Gesicht erhellte sich. Er griff meinen Vorschlag begeistert auf. Und dann hatte ich noch mehr gute Nachrichten für ihn. Ich war gerade zufällig auf einen Artikel gestoßen, der in der Kindheit auftretende Leukämie mit Streß in Verbindung brachte. Dieser Mann hatte eine völlig andere Krankheit, aber auch er führte ein unglaublich streßerfülltes Leben. Er lebte in Scheidung, seine Kollegen hatten einen Prozeß gegen ihn begonnen, seine mittlerweile erwachsenen Kinder sprachen nicht mehr mit ihm, und er mußte für zwei Häuser und drei Autos aufkommen.

»Ich habe gerade gelesen, daß Leukämie im Kindheitsalter auf Streß zurückzuführen sei«, teilte ich ihm mit. Er strahlte, als er das hörte, denn der Wissenschaftler in ihm stellte den Kausalzusammenhang zwischen Streß, der Ausschüttung von »Streßhormonen« wie Plasmacortisol und schließlich der Unterdrückung des Immunsystems her. Niemand hatte ihn auf den Zusammenhang zwischen Streß und seiner Krankheit hingewiesen, aber nun hatte er einen Strohhalm, nach dem er greifen konnte.

Er verließ mich, und es ging ihm weiterhin gut. Das nächste Mal, als er kam, fragte er mich, ob er einen Bluttest machen lassen solle. Leukämie verursacht eine katastrophale Zunahme der weißen Blutkörperchen; eine Abnahme derselben würde also beweisen, daß er tatsächlich auf dem Wege zur Besserung war.

»Wenn die Werte schlecht sind«, meinte ich, »dann werden Sie deprimiert sein und noch mehr Streß anhäufen. Sind sie gut, dann wird es Ihnen sowieso besser gehen. Warum verschieben Sie den Bluttest nicht, bis Sie sich deutlich besser fühlen?« Er war damit einverstanden.

Als ich ihn das letzte Mal sah, erzählte er mir, daß der Trick mit dem Krebs gut gewirkt habe. »Wissen Sie«, antwortete ich ihm, »warum überhaupt von Krebs sprechen? Sie könnten sich ebenso gut sagen, daß Sie eine chronische Krankheit ohne ein besonderes Etikett haben. Und wenn sie keinen Namen hat, dann brauchen Sie sich auch nicht um die Statistiken kümmern. Es gibt Leute, die sehr lange mit geheimnisvollen Krankheiten leben.«

Diese abschließende Wendung erfreute ihn ungemein. Mit sichtlicher Erleichterung gab er mir die Hand zum Abschied, und zum ersten Mal war er damit einverstanden, zu einer ayurvedischen Behandlung in die Klinik zu kommen. Ich habe bislang für diesen Mann nichts getan, außer daß ich das Etikett an seiner Krankheit umzeichnete. Das aber änderte seine ganze Einschätzung der Lage. Und damit hatten wir die Voraussetzung für das Zustandekommen einer Heilung geschaffen.

»WAS MAN SIEHT, DAS WIRD MAN«

Als man in sie drang, die letzte Wahrheit zu enthüllen, sprachen die vedischen Seher zwei Worte aus, die alle unsere vertrauten Wirklichkeitsbegriffe auf den Kopf stellen: »Aham Brahmasmi«*. Frei übersetzt würde dies heißen: »Ich bin alles, das Geschaffene und das Ungeschaffene.« Oder kürzer noch: »Ich bin das Universum.« Alles zu sein, oder etwas über die Begrenzungen des menschlichen Körpers Hinausreichendes, klingt für westliche Ohren zugegebenermaßen seltsam. Es gibt eine Geschichte von einer alten englischen Lady, die eine Reise durch Nordindien unternahm und dort zu den Höhlen geführt wurde, wo die Yogis in tiefer Meditation saßen. Sie wurde von einem Yogi, der vor seiner Höhle saß, freundlich empfangen. Am Schluß des Besuchs sagte sie: »Vielleicht gehen Sie nicht sehr oft fort von hier, aber es würde mir eine Freude sein, Ihnen London zeigen zu dürfen.«

Worauf der Yogi ruhig erwiderte: »Madam, ich *bin* London.«

In ihren Belehrungen zeigen die Yogis ein großes Talent, den Intellekt schachmatt zu setzen. Eine der berühmtesten Geschichten betrifft einen jungen Mann namens Svetaketu, der aus dem Haus geschickt wurde, um den Veda zu studieren. Im alten Indien bedeutete dies, daß man bei den Priestern verweilte und lange Passagen aus den heiligen Texten auswendig lernte.

Svetaketu bleibt zwölf Jahre in der Fremde. Als er schließlich nach Hause zurückkehrt, ist er sehr von sich und seinem Wissen eingenommen, und sein Vater, halb entsetzt, halb amüsiert, be-

---

* Dieser Sanskrit-Ausdruck bedeutet wörtlich »Ich bin Brahman«. Brahman ist ein alles umfassender Begriff und daher nicht übersetzbar; er umfaßt alle Dinge der Schöpfung – physische, psychische und geistige – sowie deren ungeschaffenen Ursprung.

schließt, ihn wieder auf den Boden der Realität zurückzuholen. Hier ist ein Auszug aus dem anschließenden Dialog:

»Geh und hole eine Frucht von diesem Banyanbaum«, sagte Svetaketus Vater.

»Hier ist sie, Herr.«

»Öffne sie und sage mir, was du darinnen siehst!«

»Viele kleine Samen, Herr.«

»Nimm einen davon, brich ihn auf und sage mir, was du darinnen siehst!«

»Nichts, Herr.«

Da sagte sein Vater: »Das Feinste dieser Frucht erscheint dir als nichts, mein Sohn, aber glaube mir, aus diesem Nichts ist dieser mächtige Banyanbaum entstanden. Das Sein, welches das Feinste von allem ist, die höchste Wirklichkeit, das Selbst von allem Bestehendem, das bist du, Svetaketu.«

Das ist eigentlich eine Quantengeschichte. Das Universum entspringt wie der gewaltige Banyanbaum aus einem Samen, der nichts umschließt. Ohne eine Metapher wie die von Samen und Baum kann unser Geist sich gar nicht vorstellen, was dieses Nichts ist. Denn es ist kleiner als das Kleinste und früher als der Urknall. Das tiefere Geheimnis der Geschichte ist, daß Svetaketu selbst aus dieser alldurchdringenden unvorstellbaren Essenz besteht. Um herauszufinden, was Svetaketus Vater meint, muß man die erweiterte Bewußtheit erforschen, die den Kern der Weisheit der Rishis darstellt.

»Ich bin alles« beinhaltet eine Fähigkeit, sich außerhalb des normalen Zeitflusses und der normalen Raumgrenzen zu stellen. Trotz seiner brillanten Intuition verließ Einstein den Zeitfluß nur konzeptuell. Er berichtet, daß er Erlebnisse von Bewußtseinserweiterung gehabt habe, in denen es »weder Evolution noch Schicksal gab, nur Sein«, aber solche Episoden fanden nur indirekt Eingang in sein Werk. Wie alle Physiker hielt er an der objektiven Methode fest und schloß sorgfältig sein eigenes subjektives Empfinden aus seinen Theorien aus. Seine Suche nach einem vereinheitlichten Feld, das alle Zeit und allen Raum umfassen sollte, war ein rigoros mathematisches Unterfangen.

Für die Rishis ist es gerade diese Einstellung, die unsere Physik unvollständig macht. Ihrer Meinung nach sind wir keine Zuschauer, die einen unbeteiligten Blick auf das vereinheitlichte Feld werfen – wir *sind* das vereinheitlichte Feld. Jeder Mensch ist ein unendliches Wesen, unbegrenzt durch Zeit und Raum. Wenn wir über den physischen Leib hinausreichen, so dehnen wir den Wirkungsbereich der Intelligenz aus. So wie Sie jetzt in Ihrem Stuhl sitzen, verursacht jeder Gedanke, den Sie denken, eine Welle im vereinheitlichten Feld. Sie zieht durch alle Schichten von Ego, Intellekt, Verstand, Sinnen und Materie und zieht immer und immer weitere Kreise. Sie sind wie ein Licht, von dem keine Photonen ausgehen, sondern Bewußtsein.

Von ihnen ausstrahlend haben ihre Gedanken eine Wirkung auf alles in der Natur. Die Physik erkennt bereits diese Tatsache für physikalische Energiequellen an: Jede Lichtquelle, ob Stern oder Kerze, sendet ihre Wellen durch das elektromagnetische Quantenfeld in alle Richtungen bis ins Unendliche aus. Die Rishis nahmen sich dieses Prinzips an und machten es zu einem menschlichen. Ihre Nervensysteme nahmen tatsächlich die entfernten Auswirkungen von Gedanken wahr; dies war für sie ebenso wirklich wie für uns die Erfahrung von Licht. Wir aber haben eine begrenzte Bewußtheit. Eingeschlossen in den Wachzustand, sind wir davon ausgeschlossen, die feinen Veränderungen zu erblicken, die wir überall bewirken.

Ein gewisser Effekt ist allerdings immer da. »Es sollte einem jeden deutlich bewußt sein«, schrieb Maharishi 1963, »daß er ein Teil des gesamten Lebens des Universums ist und daß sein Verhältnis zum kosmischen Leben dasselbe ist wie das einer Zelle zum ganzen Körper.« Jahrtausendelang haben die Rishis dasselbe Verhältnis gelehrt – der Mensch bewegt sich, lebt und atmet im kosmischen Körper. Wenn dies so ist, dann gibt es in Wirklichkeit keine Energiesuppe. Die Natur ist so lebendig wie wir selbst; der Unterschied zwischen »hier drinnen« und »dort draußen« ist falsch ... so als würden die Herzzellen die Hautzellen ignorieren, weil sie nicht innen sind.

»Die Grenzen des individuellen Lebens sind nicht identisch mit denen des Körpers«, fährt Maharishi fort, »und auch nicht mit denen der eigenen Familie oder Heimat. Sie erstrecken sich weit über

diese Bereiche hinaus bis an den unendlichen Horizont des grenzenlosen kosmischen Lebens.«

Mit dieser Erkenntnis wurden die Rishis äußerst mächtige Einzelne, jedoch nicht im üblichen Sinne. Während die meisten Menschen nach materieller Macht streben, strebten die Rishis nach Be-
wußtseinsmacht. Für sie war die materielle Ebene der Welt recht
grob. Die wirkliche Macht in der Natur liegt näher bei der Quelle,
und die höchste Macht muß direkt darin ruhen.

Den Geist über die Materie stellen, ist keine mystische Einstellung. Wenn man heute einen Wolkenkratzer bauen will, so beginnt
man nicht damit, Beton und Stahl aufeinanderzutürmen. Man sucht
sich einen Architekten, dessen Intellekt den Plan vorbereitet, der
vor Baubeginn vorliegen muß. Sein Plan enthält mehr aufbauende
Kraft als die eigentliche Bauarbeit. In gewissen Bereichen wie
Musik, Physik, Mathematik und Quantenphysik kommt es zu so gut
wie keinem Fortschritt ohne Genies, die in tiefer Stille wirken.
Einsteins bevorzugte Forschungsmethode war nicht die Arbeit im
Labor, sondern gedankliche Experimente im Kopf. Er hatte diese
Angewohnheit schon lange, bevor er zu Rang und Würden kam. Er
habe überall im Universum Uhren aufgestellt, erinnerte er sich
einst, bevor er sich eine wirkliche in seinem Hause leisten konnte.

Den Rishis würde es seltsam erscheinen, daß wir unsere Intelligenz in so vielen kleinen und isolierten Wissensschubladen unter-
bringen. Unsere kulturelle Konditionierung verstellt uns die kosmische Perspektive. Nicht, indem sie diese verdammt, sondern indem
sie so viel ablenkende Geschäftigkeit anbietet. Solange man völlig
von Backsteinen und Mörtel in Anspruch genommen wird, ist es
schwer, die Grundlagen der Architektur zu erlernen. Ein Bereich
wie die Medizin ist heutzutage so unglaublich kompliziert, daß,
wenn man sagte:»Dieser Patient kann durch den Fluß der Intelligenz behandelt werden«, man einfach diesen Trend der Zeit gegen
sich hätte, von der Skepsis einmal ganz abgesehen.

Der unbegrenzte Zustand ist in unserer Gesellschaft nicht häufig zu sehen, während sein Gegenteil eine regelrechte Epidemie
ist. Tagtäglich haben Psychiater mit Menschen zu tun, die durch
Begrenzungen verkrüppelt sind, Menschen, die in sich selbst
Schuldgefühle, Ängste und namenlose Unsicherheit einprogram-

miert haben. Diejenigen, die diese sogenannten Phobien herange-
züchtet haben, sind extreme Beispiele dafür, denn ihre lebensge-
fährliche Angst bläht selbst den geringsten Anlaß zu einer überpro-
portionalen Gefahr auf. Nehmen wir einen Agoraphoben, also
jemanden, der sich vor offenen Plätzen fürchtet, auf einen Autoaus-
flug mit, so wird er in intensive Angstzustände geraten. Halten wir
irgendwo in der freien Natur an und fordern wir ihn auf, den Wagen
zu verlassen, so wird er vor Schreck so gelähmt sein wie ein normaler Mensch, den man auffordert, von einer Klippe zu springen. Versucht man, ihn zum Aussteigen zu bringen, so wird er buchstäblich
um sein Leben kämpfen.

Das Schlimmste für einen phobisch Veranlagten ist, daß er
weiß, daß er diesen Zustand selbst verursacht, aber sein Wille ist
nicht stark genug, um das einmal in seiner Physiologie aufgezeich-
nete Programm zu ändern. Ein Agoraphober in England fühlte sich
so elend und beschämt durch seine Phobie, daß er beschloß, seinem Leben ein Ende zu machen. Dazu wählte er die Methode, ein
paar Kilometer mit dem Wagen zu fahren, wovon er wußte, daß es
ihn sicher töten würde. Als dies fehlschlug, war er zunächst entsetzt, entdeckte aber dann, daß seine Phobie nachgelassen hatte.
Er war per Zufall auf eine Therapie gestoßen, die »Flooding« genannt wird und die Psychiater bisweilen anwenden, um Phobiker
im fortgeschrittenen Stadium aus ihrer Unwirklichkeit herauszu-
reißen.

Grenzen, die in der Stille aufgerichtet werden, sind die am be-
engendsten. Menschen, die noch nie vom Veda gehört haben, kennen dennoch das Wort »Maya« oder Schein – im Sanskrit bedeutet
es wörtlich »das, was nicht ist«. Maya wird weithin mißverstanden:
die Rishis nannten die Welt nicht Maya, um damit zu sagen, daß sie
nicht existiere, ähnlich einer Fata Morgana. Maya ist das Trugbild
der Begrenzungen, die Konstruktion eines Geistes, der die kosmische Perspektive aus den Augen verloren hat. Maya entsteht aus
dem Anblick der millionenfachen Vielfalt »da draußen« und dem
Übersehen eines wesentlichen Einen, des unsichtbaren Feldes am
Ursprung des Universums. Liest man die Schriften der großen
Rishis, so ist es kein Wunder, daß sie Maya als armseligen Ersatz
für die kosmische Perspektive ansahen. Im Yoga Vasishtha heißt es:

»Im unendlichen Bewußtsein, in jedem seiner Atome, kommen Universen und vergehen wie Staubteilchen in einem Sonnenstrahl, der durch ein Loch im Dach fällt.«

Aus den Seiten des Yoga Vasishtha springt einem die Quantenwirklichkeit entgegen, denn Vasishtha hatte die Perspektive gefunden, die ihm zeigte, daß »in jedem Atom Welten in Welten« schweben. Der Abbau der eigenen Grenzen läßt die relative Welt nicht verschwinden; er fügt ihr eine weitere Dimension von Wirklichkeit hinzu – die Wirklichkeit wird unbegrenzt. Wenn die Wände eingestürzt sind, kann die Welt weiter werden. Und das macht nach Ansicht der Rishis den großen Unterschied aus zwischen einer Welt, die der Himmel sein kann, und einer, die zur Hölle wird.

Der Mechanismus hinter den Phobien kann in genau umgekehrter Weise benutzt werden, um eine Wand einzureißen anstatt sie zu errichten. Wir könnten genausogut und mit mehr Freude über Menschen sprechen, die allgemein als normal angesehene Ängste überwinden. Unter den Bauarbeitern an den Wolkenkratzern war üblicherweise eine große Anzahl von Mohawk-Indianern, die ohne Höhenangst erzogen werden. Derselbe Mut kann nach und nach durch Übung erworben werden – beispielsweise dadurch, daß man über ein Seil läuft. Eine solche Flexibilität beschränkt sich nicht auf Geisteszustände. Ernährungswissenschaftler verfügen über umfangreiches Belegmaterial, das beweist, daß der Körper eine bestimmte Tagesmenge an gewissen Vitaminen und Mineralstoffen braucht, damit keine Mangelerkrankungen auftreten. Das klassische Beispiel für eine solche Mangelerkrankung ist Skorbut, der früher die Seeleute befiel, wenn sie sich ausschließlich von steinhartem Brot und Grog ernährten und völlig ohne das in Obst und Gemüse enthaltene Vitamin C auskommen mußten.

Trotzdem gibt es überall auf der Erde jahrhundertealte Kulturformen, die keine empfohlenen Tagesmengen kennen und damit gut auskommen. Die Tarahumara-Indianer im nördlichen Sonora von Mexiko sind in Physiologenkreisen berühmt dafür, daß sie ohne Mühe vierzig bis achtzig Kilometer am Tag in großen Höhen laufen können. Ganze Stämme veranstalten jede Woche diese Marathonläufe, und als man den Sieger bei einem dieser Wettläufe zwei Minuten nach dem Überqueren der Ziellinie untersuchte, entdeckte man, daß seine Herzfrequenz niedriger war als zu Beginn des Laufs.

Was diese unerklärliche Spitzenleistung noch erstaunlicher macht, ist, daß die Tarahumara jährlich mit durchschnittlich einhundert Kilo Mais pro Familie auskommen, wovon die Hälfte zu Maisbier verbraucht wird. Andere Nahrungsquellen wie Wurzelgemüse sind nur während der kurzen Wachstumsperiode und in kleinen Mengen verfügbar. Durch ihre Fähigkeit, mit unvorstellbar unterdurchschnittlichen Nahrungsmengen auszukommen, bewahren sich diese Menschen die fast unbegrenzte Flexibilität ihres Geist-Körper-Systems. Ironischerweise ist ihre Anpassung an ihre Lebensverhältnisse so stark, daß viele dieser Indianer, wenn man sie auf eine »ausgewogene«, vitamin- und mineralstoffangereicherte Diät setzt, Herzkrankheiten, Bluthochdruck, Hautkrankheiten und Karies bekommen – Krankheiten, die sie zuvor kaum kannten.

Offensichtlich sind diese Beispiele eine Herausforderung für unser Verständnis dessen, was normal ist. Wir haben reichliche Hinweise aus unserer eigenen Kultur, daß das Normalste an uns unsere Fähigkeit ist, uns unsere eigene Wirklichkeit selbst zu schaffen. Wie Sir John Eccles den Parapsychologen erzählte, ist es unbegreiflich, daß unsere Gedanken Moleküle bewegen können, und doch kommen wir mit dieser Unmöglichkeit ganz selbstverständlich zurecht. Die Rishis dehnen einfach den Bereich des Selbstverständlichen aus bis hin zu einer Normalität des Unendlichen.

Wir wissen bereits, daß ein Intelligenzimpuls Intellekt, Verstand, Sinne und Materie benutzt, um sich auszudrücken. Intelligenz kann eine Physiologie erzeugen, in der heilende Gedanken auftreten, doch kann sie auch genau das Gegenteil bewirken. Hätten wir festgelegte Impulsbahnen wie ein Computer, so wäre jede Physiologie vorhersagbar; das ist sie jedoch nie. Intelligenz schafft willentlich immer neue Schaltkreise, und das macht die Menschen so verschieden voneinander. Jedes Ereignis in einem Leben verändert die Hirnanatomie. Die neuen Dendriten im Gehirn alter, aber tätiger Menschen sind ein Beispiel dafür.

Außergewöhnliches brachte das folgende Experiment zutage: Herbert Spector vom National Institute of Health nahm eine

Gruppe Mäuse und fütterte sie mit Poly-I:C, einer Substanz, die bekanntlich die natürlichen Killer-T-Zellen des Immunsystems aktiviert und damit die Widerstandsfähigkeit der Tiere gegenüber
Krankheiten erhöht. Jedesmal, wenn eine Maus eine Dosis Poly-I:C
erhielt, wurde sie gleichzeitig dem Geruch vom Kampfer ausgesetzt.

Über einige Wochen hinweg wiederholte sich diese Versuchs-
anordnung von Fütterung mit dieser Substanz und Kampfergeruch.
Danach stellte man die Verabreichung von Poly-I:C ein und setzte
die Mäuse lediglich dem Kampfergeruch aus. Spector stellte fest,
daß die Immunzellenwerte auch ohne die Substanz zunahmen. Mit
anderen Worten: Der bloße Geruch machte sie widerstandsfähiger
gegen Krankheiten. Hätte er auch das Umgekehrte tun und ihre
Immunbereitschaft durch einen Geruch senken können?

Ein Team an der University of Rochester bewies später, daß dies
möglich ist. Das Team nahm eine Gruppe Ratten und fütterte sie
mit Cyclophosphamid, einer Substanz, die nachweislich die Immunbereitschaft schwächt. Gleichzeitig erhielten die Ratten mit
Sacharin gesüßtes Wasser zu trinken, das hier die neutrale Funktion des Kampfers einnahm. Als die Substanz abgesetzt wurde, san-
ken bei den Tieren die Immunzellenwerte, sobald sie von dem Wasser kosteten. Was die Forscher in Aufregung versetzte, war die
Erkenntnis, daß das Immunsystem lernfähig ist. Es reagiert direkt
auf äußere Reize und nicht nur auf die innere Umgebung des Blut-
kreislaufs.

Gleichzeitig zeigen uns diese Experimente jedoch, daß der Körper nicht an vorhersagbare Reaktionen gebunden ist. Die Intelligenz einer Zelle ist kreativ. Der vorherbestimmbare Mechanismus,
der positiv auf das Poly-I:C und negativ auf das Cyclophosphamid
reagiert, kann sich beliebig verändern. Ja, er kann sich sogar völlig
umkehren und mit den genau entgegengesetzten Ergebnissen auf-
warten: Der Kampfergeruch hätte mit jeder der beiden Substanzen
assoziiert werden können.

Es gibt also keinen festgelegten Bezug zwischen der Erfahrung,
der Sie Ihren Körper aussetzen, und dem dadurch ausgelösten Ergebnis – unser Nervensystem ist auf Unendlichkeit eingestellt. Je
mehr wir uns dessen bewußt werden, desto bemerkenswerter sind

die Konsequenzen. Der Geruch vom Kampfer hatte selbst nichts mit der Veränderung der Immunzellen zu tun: Die Mäuse hatten ebensogut Rosen riechen oder eine Mozartsonate hören können. Was tatsächlich in ihnen geschah, war die Erzeugung eines Intelligenzimpulses, einer völlig fließenden Einheit, die ein Teil der nicht materiellen Welt mit einem Teil der materiellen Welt koordiniert.

Die alten Rishis wußten dies. Ein Vers aus dem Veda lautet: »Was du siehst, das wirst du.« Mit anderen Worten: Die bloße Wahrnehmung der Welt macht uns zu dem, was wir sind. Das ist ganz wörtlich zu nehmen. Kinder, die in Familien aufwachsen, wo es an Liebe mangelt, können eine Vielzahl von Symptomen aufweisen: Sie können unglücklich sein, neurotisch, schizophren, kränklich, aggressiv und so fort. Eine der seltsamsten Störungen ist unter dem Namen »psychosozialer Zwergwuchs« bekannt. Davon betroffene Kinder wachsen nicht. Sie entwickeln einen Mangel an dem von der Hypophyse erzeugten Wachstumshormon und bleiben infolgedessen in ihrer körperlichen Entwicklung zurück.

Wird die biologische Uhr ignoriert, so kann sich der Beginn der Pubertät verzögern; das ist auch der Fall beim Erwerben geistiger Fähigkeiten bei älteren Kindern, wo es keinen direkten Zusammenhang mit der Hypophyse gibt. Es handelt sich hierbei nicht um eine generelle Funktionsstörung der Hypophyse, denn sobald diese Kinder in eine liebevolle Umgebung gebracht werden, kann sich ihr Zustand spontan verbessern, und sie holen den Rückstand rasch auf.

Wachstum ist eine genetisch verankerte Folge des Geborenwerdens. Und doch verweigerten diese Kinder es deswegen, weil sie sich nicht geliebt fühlten. Selbst wenn ein Arzt ihnen Wachstumshormonspritzen gäbe, würden sie wahrscheinlich nicht wachsen. Eine Studie bei männlichen Herzinfarktpatienten ergab, daß der wichtigste, über Leben und Tod entscheidende Faktor nichts mit Ernährung, körperlicher Betätigung, Rauchen oder Lebenswillen zu tun hatte. Die überlebenden Männer waren diejenigen, die sich von ihren Frauen geliebt fühlten, während die anderen nur geringe Überlebenschancen hatten. Keine andere von den Forschern festgestellte Korrelation war dermaßen eindeutig.

Seit Jahren verfolgt mich die Erinnerung an einen meiner ersten

Patienten, einen indischen Bauern namens Laxman Govindass. Ich
war damals noch ein Medizinstudent in New Delhi, eingezwängt in
den Trott der Untersuchungen von Patienten, für die die Stationsärzte keine Zeit hatten. Das Krankenhaus, in dem ich meinen
Dienst ableistete, war ein an das All India Medical Institute ange-
schlossenes Lehrkrankenhaus, und die akademischen Ärzte dort
hatten nur geringes Interesse an einem heruntergekommenen Alko-
holiker wie Laxman Govindass. Seine Trunksucht hatte solche Formen angenommen, daß er von seiner Familie verstoßen worden war.
Einer seiner Söhne hatte ihn vor dem Krankenhaus mit den Worten
abgesetzt: »Du wirst hier wahrscheinlich sterben.« Wie alle Dörf-
ler, die zu uns überwiesen wurden, war Herr Govindass voller
Angst und völlig entwurzelt. Die Stationsärzte kümmerten sich zwar
um seine Leberzirrhose, doch verbrachten sie keine Zeit damit, ihn
persönlich kennenzulernen. Ich selbst lernte ihn nur deswegen
kennen, weil ich als Student den größten Teil des Tages frei hatte.
So machte ich es mir zur Gewohnheit, dem Servierpersonal zu folgen, das den allabendlichen Curryreis brachte, und plauderte bei
dieser Gelegenheit mit den Patienten.

Zu Herrn Govindass bekam ich eine besondere Beziehung. Ich
saß neben seinem Bett; bisweilen wechselten wir ein paar Worte,
doch meistens blickten wir nur gemeinsam aus dem Fenster. Tag
um Tag verfiel er mehr, und niemand – auch ich nicht – gab ihm
noch mehr als eine Woche oder höchstens zwei zu leben. Kurz darauf mußte ich im Rahmen meiner Ausbildung in eine einhundert
Kilometer entfernte dörfliche Ambulanzstation überwechseln. Ich
ging also zu ihm, um Lebwohl zu sagen. Um das Gesicht zu wahren,
sagte ich ihm, daß ich nach Monatsverlauf wieder zurück sein und
ihn wiedersehen werde.

Als Antwort sah er mich ernst an und sagte: »Wo du nun fort-
gehst, habe ich nichts mehr, weswegen ich leben sollte. Ich werde
sterben.« Ohne zu überlegen stieß ich hervor: »Reden Sie kein
dummes Zeug. Sie können nicht sterben, bevor ich Sie wiedergesehen habe.« Da Herr Govindass völlig ausgemergelt war und kaum
vierzig Kilo wog, wunderten sich die Ärzte, daß er überhaupt noch
am Leben war.

Ich fuhr auf meine ländliche Praktikantenstelle und hatte ihn

bald darauf vergessen. Bei meiner Rückkehr nach New Delhi einen
Monat später sah ich jedoch im Krankenhaus an einer Tür den Namen »Laxman Govindass«. Mit einem seltsam beklommenen Gefühl stürzte ich hinein. Da lag er, in gekrümmter Haltung wie ein
Fötus neben seinem Laken auf einem Bett. Er war nur noch Haut
und Knochen, aber als ich ihn vorsichtig berührte, wandte er mir
seine riesigen Augen zu. »Du bist zurückgekommen«, murmelte er.
»Du hast gesagt, daß ich nicht sterben könnte, bevor ich dich wie-
dersehe. Jetzt – sehe ich dich.« Daraufhin schloß er die Augen und
starb.

Ich habe dieses Ereignis, eines der wichtigsten meines Lebens,
schon an anderer Stelle erzählt. Zu diesem Zeitpunkt fühlte ich
zwei Dinge: ein untergründiges Schuldgefühl, daß ich diesen Mann
zu einer Verlängerung seines Leidens verurteilt hatte und eine tiefe
Ehrfurcht vor der Geist-Körper-Verbindung, die ihn am Leben gehalten hatte. Heute wird mir bewußt, daß ich damals der Wahrheit
des Unbegrenzten begegnete, der Fähigkeit unserer Intelligenzimpulse, das zu tun, was sie wollen, trotz aller Regeln, die möglicherweise gebrochen werden müssen. Der Impuls, den ich mit
Laxman Govindass teilte, war Liebe. Obwohl sie in einem verfalle-
nen Körper entstand, hatte seine Liebe die Macht, die der Liebe
immer zu eigen ist – sie gab neues Leben. Sie durchbrach die Maya
seines Körpers und wies den Tod in seine Schranken zurück. Auf
der Feinheit dieses Impulses, einem hauchdünnen Faden mit der
Stärke von Stahl, könnte eine neue Medizin gegründet werden.

Die Möglichkeit, daß jeder Mensch ein unendliches Wesen ist,
wird nun wirklicher. Ausgestattet mit der uneingeschränkten Flexibilität unseres Nervensystems haben wir alle die Wahl, Grenzen
aufzurichten oder einzureißen. Jeder Mensch erzeugt ständig eine
stattliche Vielzahl von Gedanken, Erinnerungen, Wünschen, Objekten und so fort. Auf ihrem Wellenweg über den Ozean des Bewußtseins werden diese Impulse zu unserer Wirklichkeit. Wenn wir
es verstünden, die Erzeugung von Intelligenzimpulsen zu steuern,
so wären wir nicht nur fähig, neue Dendriten hervorzubringen, sondern auch alles andere.

»Was du siehst, das wirst du« ist eine Wahrheit, die die gesamte
Physiologie einschließlich des Gehirns ausformt. Dies wurde durch

ein ausgeklügeltes Experiment der Psychologen Joseph Hubel und David Weisel deutlich gemacht, die sich dazu wiederum neugeborener Katzen bedienten: Drei Gruppen von Katzen wurden, als ihre Augen sich zu öffnen begannen, in sorgfältig vorbereitete Umgebungen gebracht. Die erste war ein weißer Kasten mit aufgemalten horizontalen Streifen; die zweite ein Kasten mit vertikalen Streifen; die dritte war rein weiß.

Nachdem die Tiere während der kritischen Entwicklungsphase der Sehfähigkeit diesen Umgebungen ausgesetzt gewesen waren, hatten sich die Gehirne der Katzen für den Rest des Lebens darauf eingestellt. Die in einer Welt mit horizontalen Streifen aufgezogenen Tiere konnten nichts Vertikales genau wahrnehmen – sie rannten gegen Stuhlbeine, deren Vertikalität für sie buchstäblich keine oder nur wenig Wirklichkeit hatte. Die Gruppe aus dem Kasten mit vertikalen Streifen hatte genau das umgekehrte Problem, denn sie war unfähig, horizontale Linien wahrzunehmen. Die Katzen aus der rein weißen Umgebung hatten erhebliche Orientierungsprobleme und konnten keinerlei angemessenen Objektbezug herstellen.

Diese Tiere waren zu dem geworden, was sie sahen, da die für das Sehen verantwortlichen Neurone nunmehr eindeutig programmiert waren. Auch im Fall von Menschen gibt das Gehirn jedesmal, wenn es die Welt wahrnimmt, einen Teil seiner unbegrenzten Bewußtheit auf, denn Weltanschauung geschieht immer in einem begrenzten Rahmen. Ohne die Fähigkeit zu transzendieren ist diese vorgefaßte Blindheit unvermeidlich. Bei jedem unserer Sinne und nicht nur beim Sehen kommt es ständig zu Reizungen unserer Neuronen. Wir nennen zwar üblicherweise die belastenden Eindrücke »Streß«, doch erzeugen im Grunde alle Eindrücke irgendwelche Begrenzungen.

Wir wollen das einmal veranschaulichen: Forscher am weltberühmten Massachusetts Institute of Technology vertieften sich in die Funktionsweise des menschlichen Gehörs. Hören scheint etwas Passives zu sein, doch hört jeder Mensch in Wirklichkeit der Welt in sehr selektiver Weise zu und interpretiert die Rohdaten, die an sein Ohr gelangen, auf seine Art. Ein geübter Musiker hört beispielsweise Tonhöhe und Harmonie, wo ein anderer, der dafür »kein Ohr hat« nur ein Geräusch hört. Ein Experiment bezog sich auf das Hören von kurzen, einfachen Rhythmen (1-2-3 und 1-2-3 und 1-2-3). Anschließend trainierten die Testpersonen, den Rhythmus verändert zu hören (1-2, 3- und-1, 2, 3-und-1, 2). Nachdem sie begonnen hatten, den Rhythmus in veränderter Form zu hören, berichteten sie, daß die Töne lebendiger und frischer klangen. Eindeutig hatte das Experiment den Testpersonen beigebracht, ihre unsichtbaren Grenzen zu verschieben. Das wirklich interessante Ergebnis war jedoch, daß die Testpersonen bei ihrer Heimkehr bemerkten, daß die Farben mehr Leuchtkraft hatten, die Musik fröhlicher klang, das Essen mit einem Male besser schmeckte und alle Menschen liebenswerter erschienen.

Schon die kleinste Öffnung der Bewußtheit bewirkt einen Wandel der Wirklichkeit. Die Meditation, da sie dem Bewußtsein weitere Bahnen öffnet und diese zudem auf eine tiefere Ebene gelangen läßt, bewirkt einen größeren Wandel. Dieser Wandel entfremdet uns jedoch nicht der uns vertrauten Weise, unser Bewußtsein zu nutzen. Das Errichten von Grenzen wird immer eine Tatsache des Lebens sein. Der »Dreh« der Rishis war es, diese Tätigkeit mit Freiheit zu durchdringen, indem sie sie auf eine Ebene anhoben, die über die kleinlichen Gedanken und Wünsche des isolierten Egos hinausging.

Gemeinhin hat das Ego keine andere Wahl, als das Leben damit zu verbringen, eine Grenze nach der anderen aufzurichten. Es tut dies aus demselben Grunde, aus dem die mittelalterlichen Städte sich mit Mauern umgaben, nämlich aus Angst. Das Ego empfindet die Welt als gefährlichen, feindlichen Ort, da alles, was besteht, vom »Ich« getrennt ist. Dies ist der Zustand, der als Dualität bekannt und eine wesentliche Ursache für Angst ist – der Veda nennt ihn gar die einzige Ursache der Angst. Wenn wir einen Blick nach »da draußen« werfen, so sehen wir dort jede Art potentieller Bedrohung, all die Qual und die Pein, die einem das Leben zufügen kann. Die logische Verteidigung des Ego ist es, sich mit einem Schutzwall freundlicherer Dinge zu umgeben – mit Familie, Genüssen, frohen Erinnerungen, vertrauten Orten und Tätigkeiten. Die Rishis befürworteten nicht den Abriß dieser Schutzwälle, wie fälschlicherweise vielfach angenommen wird. In Ost und West hat sich die Vorstellung verbreitet, daß die indischen Weisen die »Illu-

sion des Lebens« verdammten, doch gründet sich die vedische
Weltsicht, wie Maharishi erläutert, nicht auf eine solch absurde
Voraussetzung. Hier ein Ausschnitt aus einem Interview:

Frage an Maharishi: »Dualität ist eine bloße Illusion, nicht
wahr?« Maharishi: »Wenn die Dualität eine Illusion ist, so kann
Einheit nicht hergestellt werden. Beide haben ihren Wert, und
ohne Dualität entbehrt die Einheit der Grundlage. Beide sind natürlich, beide sind wahr. Das ist das Wesen der Welt. Wie Licht und
Dunkel bestehen die Gegensätze, sind sie da. Der Nordpol ist da
und auch der Südpol.«

Die polaren Gegensätze verschmelzen zu einem Ganzen – dieses Prinzip rückt beide Felder des Lebens, das stille und das aktive, in die rechte Perspektive. Als die Rishis die Einheit fanden,
das stille Feld der Intelligenz, da fanden sie auch den anderen Pol,
der das Leben vollkommen macht. Die alten Texte bezeichnen dies
als »Purnam adah, purnam idam« – »Dies ist voll, das ist voll.«
Und Maharishi fährt fort zu erläutern, wie diese beiden einander
ergänzen:

»Es gibt einhundert Prozent Vielfalt und einhundert Prozent
Einheit, beide sind gleichzeitig wirksam. Das ist die Art und
Weise, wie die Schöpfung wirkt – das ist wahrhafte Wirklichkeit.
Uns scheint die eine wirklich zu sein, die andere unwirklich. Wahr
ist jedoch, daß beide gleichzeitig wirklich sind. So wie Wasser
wirklich ist, ist auch Eis wirklich. Beide sind recht verschieden
voneinander, und doch ist ihre Verwandtschaft so groß, daß das Eis
nicht ohne das Wasser existieren kann – es ist Wasser und nichts als
das. Genauso bestehen auch Einheit und Vielfalt gleichzeitig.«

Das höchste Lebensziel ist demnach die Verwirklichung von
»zweihundert Prozent Leben«. Das menschliche Nervensystem
kann dies erreichen, da es flexibel genug ist, sowohl die Vielfalt
des Lebens wahrzunehmen, die unendlich, aber voller Begrenzungen ist, als auch den vereinheitlichten Zustand, der gleichermaßen
unendlich, aber völlig unbegrenzt ist. Einfach vom Standpunkt der
Logik aus kann es keine andere Möglichkeit geben. Keiner von uns
hat einen kosmischen Computer bekommen mit der Auflage: »Denk
daran, du darfst ihn nur zur Hälfte benutzen.« Niemand hat uns irgendwelche Beschränkungen bezüglich der Intelligenzmuster auf-

erlegt, die wir erzeugen, verändern, mischen, erweitern und bewohnen können. Das Leben ist ein Feld unbegrenzter Möglichkeiten. Das ist das Herrliche an der völligen Flexibilität des menschlichen Nervensystems.

Dieser Punkt ist enorm wichtig. Er besagt, daß wir die begrenzten, engen Entscheidungen, die wir üblicherweise machen, umge-
hen und direkt die Gesamtlösung jeglicher Probleme verwirklichen
können. Die Grundlage für diese Behauptung ist, daß die Natur bereits die Lösung in unserem Bewußtsein strukturiert hat. Die Probleme liegen im Bereich der Vielfalt, wohingegen die Lösungen im
Bereich der Einheit liegen. Wenn wir uns in den Bereich der Einheit begeben, so treffen wir automatisch auf die Lösung, die das
Geist-Körper-System dann umsetzt – das ist die Abkürzung, welche
die Rishis nehmen.

Die Untersuchungen von Keith Wallace über den Alterungsprozeß sind ein ausgezeichnetes Beispiel dafür, wie sich diese Abkürzung auswirkt. Nach heutiger wissenschaftlicher Erkenntnis ist das
Altern ein komplizierter Vorgang, der nur dürftig durchleuchtet ist.
Erst seit 1950 ist die Gerontologie, die Wissenschaft vom Altern,
ein eigenständiges Fachgebiet. Damals machte es die genaue Be-
stimmung der einzelnen DNS-Bausteine möglich, in Betracht zu
ziehen, daß es spezielle Gene für das Altern geben könnte (bislang
sind keine solchen Gene ermittelt worden, jedoch kennt man gewisse Alterungsmechanismen, die im DNS-Code von niedrigeren
Lebewesen aufgezeichnet sind). Heutzutage, wo die Gerontologie
in vollem Schwung ist, wird sie von widersprüchlichen Theorien
und enormen Datenmassen aus den verschiedensten Forschungs-
projekten überschüttet, deren Auswertung Jahrzehnte dauern wird.

Dieser intensive Forschungsaufwand hat indes den Alterungsprozeß nicht verlangsamt. Der wesentliche Fortschritt in diesem
Bereich war zu belegen, daß gesunde Menschen nicht automatisch
verfallen, wenn sie älter werden. Doch ist dies ein Sachverhalt, der
auch ohne Datenbanken seit Jahrhunderten bekannt ist. Die Gerontologie hat etliche wertvolle Erkenntnisse gebracht, wie beispielsweise die, daß viele ursprünglich als endgültig angesehene Vergrei-
sungssymptome umkehrbar sind. Sie sind keine Anzeichen für
einen Verfall des Gehirns, sondern gehen auf falsches Ernährungs-

verhalten, soziale Isolierung, Dehydration und andere umfeldbe-
dingte Faktoren zurück. Ansonsten arbeitet sich die Gerontologie
Schritt für Schritt vorwärts und schließt winzige Lücken in Theorien, die recht spekulativen Charakters sind. Was die Notwendigkeit anbelangt, die Bevölkerung dazu zu bringen, vernünftiger zu
essen, sich körperlich zu betätigen und aktive Krankheitsvorbeu-
gung zu betreiben, stimmt dieser ganze Bereich mit der restlichen
Medizin überein.

Die Forschung von Wallace ging allerdings von der Annahme
aus, daß Menschen nicht in ihren Einzelfunktionen altern, sondern
als Gesamtwesen. Deshalb beinhaltet das Altern in seiner Sicht
einen erheblichen Entscheidungsspielraum. Wenn alte Menschen
ihre geistigen Fähigkeiten durch ständige Anwendung frisch halten
konnten, so mußte die Ausübung einer meditativen Technik, die
das Bewußtsein voll entfaltet, noch mehr bewirken. Das wichtigste
Ergebnis von Wallace war, wie wir bereits zuvor erwähnt haben, daß
Langzeitmeditierende ihr biologisches Alter um fünf bis zwölf Jahre
verringerten. Dazu wurden hohe Werte eines kaum bekannten Hor-
mons namens DHEA (Dehydroepiandrosteron) ermittelt, von dem
angenommen wird, daß es den Alterungsprozeß verlangsamt und
sogar das Entstehen und das Wachsen von Krebs verhindert.

Dies weist darauf hin, daß der Alterungsprozeß vom Bewußtsein
her gesteuert wird. Bewegt sich unser Denken nur auf der üblichen
Oberfläche, wo es hin und her geworfen wird, so beschleunigen wir
das Altern unserer Zellen. Doch bewegen wir uns auf den stillen
Bereich des Transzendenten zu, so kommt die gedankliche Aktivität zur Ruhe und damit offensichtlich auch die zelluläre. Wenn dem
so ist, dann kann das Altern von verschiedenen Bewußtseinsebenen aus gesteuert werden.

Wenn wir uns auf den Verfall programmieren, was in früheren
Generationen der Fall war, so wird dies Wirklichkeit. Ein Programmieren dieser Art ist nicht als einfaches Denken oder Glauben zu
verstehen. Positive Einstellungen, geistige Wachheit, Überlebenswille und andere psychische Eigenschaften können das Altern an-
genehmer machen. Sie sind zweifelsohne hilfreich, die starre soziale Konditionierung zu durchbrechen, der ältere Menschen oft
zum Opfer fallen. Aber die eigentliche Umkehrung des Alterungs-

prozesses muß auf einer anderen, tieferen Ebene vor sich gehen. Die Gerontologie erkennt offiziell keine Maßnahme an, die den Alterungsprozeß umkehrt oder verlangsamt. Diese Haltung ist recht unnachgiebig, zumal das Altern ja noch nicht einmal angemessen definiert worden ist. Die Rishis würden dem entgegenhalten, daß es der Naturwissenschaft nicht gelungen ist, jene Bewußtseinsebene zu erreichen, auf der das Altern besiegt werden kann. Im Jahre 1980 begab sich ein junger Psychologe, Charles Alexander, von der Harvard University in drei Seniorenheime in der Nähe von Boston und führte etwa sechzig Bewohner dieser Heime (das Mindestalter betrug achtzig Jahre) in eine Geist-Körper-Technik ein. Dabei wurden drei Techniken angeboten: eine verbreitete, in typischen Streß-Management-Programmen angewandte Entspannungstechnik, Transzendentale Meditation und ein Satz kreativer Wortspiele, die jeden Tag gespielt wurden, um den Geist wach zu halten.

Jede Person lernte nur eine Technik, und den Gruppen wurde gestattet, sie ohne Aufsicht zu benutzen. Im Folgetest erreichten die Meditierenden die besten Werte hinsichtlich Lernfähigkeit, Blutdruck und geistiger Gesundheit. Die Testpersonen berichteten auch, daß sie sich glücklicher und nicht so alt fühlten. Eine wirklich verblüffende Auswirkung sollte aber erst drei Jahre später zum Vorschein kommen: Als Alexander die Seniorenheime erneut aufsuchte, war etwa ein Drittel der Bewohner seit seinem Fortgang verstorben, einschließlich 24 Prozent der Teilnehmer, die nicht meditieren gelernt hatte. Bei den Meditierenden war jedoch die Sterberate gleich Null.

Diese Personen hatten mittlerweile ein Durchschnittsalter von vierundachtzig Jahren erreicht, dank eines Experiments, das eines der seltensten und schönsten Beispiele in der Geschichte der Wissenschaft ist, da es unmittelbar die Gabe des Lebens schenkte. Obwohl von bescheidenem Umfang, zählt dieses Ergebnis doch zu den hoffnungsvollsten im gesamten Bereich der Gerontologie und ist eine Bestätigung für die Abkürzung der Rishis. Es weist darauf hin, daß die Erweiterung unserer Bewußtheit genügt, um unser Leben zu verlängern. Was wird einst die Lebensdauer von Meditierenden sein, die im frühen Erwachsenenalter anstatt im achten Lebensjahrzehnt begannen? Die Zeit wird darüber Auskunft geben.

Die Vorstellung, die das Leben erstickt, ist die, ein Gefangener des eigenen Körpers zu sein. Der menschliche Körper scheint in mechanischer Weise zu funktionieren. Einer der am gründlichsten untersuchten Mechanismen ist die homöostatische Rückkopplung (feedback loop), eine selbstregulierende Funktion ähnlich der eines Thermostaten. Ein Thermostat erhält eine Vorgabe von beispielsweise siebenunddreißig Grad Celsius (beim Körper wird von der sogenannten Basaltemperatur gesprochen). Das Gerät ist so empfindlich, daß es selbst auf Abweichungen von nur wenigen Graden anspricht. Indem es die Heizung oder die Luftkühlanlage ein- und ausschaltet, hält es die Temperatur annähernd stabil. Vom technischen Standpunkt ist ein Thermostat sehr simpel – man könnte ihn einen intelligenten Schalter nennen, doch ist in ihn nur ein Regelmechanismus eingebaut. Die Rückkopplungsschleifen des Körpers dagegen sind fähig, nicht nur die Körpertemperatur zu regeln, sondern auch den Blutdruck, den Flüssigkeitsspiegel in den Zellen, den Glukosestoffwechsel sowie den Sauerstoff- und Stickstoffgehalt und so fort, ganz zu schweigen von den Tausenden verschiedener Substanzen, die überall in der Physiologie mit außerordentlicher Genauigkeit erzeugt werden.

Daß der Körper – ähnlich wie der Thermostat – immer wieder zum Vorgabewert zurückkehrt, ist dies nicht ein wunderbarer Umstand, dem wir unsere Existenz verdanken? Der größte Physiologe des 19. Jahrhunderts, Claude Bernard, machte die berühmte Feststellung, daß »freies Leben auf der Unverrückbarkeit unseres inneren Milieus« beruht. Mit anderen Worten: Die Fähigkeit unserer inneren Thermostaten, ihre Vorgabewerte aufrechtzuerhalten, macht uns frei. So brillant diese Einsicht auch war, hat sich doch damit ein schwerwiegender Fehler eingeschlichen. Wenn ein Thermostat registriert, daß die Raumtemperatur 25 Grad oder 15 Grad beträgt, so sind für ihn diese Abweichungen zu korrigieren: Nur sein Normwert, 21 Grad, ist richtig. Bei uns jedoch können verschiedene Vorgaben richtig sein. »Normal« ist lediglich der Wert, zu dem wir in der Regel zurückkehren. Wenn wir einen Marathonlauf machten, ohne daß unser Blutdruck, Herzschlag, Glukosestoffwechsel und unsere Schweißabsonderung rapide über »normal« anstiegen, so würden wir zusammenbrechen.

»Normal« ist einfach der Bereich, in dem wir vorwiegend leben. Das ist keine Regel, sondern eine Vorliebe. Die Tarahumara-Indianer haben sich – vielleicht deswegen, weil sie von ehemaligen Botenläufern des Inkareiches abstammen – an eine Normalität gewöhnt, die von der unseren verschieden ist, aber eben ihrer Lebensweise entspricht. Ungeachtet ihrer kärglichen Ernährung war für sie das, was sie tun wollten, nämlich achtzig Kilometer am Tag laufen, wichtiger als alle Erwägungen von Tagesmindestmengen und ähnlichen Normen. Der Körper fügt sich der Intelligenz ohne Widerrede. Auf Grund der Angewohnheit, einer Lebensweise zu folgen, mag es schwierig sein, sich unmittelbar umzustellen, wenn der Geist eine Veränderung verlangt – fettleibige Menschen sollten nicht plötzlich aus ihren Sesseln aufspringen –, aber die Anpassungsfähigkeit kann niemals völlig verlorengehen. Trotz aller festgelegten Schaltkreise unseres Inneren und Tausender von homöostatischen Mechanismen können wir stets unsere Fähigkeiten wechseln, alte vergessen, neue annehmen und so fort. Die höchste Zierde eines menschlichen Wesens ist unübersehbar seine totale Freiheit.

Der Westen betrachtet die ganze Angelegenheit der höheren Bewußtseinszustände mit sichtlich gemischten Gefühlen – mit Sehnsucht, Verwirrtheit und Abscheu. Ich bin jahrein, jahraus zwei Tage pro Woche auf Reisen, um vor den verschiedensten Arten von Zuhörern, vor Arztkollegen und auch vor Laien, Vorträge über Ayurveda zu halten. Sehr schnell merkte ich, wie empfindlich die Saite ist, an die ich rühre. Ein Interviewer des kanadischen Fernsehens begann ein Gespräch unvermittelt mit der Frage: »Können Sie Beweise dafür liefern, daß Sie kein Scharlatan sind?« Etwas kongenialer war ein Reporter in Los Angeles, der sich zu mir beugte und mit geheimnisvoller Stimme sagte: »Sagen Sie, Doktor, sind Sie schon einmal auf der Erde gewesen?« Ich war so erschrocken, daß ich hervorstieß: »Wir sind die ganze Zeit hier.«

Seit den sechziger Jahren ist die Verbreitung flüchtiger Kenntnisse über den Osten sowohl von Vorteil als auch von Nachteil gewesen, denn obwohl viele Menschen Schlagwörter wie Nirwana, Atman und Dharma aufgegriffen haben und fast jeder in einer Konversation ohne weiteres das Wort Karma einfließen lassen kann, ist der eigentliche Sinn dieser Begriffe entstellt worden. Ich habe versucht zu zeigen, daß vedisches Wissen systematisch und praktisch ist, daß es so weit reicht wie unsere am weitesten fortgeschrittene Forschung und daß vieles, was wir uns wünschen, wie Freiheit von Krankheit und Altern ohne Verfall, durch diesen gewaltigen Wissensschatz über das Wesen des Menschen erreicht werden kann.

Doch würde ich das Wissen der Rishis verraten, wenn ich nicht dessen äußersten Umfang darstellen würde, für den es im Westen kein entsprechendes Beispiel gibt, wenn man einmal von religiösen Doktrinen absieht, die erfolglos versuchten, diesem Wissen gerecht zu werden. Die Rishis waren auf einen Zustand völliger Bewußtheit bedacht. Für sie war dies keine Philosophie oder Religion, sondern eine natürliche Form menschlichen Bewußtseins. Der vierte Zustand – so stellt sich heraus – ist kein Ende, sondern vielmehr eine Schwelle. Und was liegt auf der anderen Seite? Die einzige vollständige Antwort müßte aus den Tausenden und Abertausenden Seiten der vedischen Texte kommen, die eine Enzyklopädie der von den Rishis aufgezeichneten Erfahrungen darstellt. Die einfachste Antwort wäre es zu sagen, daß das, was der Rishi dort antraf, das Selbst war. Eine höchst genaue Schilderung der Begegnung mit dem Selbst kommt von einem Meditierenden aus dem Bundesstaat Connecticut:

»Eine der regelmäßigsten Erfahrungen während meiner Meditationen ist die einer erweiterten Bewußtheit. Ich bin nicht mehr in meinem Kopf eingeschlossen, sondern bin so unendlich wie das All oder sogar noch unendlicher. Manchmal fühle ich, wie die Grenzen meines Begreifens ausgeweitet werden wie sich ausdehnende Wasserringe, bis diese Ringe verschwinden und nur noch Unendlichkeit übrig bleibt. Es ist ein Gefühl großer Freiheit, aber auch von Natürlichkeit, viel wirklicher und natürlicher als das Eingeschlossensein in einem so kleinen Raum. Manchmal ist dieses Gefühl von Unendlichkeit so stark, daß ich die Empfindung für meinen Körper und die Materie verliere – nur noch unendliche, uneingeschränkte Bewußtheit, ein ewiges, unveränderliches Kontinuum von Bewußtsein.«

Jeder von uns muß diese Aussage in seine eigenen Begriffe umsetzen. Ich hoffe, daß wir dafür mittlerweile eine genügend solide

Grundlage haben, so daß der Bericht im richtigen Licht erscheint – nicht als eine Selbsttäuschung, sondern als eine tatsächliche Begegnung mit dem stillen Feld der Intelligenz. An früherer Stelle im Buch hatten wir festgestellt, daß der Körper seinem eigentlichen Wesen nach Veränderung vermischt mit Nicht-Veränderung. Der Grund dafür ist, daß die ganze Natur der Schauplatz dieser beiden widersprüchlichen, aber einander ergänzenden Zustände ist. Im selben Maße, wie sich die Bewußtheit erweitert, eröffnen sich dem Geist die unermeßliche Weite der Veränderung und die gleichermaßen unermeßliche der Nichtveränderung. In einem alten chinesischen Gedicht heißt es:

»Die erste Welle gleitet zurück,
Schon kommt die zweite daher.
So viele Schichten der Zeit,
So viele Leben.«

Können wir diese wunderbare Offenheit der Wahrnehmung, die heiter und allumfassend ist, bei einem gewöhnlichen Menschen voraussetzen? Ich denke schon, denn die Biochemie, die mit einem solchen Erlebnis einhergeht, ist für jeden von uns verfügbar. Die Aussage des oben zitierten Meditierenden endet mit folgender, wunderbar genauer Erkenntnis der Quantenwirklichkeit: »Manchmal besteht ein interessanter Gegensatz von Aktivität und gleichzeitiger Ruhe, und ich nehme innerlich wahr, daß ich mich unendlich schnell bewege und gleichzeitig vollkommen regungslos verharre. Das ist die Erfahrung des Immer-Wechselnden und des Nie-Wechselnden.«

Wer immer den vollen Nutzen aus dem vedischen Wissen ziehen will, muß sich mit der Tatsache abfinden, daß solche üblicherweise unvorstellbaren Begriffe wie Unendlichkeit, Ewigkeit und Transzendenz wirklich sind. Sie gehören nicht zum Vokabular des gewöhnlichen Wachzustands, doch sind sie ihm auch nicht völlig fremd. Wir alle haben die Macht, Wirklichkeit zu erzeugen. Warum es also in engen Grenzen tun, wenn doch das Unbegrenzte so nahe liegt?

KÖRPER AUS SELIGKEIT

Es gibt kein herrlicheres Erleben, als zu spüren, daß sich die Welt über ihre gewohnten Grenzen hinweg ausdehnt. Dies sind Momente, in denen die Wirklichkeit von Glanz umstrahlt ist. Der Veda bezeichnet ein solches Erlebnis als »Ananda« oder Seligkeit. Das ist angeblich eine weitere Eigenschaft des menschlichen Geistes, die jedoch von Schichten geringerer Bewußtheit überdeckt ist. Seligkeit und Transzendenz sind Worte, die im Westen ein Gefühl der Peinlichkeit und des Unbehagens auslösen und die man zunächst von ihrem mystischen Brimborium befreien muß. Ein wunderbarer persönlicher Bericht stammt von dem Physiologen Robert Keith Wallace. Seine Geschichte ereignete sich in Nepal, wohin Wallace im Jahre 1974 fuhr, um nach einer Konferenz in Indien auszuspannen:

»Zusammen mit einem befreundeten Arzt machte ich mich von Katmandu, der Hauptstadt, aus auf, um möglichst dicht an den Himalaya heranzukommen. Wir stießen auf einen herrlichen Bergsee, an dem sich einst nepalesische Prinzen eine Sommerresidenz errichtet hatten. Für weniger als einen Dollar mieteten wir ein Boot und fuhren auf den See hinaus. Es war ein windiger Tag mit aufklarendem Himmel, ein phantastischer Tag, um Drachen steigen zu lassen. Ich hatte einen auf dem Basar erstanden, einen feuerroten, der für Kunststücke wie geschaffen war. Ich stand auf, und der Drachen sprang aus meiner Hand, als ich ihn dem Wind überließ.

Er stieg hoch in die dünne Gebirgsluft empor. Ich stand da und sah zu den gewaltigen Bergen um uns hinauf. Obwohl ihre Gipfel in den Wolken verborgen waren, umgab sie eine Aura von Größe und Frieden. Plötzlich zogen sich die Wolken zurück, und eine niegekannte Ehrfurcht erfüllte mich. Denn das, was ich für den Himalaya gehalten hatte, war nur das Vorgebirge. Dahinter, gleich den

Göttern der Urzeit, ragten die wirklichen Gipfel empor, unsagbar mächtig und majestätisch.

Wir konnten kaum sprechen, so viel Kraft und Schönheit war in diesem atemberaubenden Anblick enthalten. Das Gefühl, Gefangener eines kleinen, isolierten Selbst zu sein, verschwand, und an seine Stelle trat die köstliche Empfindung, sich zu verströmen in alles, was sich unseren Blicken darbot. Ich hatte ein Gefühl vollkommener Fülle, die in meiner Stille enthalten war. Passenderweise trug der höchste Gipfel vor uns den Namen Annapurna, was so viel heißt wie ›Fülle des Lebens‹.

Als ich so im Boot inmitten des Sees stand, sah ich direkt in die Wirklichkeit, in der die Zeit aufhört zu sein. Dieselbe Kraft, die diese Berge aufrichtete, floß durch mich hindurch. Wenn ich die Quelle von Zeit und Raum finden wollte, so brauchte ich nur meine Finger über mein Herz zu legen. Das einzig angemessene Wort, um meine Empfindung in diesem Moment zu beschreiben, ist Seligkeit.«[*]

Was bei diesem Erlebnis so unmißverständlich deutlich wird, ist, daß es sich um eine Offenbarung handelt. Menschen, die unmittelbar von der Seligkeit berührt worden sind, fühlen, daß sie mit einem Male dem Leben selbst begegnet sind. Im Vergleich dazu war ihre bisherige Sicht der Dinge schal und verzerrt; sie hatten ein abgegriffenes Bild für die Wirklichkeit gehalten. Die Erfahrung solcher Seligkeit zu jeder Tageszeit wäre ein Zeichen vollkommener Erleuchtung, doch schon eine kurze Begegnung ist bedeutsam. Sie erlaubt uns, tatsächlich die Wellen des Bewußtseins zu spüren, wie sie aus dem Feld der Stille aufsteigen, die Lücke überqueren und sich in jede Zelle ergießen. Das ist des Körpers eigenes Erwachen.

Im Ayurveda ist Seligkeit die Grundlage von drei sehr wirksamen Heiltechniken. Die erste ist die Meditation, die wir bereits erwähnt haben. Ihre Funktion ist es, den Geist aus seinen Begrenzungen zu befreien und ihn in einen Zustand unbegrenzter Bewußtheit zu versetzen. Die beiden anderen Techniken, die Maharishi mich 1986 und 1987 lehrte, haben einen spezifischeren Ansatz. Die erste

[*]   Auszug aus Keith Wallaces demnächst bei MIU Press erscheinendem Buch: Vedic Physiology.

ist die psychophysiologische Technik des Ayurveda, wobei der Begriff »psychophysiologisch« einfach »Körper-Geist« bedeutet (wir selbst benutzen oft den Ausdruck »Blisstechnik«). Die zweite Heiltechnik hat den Namen »Urklangtherapie«: ich habe sie bereits in der Einleitung erwähnt.

Gemeinsam stellen Meditation, Blisstechnik und Urklangtherapie die praktische Anwendung all dessen dar, was ich bis hierher erläuternd aufgebaut habe; sie sind die Werkzeuge der quantenmechanischen Heilung. Lassen Sie mich das an einem Beispiel veranschaulichen. Ich werde anschließend den Zusammenhang mit der Seligkeit herstellen. Laura ist eine junge Frau aus Boston, die mit Mitte Vierzig Brustkrebs bekam. Angesichts dieser Diagnose beschloß sie aus eigener Überzeugung, sich keiner konventionellen Behandlung zu unterziehen, obwohl ihr Arzt ihr diese dringend nahelegte, da sie sonst in weniger als zwei Jahren sterben würde. Heute, drei Jahre später, ist sie noch immer am Leben und auf den ersten Blick erscheint sie ganz gesund. Ihr Röntgenbefund zeigt, daß der Tumor zwar nicht zurückgegangen ist, doch ist er, wenn überhaupt, nur geringfügig gewachsen. Das bedeutet, daß Laura sich immer noch in beträchtlicher Gefahr befindet, doch ist ihr gegenwärtiger Zustand ihrer Meinung nach ein großer Triumph. Obwohl ihr Krebs immer noch vorhanden ist, hat er nicht den »zu erwartenden Krankheitsverlauf« genommen. Yujiro Ikemi, einer der führenden japanischen Fachmediziner für Psychosomatik, hat neunundsechzig Patienten beobachtet, bei denen es seiner Ansicht nach zu Spontanheilungen gekommen ist. Es sei nicht notwendig, daß sämtliche Krebszellen verschwinden, meint Ikemi. Er hält nach anderen Anzeichen Ausschau – beispielsweise ein unterdurchschnittlich langsames Wachstum, ein Krankheitsverlauf ohne sichtlichen Verfall des Patienten, kein Übergreifen des Tumors auf andere Körperteile (Metastasen). Diese Anzeichen sind aus seiner Sicht ausreichende Signale für eine Spontanheilung, und in Lauras Fall treffen alle drei zu.

Laura meditierte bereits, als ich sie zum ersten Mal sah. Im Jahre 1987 unterzog sie sich einer stationären ayurvedischen Behandlung, in deren Verlauf sie die Urklangtherapie und die Blisstechnik erlernte, die beide in Verbindung mit der Meditation eingesetzt werden können. Nehmen wir an, daß der Geist während der Meditation zur Ruhe gekommen ist und sich selbst als Stille erfährt. In dieser Stille ist Seligkeit wie auch Intelligenz. Man kann nicht »spüren«, daß man intelligent ist, aber man kann Seligkeit empfinden. Die Blisstechnik bringt Seligkeit hervor, die der Geist dann in verschiedener Weise wahrnehmen kann – als Wärme in irgendeinem Körperteil, als Prickeln, als Fließgefühl oder auch als andere physische Empfindungen. Seligkeit bleibt stets abstrakt, doch wird man sich während der Ausübung der Technik eines gewissen »Widerscheins« bewußt. Der Urklang andererseits ist sehr spezifisch ausgerichtet; er bringt die Seligkeitserfahrung direkt in den erkrankten Körperbereich. Man muß sich alle diese Dinge nicht als voneinander getrennt ablaufend vorstellen. Die Seligkeitsebene des Bewußtseins ist immer gegenwärtig; die Techniken lenken lediglich die Aufmerksamkeit des bewußten Geistes darauf. Wenn einmal Seligkeit erfahren worden ist, so ist die Körper-Geist-Verbindung hergestellt worden.

Sobald sie die Technik erlernt hatte, konnte Laura unmittelbare positive Wirkungen feststellen. Die Urklänge gingen direkt in den rechten Brustbereich, so berichtete sie. Bisweilen erzeugten sie ein pochendes Gefühl, Hitze oder sogar Schmerzen. Meistens aber setzte sie sich mit Schmerzen in diesem Bereich hin, und die Technik bewirkte dann, daß sie verschwanden. Die subjektiv beeindruckendsten Ergebnisse kamen jedoch durch die Blisstechnik. Ich bat Laura, ihre Erfahrungen für mich aufzuzeichnen, ganz gleich, ob sie erfreulich oder schmerzhaft oder auch neutral waren, und sie stimmte dem zu. Ihr letzter Bericht lautet folgendermaßen:

»Die Erfahrungen während der Blisstechnik sind nicht so tief wie noch vor anderthalb Jahren, als ich damit begann, aber da waren in mir solch tiefverwurzelte Ängste und Sorgen, ein Gefühl der Hilflosigkeit und intensive Furcht, daß der Kontrast sehr stark war, wenn ich solche Freude und Seligkeit zu erfahren begann.

Zu dieser Zeit wurde ich großer schwarzer Löcher in meiner Bewußtheit gewahr. Diese schwarzen Löcher sehe ich heute nicht mehr, und das Gefühl dauerhaften Glücklichseins verläßt mich nicht. Und trotzdem kommen immer noch Tage, an denen die Freude und die Seligkeit so mächtig sind, daß ich nur schwer an mich halten kann. Ich empfinde nur noch selten Angst, und dann eine Angst ganz allgemeiner Art, die ich mit etwas Aufmerksamkeit unter Kontrolle bekomme.«

Während andere Frauen in ihrer Situation durch ihre Behandlung förmlich verwüstet sind und tiefe physische wie psychische Narben davontragen, ist es erstaunlich, daß sie, obwohl immer noch in der Schwebe zwischen Leben und Tod, ihren Brief so schließen kann:

»Vor anderthalb Jahren war ich nur zu 99 Prozent sicher, daß ich den Krebs loswerden würde. Erst im letzten Monat bin ich mir dessen hundertprozentig sicher. Ich habe heute keinen Zweifel mehr. Ich vertraue auf die Unterstützung der Natur. Die genaue Art und Weise, wie die Natur vorgehen wird, kenne ich noch nicht, auch nicht den zeitlichen Ablauf, aber was mich interessiert, ist nicht die genaue äußere Form, sondern der Durchbruch im Bewußtsein. Vor meinem inneren Auge kann ich deutlich die vollkommen geheilte Brust sehen.«

Laura ist eine empfindsame Beobachterin ihrer eigenen Bewußtheit und sieht deren Fließen sehr deutlich. Für sie gibt es von innen gesehen einen enormen Unterschied zwischen Kranksein und Genesung. Die Techniken, die sie anwendet, verlangen keine Visualisierung, aber sie sagt, daß sie den Tumor wachsen sehen kann, wann immer sie sich ängstlich oder besorgt fühlt. Dieses Bild stellt, so denke ich, einen direkten Bezug zwischen ihrem Bewußtsein und dem Verhalten des Tumors dar.

Was wird das Endergebnis sein? Sie und ich stimmen überein, daß der Prozeß selbst nicht das Ergebnis ist: Jeder Tag ist ein Ganzes – kein Schritt in Richtung einer erträumten Heilung, sondern etwas in sich Geschlossenes, das in seiner eigenen Fülle erlebt werden will, so, als gäbe es keine Krankheit. Ich bin durch meine früheren ärztlichen Erfahrungen mit Krebs sehr viel befangener und denke oft, daß sie mir mit ihrem fröhlichen Vertrauen weit voraus ist.

Seligkeit existiert sowohl objektiv als auch subjektiv. Man kann sie als Gefühl erfahren, aber sie bewirkt gleichfalls meßbare Veränderungen – sie verändert die Herzfrequenz, den Blutdruck, die Hormonwerte und überhaupt den ganzen Körper. Es ist dies, was

Seligkeit medizinisch nützlich macht. Der Patient wendet die ayurvedischen Techniken »in seinem Kopf« an, aber durch die Erfahrung von Seligkeit wird gleichzeitig auch der Körper erneuert. Was
geschieht, ist, daß der Körper von seinem eigenen Bauplan (wir
sprachen auch schon von einer im Bewußtsein befindlichen Blaupause) ein Signal erhält.

Da dieser Bauplan unsichtbar ist, muß er Mittel und Wege finden, um in die materielle Existenz zu gelangen. Dazu benutzt die
Natur Seligkeit – eine Schwingung, welche die Lücke zwischen Materie und Geist überbrückt, so daß jedem Stück Intelligenz ein Teil
unseres Körpers zugeordnet werden kann:

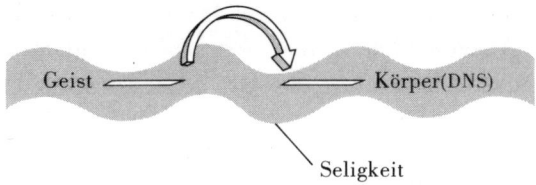

Diese Abbildung stellt die Geist-Körper-Verbindung ähnlich wie
eine Radiosendung dar: Der Geist sendet Intelligenzimpulse aus,
die DNS empfängt sie, und Seligkeit ist das Übertragungssignal.
Auf dem Papier müssen diese drei Elemente getrennt werden, doch
sind sie in Wirklichkeit miteinander verschmolzen. Die Botschaft,
der Bote und der Empfänger sind eins. Wir haben zwar die Geist-
Körper-Verbindung nun schon Dutzende von Malen betrachtet, aber
wir haben nie den »Leim« gesehen, der Geist und Körper davor bewahrt, in verschiedenen Richtungen auseinanderzufallen – es ist
die Seligkeit.

Die DNS erhält damit eine besondere Bedeutung. Ein einziges
Neuropeptid oder jedes beliebige Botenmolekül überträgt jeweils
nur ein winziges Bruchstück des Signals, das der Geist aussendet.
Adrenalin tritt beispielsweise zusammen mit Furcht auf. Das
scheint zu bedeuten, daß jeder Gedanke ein Molekül aktiviert,
doch käme das dem gleich zu sagen, daß man auf der UKW-Welle
101,5 nur ein Lied empfangen kann. Tatsächlich kann der Körper
dank seiner DNS eine unendliche Vielfalt von Signalen empfangen.

Wir haben uns daran gewöhnt, die DNS als unveränderlichen und statischen »Bauplan des Lebens« anzusehen. Die DNS ist aber keineswegs statisch. Ich saß eines Tages still in meinem Zimmer und sah plötzlich in einer inneren Schau die DNS. In wenigen Minuten durchlief sie im Zeitraffertempo alle Etappen eines Menschenlebens von der Zeugung bis zum Tod.

Was ich sah, war keine chemische Substanz, sondern eine Ereigniskette von unglaublicher Fülle und Dynamik. Alles im Leben strömt aus der DNS: Fleisch, Knochen, Blut, Herz und Nervensystem; das erste Wort eines Babys und der erste Schritt eines Kleinkinds; die Reife des Verstandes in der Hirnrinde, das Spiel von Gefühlen, Gedanken und Wünschen, die wie Wetterleuchten durch jede Zelle zucken. Dies alles ist das Werk der DNS. Sie nur als Blaupause zu bezeichnen, bedeutet die Schale nehmen und die Frucht übersehen. Stellen Sie sich vor, Sie gingen zu einem Rolls-Royce-Händler, und nachdem Sie einen Batzen Geld auf den Tisch gelegt haben, bekämen Sie bloß den Konstruktionsplan des Wagens. Und nun stellen Sie sich weiter vor, daß aus dem Konstruktionsplan vor Ihren Augen ein richtiges Auto wird, und nicht nur das: Es startet von selbst, fährt die Straße entlang und ersetzt von sich aus fehlerhafte oder abgenutzte Teile. Dann wäre der Konstruktionsplan wie die DNS. Er müßte dazu noch andere erstaunliche Fähigkeiten besitzen: jedes Teil – der Vergaser, die Reifen, ja sogar ein Lacksplitter – müßten aus sich selbst heraus ein neues Auto erzeugen können.

Was immer es ist, das die DNS so dynamisch macht, ist an ihrer materiellen Ausprägung nicht ablesbar, denn die Moleküle selbst sind passive Teilnehmer eines zeitlichen Ablaufs. Sie können sich verändern, so wie Sauerstoff und Wasserstoff sich verändern, wenn sie sich zu Wasser verbinden, aber die DNS steuert aktiv die Abfolge der Ereignisse. Dies ist eine solch wesentliche Eigenschaft, daß ich es ausführlich erläutern muß, da wir sonst das eigentliche Wunder der DNS übersehen würden.

In den letzten Jahren richtete sich das Interesse der Forscher auf ein besonderes Gen, das sogenannte Per-Gen in der DNS der Fruchtfliege. Als Teil ihres vererbten Verhaltens »singen« die Fruchtfliegen am Abend, um ihre Partner anzulocken. Sie wiederholen ihren Ruf ziemlich rhythmisch, etwa einmal alle sechzig Sekunden. Ronald Konopka, ein Forscher an der Clarkson University, brachte als erster den Rhythmus im »Lied« der Fliege mit dem Per-Gen (Abkürzung für: periodisch) in Verbindung. Er stellte außerdem fest, daß sich dieser Rhythmus verändern kann. Wenn das Per-Gen mutiert, erzeugt es längere oder kürzere Intervalle zwischen den Rufen: eine Fliege singt alle vierzig Sekunden, eine andere alle achtzig Sekunden.

Was diese Entdeckung so faszinierend macht, ist, daß jede Fliegenart ihr Leben auf eine andere Tageslänge einstellt. Die normale Sechzig-Sekunden-Fliege folgt einem Vierundzwanzig-Stunden-Zyklus, eine Vierzig-Sekunden-Fliege folgt einem kürzeren Zyklus von achtzehn bis zwanzig Stunden, und die langsamere Achtzig-Sekunden-Fliege folgt einem langen Tag von achtundzwanzig bis dreißig Stunden. Die übliche Interpretation ist die, daß das Per-Gen den Tagesrhythmus des Insekts festlegt.

Ein ähnlicher Effekt ist auch beim Menschen sichtbar: Wird ein Mensch in eine Höhle gebracht, wo er die Sonne nicht sehen kann und auch keine Uhr zur Verfügung hat, so wacht und schläft er in einem regelmäßigen Zyklus. Dieser Zyklus währt jedoch keine vierundzwanzig Stunden, sondern durchschnittlich fünfundzwanzig. Dies scheint der Rhythmus zu sein, der in unserer DNS verankert ist. Auch die Fruchtfliege kümmert sich nicht darum, ob die Sonne auf- oder untergeht: Wenn ihr Lied wechselt, beginnt ein neuer Tag. Das bedeutet, daß ihr Zeitgefühl von innen her kommt, gesteuert durch das Per-Gen.

Diese Schlußfolgerung ist noch verblüffender als die Meinung, daß die DNS den Rhythmus in einer Zelle steuert. Denn ich behaupte, daß die DNS die Zeit selbst steuert. Das Per-Gen ist die Verbindungsstelle zwischen der Zeit »da draußen« und der DNS »hier drinnen«; es erzeugt im wahrsten Sinne des Wortes die Zeit, so wie die Fruchtfliege sie kennt. In der Physik erbrachte Einstein den Beweis, daß es kein einheitliches Zeitmaß gibt: Ein Raumschiffreisender würde der Meinung sein, daß seine Uhr richtig geht, so wie sie das auf der Erde tut. Sobald aber seine Geschwindigkeit die des Lichtes erreichte, würde die Uhr tatsächlich langsamer gehen als die auf der Erde. Und dies wäre keine Täuschung,

denn jeder biologische Prozeß einschließlich des Alterns des
Raumschiffreisenden würde sich ebenfalls verlangsamen. Sind die
Fruchtfliegen nicht auch Reisende in der Zeit? Sie erleben Zeit als
langsam oder schnell vergehend, und zwar nicht dadurch, daß sie
mit Lichtgeschwindigkeit reisen, sondern durch ihre von innen
kommenden Signale.

Für eine »schnell singende« Fliege wäre es unmöglich festzustellen, daß sie in einer »schnellen Zeit« lebt – wenn man einmal
annimmt, daß sie von ihren niederfrequenten Artgenossen getrennt
ist. Sie sendet pro »Tag« dieselbe Anzahl von Rufen aus wie die
normalen oder langsamen Fliegen, ohne zu merken, daß ihr Tag –
achtzehn bis zwanzig Stunden – völlig von ihr selbst bestimmt ist.
Aber was genau tut das Per-Gen eigentlich?

Ein anderer Forscher, Michael Young von der Rockefeller University, schloß sich Konopka an und entdeckte, daß das Per-Gen
gewisse Proteine in der Zelle kodiert, von denen die Biorhythmen
geregelt werden. Es sind diese in Zyklen auftretenden Proteine,
denen die Fliege die Länge oder Kürze ihres »Tages« verdankt.
Ähnliche Gene und kodierte Proteine sind mittlerweile auch in
Mäusen, Hühnern und Menschen festgestellt worden. Das bringt
uns zu der Erkenntnis, daß die DNS gewissermaßen unsere ganze
Wirklichkeit aus sich selbst erzeugt. Sie fügt die Moleküle in
Rhythmen oder Schwingungen ein, die wir dann als Zeit entschlüsseln. Andere Schwingungen werden als Licht, Klang, Oberflächenstruktur, Geruch und so fort interpretiert.

Sir Arthur Eddington bezeichnet dies alles als »Phantasiegebilde des Geistes«, denn im Grunde bestehen unsere gesamten Sin-
neseindrücke aus nichts anderem als aus Signalen, die uns durch
die DNS übermittelt werden – reine, abstrakte Signale, die wir zu
»realen« Ereignissen in Zeit und Raum umwandeln können. Wenn
also ein Gen die Zeit regeln kann, so ist es nur ein kleiner Schritt
bis zur Regelung der Raumstruktur. Es gibt vom subjektiven Standpunkt her nichts in Zeit und Raum außer unserer Beteiligung
daran. Wie die Fruchtfliege messen wir die Stunde mit einer Uhr,
und diese Uhr ist in uns.

Hier kommen wir nun an einen Scheideweg: Die Biologen erkennen, daß, wenn die Proteine in einer Zelle deren Rhythmen

regeln, etwas ja die Proteine steuern muß. Was ist das? Eine Möglichkeit ist die materialistische Erklärung. Natürlich ist dies auch die von der Naturwissenschaft vorgezogene. Einige Biologen haben bemerkt, daß die Zellwand chemische Substanzen nur in einer bestimmten Menge durchläßt, und diese Menge — so meinen sie - sei sozusagen die Eile unseres Zeitmaßes, unsere molekulare Uhr. Andere behaupten, daß die Uhr im Grunde ein der DNS aufgeprägter chemischer Code ist, der vom Moment der Empfängnis bis zum Tode abgelesen werde. Keine der beiden Erklärungen hat sich bislang als befriedigend erwiesen. Wenn die Rishis recht haben, wird sich das auch nicht ändern, denn auf der bloßen Ebene der Moleküle gibt es keine Antwort.

Es ist mittlerweile wohl deutlich geworden, daß die Rishis einen anderen Weg einschlagen und sagen würden, daß die Uhr in uns Intelligenz ist. Das Per-Gen ist lediglich der mechanische Teil. Durch dieses Gen findet die Zeit ihren Ausdruck, so wie sich ein Gefühl durch ein Neuropeptid ausdrückt. Die Zeit reitet auf einem Molekül, und auch hier dürfen wir den Reiter nicht mit dem Pferd verwechseln. Die Signale für Zeit, Raum, Oberflächenstruktur, Geruch, optische Eindrücke und überhaupt für alle Eindrücke der Welt kommen von der Ebene stiller Intelligenz. Diese Ebene ist es, auf der wir wirklich leben, und das Wunder der DNS ist, daß sie so viele völlig abstrakte Botschaften in Leben verwandeln kann.

Wenn man an einem warmen Herbsttag durch den Wald geht und die abgefallenen Eichenblätter unter den Füßen spürt, den starken, feuchten Erdgeruch riecht und dem Lichtspiel der klaren Oktobersonne oben in den Zweigen nachsinnt, so erlebt man die Welt durch seine DNS. Sie schreibt uns eine eindeutige Auswahl der Dinge vor. Wir riechen weder das Argon und Xenon (gasförmige Bestandteile in unserer Luft), noch sehen wir die ultravioletten Strahlen der Sonne. Wir können über die Blätter gehen, aber nicht durch die Bäume hindurch. Die unglaubliche Komplexität des Mooses nehmen wir als einen flaumigen Fleck wahr, und den Pollen, die Sporen, Bakterien, Viren und Mikroben in der Luft übersehen wir völlig. Der Grund für diese besondere Auswahl liegt in uns. Diese Blätter, Bäume, Gerüche und Lichtspiele existieren in dieser Form nur in der Weltanschauung des Menschen.

Wären unsere Sinne genügend verfeinert, so könnten wir noch weiter gehen und wahrnehmen, daß wir der Wald *sind*. Er sendet nicht einfach von »da draußen« Signale an uns, sondern wir verbinden unsere eigenen Signale mit den seinen. Keines unserer Sinnesorgane steht außerhalb des Kontinuums der Natur. Unser Auge ist ein besonderer Lichtempfänger, der sich mit dem einfallenden Licht vereinigt. Bliebe das Licht aus, so würde unser Auge wie das des Höhlenfisches verkümmern. Änderte sich die Struktur unserer Augen, könnte beispielsweise jedes einzelne sich unabhängig vom anderen drehen, wie bei einem Chamäleon, so würden wir gänzlich andere Raumverhältnisse wahrnehmen. Das wäre dann unsere Erfahrung, und in der relativen Welt existiert ja nichts außerhalb derselben.

Für uns beschränkt sich der Anblick eines Magnetstabs auf den deutlichen Umriß des Eisens – das umhüllende Magnetfeld bleibt unsichtbar. Was also unser Sehvermögen betrifft, ist nur das Eisen wirklich. Fassen wir nun die Leistung aller anderen Sinne zusammen, so ergibt sich daraus die Welt, die wir erzeugen. Sie wurde über sechshundert Millionen Jahre hinweg von unserer DNS aufgebaut; letztendlich drückt jedoch diese Welt unsere innere Intelligenz aus, und die DNS ist lediglich der hilfreiche Diener. Sie dient uns auf unsere Weise, so wie sie anderen Geschöpfen auf die ihre dient.

Die DNS verwandelt die Schwingungen des Lichtes in Augen und Klänge in Ohren. Sie verwandelt für die Fruchtfliege die Zeit in deren Paarungsruf und für den Menschen in den Verlauf der Geschichte. Durch sie können Fledermäuse Ultraschall und Schlangen Infrarotlicht wahrnehmen. Doch in allen Fällen ist die DNS immer nur wie ein Radio das Medium. Und niemals wird man das Geheimnis der Raum-Zeit enthüllen, wenn man seinen Blick auf die DNS oder auf irgend etwas Materielles heftet. Dieser Versuch ist ebenso zum Scheitern verdammt wie der, ein Radio auseinanderzunehmen, um darin die Musik zu finden. Die Rishis haben die Ebene der Musik gefunden – es ist die Seligkeit.

Seligkeit ist die Schwingung, die von der Intelligenz in das Universum ausgesendet wird. Wir können im Grunde unsere Existenz in Form einer einzigen Abbildung veranschaulichen, die Geist,

Körper, DNS und Seligkeit zu einem ungetrennten Ganzen zusammenfaßt:

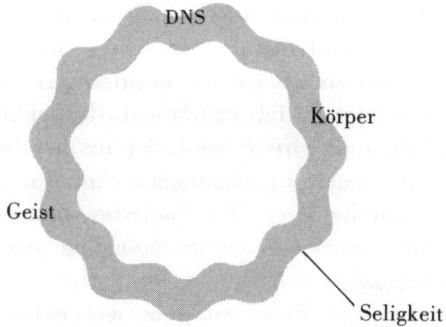

Wir können diese Abbildung als Kreis des Lebens bezeichnen. Wir sehen darin die Seligkeit als Dauersignal, einen Kreis, der Geist, Körper und DNS zu einem lebenslangen Gespräch verbindet. Alle drei Beteiligten haben ihren Anteil an dem Gesagten: Was der Geist weiß, das erfährt auch der Körper und die DNS. Unsere Erfahrungen schwingen auf allen Ebenen. Wir können nicht glücklich oder traurig, krank oder gesund, wach sein oder schlafen, ohne daß eine Botschaft durch den ganzen inneren Raum geht.

Sie können sich vielleicht nicht vorstellen, daß Sie mit Ihrer DNS »sprechen« können (ein weiteres Vorurteil, das sich aus der Vorstellung von der DNS als ausschließlich materieller Bauplan ergeben hat), aber in Wirklichkeit tun Sie das die ganze Zeit. Die flüchtigen Substanzen, die auf die geringste Anregung hin durch Ihren Körper rasen, die aus den Zellwänden hervorragenden und auf ihre Botschaften wartenden Rezeptoren sowie jedes andere Teilchen Leben wurde von der DNS hergestellt. Ich bin mir bewußt, daß ich hier einen komplexen Prozeß sehr verkürze. Die DNS stellt nur genetisches Material direkt her, aber mittels ihrer aktiven Zwillingssubstanz, der RNS, läßt sie sämtliche Proteine, Zellen und Gewebe unseres Körpers aus sich hervorgehen. Das Denken geschieht auf der Ebene der DNS, denn ohne die Hirnzellen, die Neuropeptide oder andere Botenstoffe aussenden, kann es keine Gedanken geben.

Die ayurvedische Urklangtherapie macht sich dies in direkter

Weise zunutze. Ich habe die Seligkeit als einen Kreis gezeichnet,
um ein ununterbrochenes Dauersignal darzustellen. Es kann jedoch zu Unterbrechungen des Kreises kommen. Diese treten dann
auf, wenn die DNS, der Geist und der Körper nicht vollständig syn-
chron sind. Der Ayurveda würde sagen, daß viele Krankheiten dort
beginnen, wo solch ein Bruch auftritt – die Seligkeit kommt sozusagen aus dem Tritt und wirft die Intelligenz der Zelle ab. Um den
Bruch zu beheben, muß ein spezifisches Signal in den Kreis eingefügt werden – ein Urklang. Wir bedienen uns einer begrenzten
Schwingung, um die unbegrenzte Schwingung wieder ganz und damit heil zu machen.

Die Behandlung von Krankheiten mit einem Gedankenklang ist,
so viel ich weiß, höchst unüblich. Um dies zu verstehen, müssen
wir eine noch engere Beziehung zwischen Seligkeit und Quantenfeld herstellen. Zu Anfang der siebziger Jahre hatte die Suche nach
den Elementarteilchen, den Grundbausteinen der Natur, eine
Überfülle von Schätzen zutage gebracht, welche die ersten Reich-
tümer von Elektronen, Protonen und Neutronen bei weitem übertrafen. Die Teilchenzertrümmerer der Welt waren vierzig Jahre lang
am Wirken gewesen, und nun gab es Hunderte von »Hadronen«,
eine Klasse von subatomaren Teilchen, die sich so unglaublich ver-
mehrten, daß man sie kaum in irgendeiner Weise als elementar bezeichnen konnte. Sollte das Universum keine einfacheren Bausteine als diese haben? Aus diesem Dilemma heraus führte die
Theorie, daß alle diese Teilchen Variationen nicht eines kleineren
Teilchens, sondern einer allen zugrundeliegenden Wellenform sein
mußten.

Diese Wellenform nannte man »Superstring«, da sie einer Geigensaite sehr ähnelt. Der Superstring-Theorie zufolge durchziehen
Milliarden und Abermilliarden unsichtbarer Saiten das Universum,
und ihre verschiedenen Frequenzen bringen alle Materie und Energie der Schöpfung hervor. Bestimmte Schwingungen lassen auch
Zeit und Raum entstehen – die Vorsilbe »Super« weist darauf hin,
daß diese Saiten in Wahrheit weit jenseits unserer begrenzten vier-
dimensionalen Wirklichkeit schwingen. Niemand wird sie jemals
erblicken, wie leistungsstark unsere Instrumente auch immer werden mögen.

Um zu verdeutlichen, was ein Superstring ist, zog der Physiker Michio Kaku einen Vergleich zur Musik: Stellen wir uns eine Geige vor, die außer Sichtweite in einem Kasten liegt. Sobald ihre Saiten zu vibrieren beginnen, werden bestimmte Tonhöhen, Akkorde, Klangfolgen und Tonqualitäten erzeugt. Wenn Sie nun ein Außerirdischer wären, der für Musik unserer Art kein Ohr hätte, so würden Sie jeden dieser musikalischen Erfahrungswerte als völlig verschieden von einem anderen empfinden: Die Note C wäre vielleicht wie ein Wasserstoffatom, die Note Es wie ein Photon. Erst dann, wenn Sie den Kasten öffneten und feststellen könnten, daß jeder Klang von einer Geige stammte, würden Sie überzeugt sein, daß sie einen gemeinsamen Ursprung haben.

In derselben Weise schwingt unablässig das grundlegende Feld der Natur und erzeugt Variationen derselben »Noten«. Aber unsere Sinne sind so eingerichtet, daß sie diese Gleichheit in Abteilungen zerlegen. Wir empfinden Eisen als eine feste Note, Wasserstoff als eine gasförmige Note, Schwerkraft als eine schwere Note und so weiter. Erst dann, wenn man die Saiten (Superstrings) offenlegte, würde die zugrundeliegende Einheit sichtbar werden. Und sie werden ja auch offengelegt; allerdings nicht dadurch, daß man einen Kasten öffnet, sondern durch mathematische Formeln, die nachweisen, daß alle Formen von Materie und Energie dem Superstring-Modell entsprechen. Bislang ist dieser Nachweis überall gelungen. Deshalb hat die Quantentheorie nunmehr ihren ersten würdigen Kandidaten für eine vereinheitlichte Feldtheorie und bestätigt so den Glauben Einsteins an einen geordneten Kosmos.

Erstaunlicherweise gewahrten die Rishis auch, daß der Kosmos von Saiten durchzogen war, den sogenannten »Sutren«. Im Sanskrit kann das Wort »Sutra« Stich oder Naht bedeuten, aber auch Faden oder Wortfolge. Wenn man sich ein Sutra als einen Faden vorstellt, dann ist das ganze Universum aus Milliarden und Abermilliarden feinster Intelligenzfäden gewebt. Wie ein auf einer unsichtbaren Geige gespielter Tanz besteht die Grundebene der Welt in der vedischen Tradition aus Klängen. Da sie vor allem anderen entstehen, sind sie Impulse des Ursprungs – daher auch der Name »Urklang«.

Zur Schöpfung eines Universums bedarf es mehr als eines Klanges. Die Rishis hatten indes zu Beginn nur einen Klang, eine

Schwingung, »Om«, die in dem Moment begann, den wir als den
Urknall bezeichnen würden. Om ist eine bedeutungsfreie Silbe –
sie ist lediglich die erste Welle, die das kosmische Schweigen un-
terbricht. Sie zerbricht sogleich in kleineren Wellen und teilt sich
in verschiedene Unterfrequenzen auf, aus denen sich Materie und
Energie unseres Universums zusammensetzen.

Sobald Sie Ihren Geist dieser Möglichkeit öffnen, ist es nicht
verwunderlich, daß Sterne, Galaxien und menschliche Wesen aus
einem Om hervorgehen können, als daß sie aus dem Superstring
entstehen. Beide sind abstrakt. Kommen wir noch einmal auf das
Bild der verborgenen Geige zurück. Kaku schreibt: »Die von der
klingenden Saite erzeugten Töne, wie beispielsweise C oder B, sind
nicht fundamentaler als andere Töne. Wesentlich ist jedoch die Tatsache, daß ein einziges Konzept, nämlich schwingende Saiten, die
Gesetze der Harmonien erklärt« – oder im Fall des Universums die
Naturgesetze.

Man kann sich Om als einen Ton vorstellen, dessen Kurve eine
Gerade ist, die im Unendlichen verschwindet, also ein Super-
Superstring. Es ist kein Zufall, daß die Silbe Om in Klangähnlich-
keit in den Wörtern »summen« oder »brummen« anzutreffen ist:
Als die Rishis ihr Nervensystem auf den Empfang der Klänge des
Universums einstellten, hörten sie es tatsächlich als ein kosmisches
Summen. Wären wir erleuchtet, so könnten auch wir die Schwingung
hören, die uns selbst entstammt. So könnten wir unsere DNS als eine
spezifische Schwingung »hören«, aus der unsere Bewußtheit entsteht. In ähnlicher Weise entstünde auch jedes Neuropeptid aus
einem Klang, wie überhaupt jede beliebige Substanz.

Ausgehend von der DNS entfaltet sich der Körper auf verschiedenen Ebenen, und auf einer jeden kommt zuerst die Klangfolge
des Sutra. Wenn wir deshalb einen Urklang in den Körper zurück-
versetzen, so bedeutet dies, daß wir ihn daran erinnern, auf welchen Sender er eingestellt sein sollte. Auf dieser Erkenntnisgrund-
lage behandelt der Ayurveda den Körper nicht wie einen
Materiekloß, sondern wie ein Gewebe von Sutren.

Es ist müßig zu sagen, daß ich selbst einige Zeit brauchte, bis
ich mir dies alles erklären konnte. Als ich damit begann, die ayurvedischen Programme in der Klinik in Lancaster anzuwenden,

blieb ich mit einem Fuß fest auf dem Boden meiner endokrinologischen Privatpraxis. Obwohl ich mich völlig im Einklang mit der ayurvedischen Theorie befand, hatte ich doch gewisse Zweifel hinsichtlich der Ergebnisse. Jede Woche pendelte ich zwischen meiner Praxis und der Klinik hin und her. An einem Oktobertag trat ich in den Speisesaal und bemerkte einen unserer Krebspatienten, einen Mann mittleren Alters, der still in einer Ecke mit seiner Frau zu Mittag aß. Er hatte Bauchspeicheldrüsenkrebs, eine tödliche Erkrankung, die außerdem starke Schmerzen verursacht. Er war fünf Tage zuvor durch die Tür gekommen, das Gesicht grau und zerfurcht von monatelangem Leiden. Ich ging auf ihren Tisch zu, um ein paar Worte mit ihnen zu wechseln. Wie ich mich ihnen näherte, sah er mich unvermutet an. Es war einer jener Momente, wo einem das Herz stillsteht: Sein Gesicht sah friedvoll und entspannt aus, seine Augen hatten einen unübersehbaren Ausdruck von Seligkeit. Ich fragte ihn nach seinem Befinden, und er antwortete, daß er schmerzfrei sei. Nach vier Tagen ayurvedischer Behandlung hatte er selbst alle Schmerzmittel abgesetzt. Einige Tage darauf verließ er die Klinik und konnte bis zu seinem Tode weitgehend auf Medikamente verzichten.

Das ist noch keine Heilung, aber es ist dennoch ein gewaltiger Schritt in diese Richtung. Bewußtsein könnte schon heute Menschen heilen, dessen bin ich sicher; nur kommen die Patienten zu oft erst dann, wenn es zu spät ist und nachdem Jahre von Streß die Physiologie verhärtet haben, so daß die Seligkeit nur schwer eindringen kann. Aber die Tür steht immer offen, und wenn es nur ein Spalt ist, und bisweilen tritt auch in den verzweifeltsten Fällen eine Wende zum Besseren ein. An die zehntausend Menschen sind bis heute in die Blisstechnik und Urklangtherapie eingeführt worden. Ein AIDS-Patient in der Bundesrepublik Deutschland wird seit drei Jahren mit ayurvedischer Therapie behandelt. Bei ihm wurde die Krankheit 1984 festgestellt, und den Statistiken zufolge sterben achtzig Prozent aller AIDS-Patienten innerhalb zwei Jahren nach der Diagnose. Er ist heute noch am Leben, führt ein normales Leben und hat keine Krankheitssymptome.

In San Francisco wird gerade ein Programm durchgeführt, bei dem AIDS-Patienten unter ärztlicher Betreuung stehen, um zu ermitteln, ob sowohl die latente wie die akute Phase der Krankheit beeinflußt werden können. Schon allein die Verlängerung der Inkubationszeit (damit hätte der Patient einige Jahre mehr, bevor die eigentlichen Krankheitssymptome auftreten) wäre ein wesentlicher Durchbruch. Ich stieß jedoch auf einen AIDS-Kranken, der nichts mit der Klinik zu tun hatte und dem es offensichtlich noch besser ging: Ein Musiker aus Los Angeles, Anfang Vierzig, der zwei Jahre zuvor in die Blisstechnik eingeführt worden war, kam 1988 wieder zu mir, um die Urklangtechnik zu lernen. Ich fragte ihn, wie es ihm gehe, und er sagte mir, daß er mir etwas Wichtiges mitteilen müsse – er habe nämlich AIDS.

Die Diagnose war vier Jahre zuvor gestellt worden, nachdem er sich eine Lungenentzündung zugezogen hatte. Anstatt der üblichen von Pneumokokken verursachten Lungenentzündung hatte er eine Form, die von Protozoen (Pneumocystis carinii) ausgeht. Diese Krankheit befällt häufig AIDS-Kranke, wenn ihr Immunsystem zusammenbricht. Er erholte sich von der Lungenentzündung und beschloß, sein Leben zu ändern. Er lernte die Meditation und machte Schluß mit der in seinem Beruf üblichen Routine von Nachtclubs, Alkohol, Tabletten, Zigaretten und häufigem Partnerwechsel. Interessanterweise ergab eine Studie über Langzeit-Überlebende bei AIDS, daß diese Betroffenen alle den bewußten Schritt zur Selbstverantwortung gemacht hatten. Die Schulmedizin kann nicht erklären, warum dieser Schritt solch ein Lebensretter ist, und doch ist er es.

Als er zwei Jahre später die Blisstechnik lernte, hatte sich seine Gesundheit so weit gebessert, daß er völlig normal aussah. Die Blisstechnik wurde dann sein Hauptaugenmerk bei seinen Bemühungen, mit der Krankheit fertig zu werden. »Ich sehe mich nicht als jemand, der seine Krankheit bekämpft«, bemerkte er. »Ich lerne nur gerade, daß all das Unglück und die Angst, mit denen ich mich abgefunden hatte, falsch sind.« Er begann, innerlich einen erweiterten Bereich positiver Gefühle zu empfinden, und gestand mir, daß er sich nie hätte träumen lassen, daß er eines Tages »dem Glück ins Garn gehen würde«. Heute – vier Jahre nach der ursprünglichen Diagnose, sieht er völlig gesund aus, und außer einer gewissen Müdigkeit lebt er so, als hätte er die Krankheit nie gehabt.

Das jährlich stattfindende internationale AIDS-Symposium verbreitet jedesmal noch düstere Niedergeschlagenheit. Denn AIDS wird durch den HIV-Virus und seine jeweiligen Mutationen verursacht, die der Alptraum jedes Forschers sind. Diese Virenart gehört zu einer besonders unverständlichen und schwer erfaßbaren Klasse von Organismen namens Retroviren. Schon ein normaler Virus wie der, welcher für Erkältungen verantwortlich ist, hat bemerkenswerte Fähigkeiten, das Immunsystem zu überlisten.

Anders als bei einer Reaktion auf Bakterien vergißt unsere DNS seltsamerweise, wie es dem eindringenden Virus Widerstand zu leisten hat. Ja, es scheint sogar mit ihm zusammenzuarbeiten. Wenn ein Virus in die Nähe einer Zellwand kommt, schmilzt er gewissermaßen durch sie hindurch und dringt kampflos in die Zelle ein. Daraufhin wird er direkt in den Zellkern eingelassen, wo die DNS willig alle normalen Funktionen einstellt und beginnt, die für die Vermehrung der Viren notwendigen Proteine herzustellen.

Ein Schnupfen- oder Grippevirus begnügt sich damit, die DNS Proteine für sich herstellen zu lassen, doch ein Retrovirus wie der HIV geht noch einen Schritt weiter und dringt in den DNS-Strang ein, wo er sich als körpereigenes Genmaterial ausgibt. Da hält er sich verborgen bis zu dem Moment, der vielleicht erst viele Jahre später kommt, wo nämlich die DNS zur Abwehr einer anderen Krankheit herausgefordert wird. Da erwacht der Retrovirus dann und beginnt sich millionenfach zu vermehren, indem er die Wirtszelle als Brutkasten benutzt und schließlich deren Tod verursacht. Die Zelle platzt und entläßt eine Schar tödlicher Viren in die Blutbahn. Jeder Schritt dieses Ablaufs ist so unverständlich und kompliziert, daß sich der AIDS-Virus rasch den Ruf erwarb, der komplexeste krankheitsverursachende Organismus zu sein, den es je gegeben hat. Keines der bislang entwickelten Medikamente ist fähig, ihn unter Kontrolle zu bekommen. ACT (Actinomycin, ein starkes Antitumormittel), das das Einsetzen der akuten Phase der Krankheit hinauszögert, hat zahlreiche Nebenwirkungen, die manchen Patienten die Behandlung unmöglich machen.

Es ist nicht meine Absicht, der westlichen Medizin den ihr eigenen Ansatz abzusprechen. Wenn eine lebensbedrohliche Krankheit auftritt, muß man ihr mit drastischen Maßnahmen begegnen – hierüber gibt es keine Diskussionen. Doch bin ich der Ansicht, daß die Betrachtung der Krankheit als Verzerrung der Intelligenz ein Schritt in Richtung eines tiefergehenden Verständnisses und Behandlungsansatzes wäre.

Sowohl Krebs als auch AIDS scheinen Krankheiten zu sein, bei denen die Abfolge der Sutren auf der tiefsten Ebene entgleist ist. Mit anderen Worten: Es sind Intelligenzpannen, »schwarzen Löchern« vergleichbar, wo die Seligkeit aus ihrem normalen Muster herausgeworfen wird. Was beide Krankheiten so eigenwillig macht, ist, daß die Verzerrung so tief reicht – sie ist bis in die Struktur der DNS vorgedrungen. Das führt entweder zu einem Zusammenbruch des Selbstheilungsmechanismus der Zelle oder dazu, daß dieser sich gegen die Zelle selbst wendet. Im Fall von Krebs scheint die DNS tatsächlich Selbstmord begehen zu wollen, da sie ihr Wissen von richtiger Zellteilung ignoriert.

Bei beiden Krankheiten dringt die Verzerrung offenbar bis zu den Kräftefeldern vor, welche die DNS zusammenhalten. Zellularphysik ist ein höchst komplexer Bereich, doch wird angenommen, daß eine Zelle Viren dadurch wahrnimmt und mit ihnen in Wechselwirkung tritt, daß sie deren chemische und elektromagnetische Schwingung ausmacht. Diese Signale werden von der DNS interpretiert – was natürlich die Möglichkeit einer Fehlinterpretation mit sich bringt.

Geht man von der Vorstellung der Sutren, also der vedischen Klänge, aus, so liegt im Falle einer Krankheit ein Übertragungs- oder Hörfehler vor. Die DNS »hört« zwar den Virus in ihrer Nähe, hält ihn aber für einen Freund oder Bekannten, ähnlich den Seeleuten in der griechischen Sage, die sich vom Gesang der Sirenen ins Verderben locken ließen. Dies klingt plausibel, sobald man begreift, daß die DNS, die der Virus ausbeutet, ja selbst ein Bündel Schwingungen ist.

Wenn die Erklärung stichhaltig ist, so besteht die Therapie darin, die falsche Klangfolge mittels der ayurvedischen Urklangtherapie (in den Sanskrit-Texten als »Shruti« – Hören – bezeichnet) neu zu ordnen. Diese Klänge könnte man mit einer Gußform vergleichen, in welche die verzerrte Klangfolge gelegt wird und so ihre in die Gesamtharmonie der DNS passende Gestalt zurückerhält.

Diese Behandlung erfolgt durch eine geistige Technik, die der Patient erlernt. Sie ist behutsam und sanft in ihren Wirkungen, doch waren einige der ersten Ergebnisse recht dramatisch. Sobald die Klangfolge wieder im Lot ist, sollte die enorme strukturelle Unerschütterlichkeit der DNS künftige Störungen fernhalten.

Ich bin sicher, daß in naher Zukunft der Ayurveda an Einfluß gewinnen und uns helfen wird, eine neue Medizin zu begründen, eine Medizin der Erkenntnis und des Mitgefühls. In ihrer fortgeschrittensten Form enthält die heutige Medizin bereits diese Elemente. Das medizinische System steckt in der Krise, aber seine Mängel werden durch das Engagement einzelner mehr als wettgemacht. Diese einzelnen werden als erste begreifen, daß sich der Ayurveda sehr gut mit ihrer ärztlichen Tätigkeit vereinbaren läßt und den Heilungsprozeß nur unterstützt, da er uns hilft, die fundamentalen Heilungsmechanismen zu begreifen und für uns zu nutzen.

DAS ENDE DES KRIEGES

Würde man mich nach einer genauen Definition von Quantenheilung fragen, so würde ich antworten: Quantenheilung ist die Fähigkeit einer Bewußtseinsform (Geist), spontan die Fehler einer anderen Bewußtseinsform (Körper) zu korrigieren. Es ist ein völlig in sich geschlossener Prozeß. Müßte ich mich noch kürzer fassen, so würde ich einfach sagen, daß Quantenheilung Frieden stiftet. Wenn Bewußtsein gespalten ist, verursacht es Krieg im Geist-Körper-System. Dieser Krieg liegt zahlreichen Krankheiten zugrunde; es ist das, was die moderne Medizin als die psychosomatische Komponente bezeichnet. Die Rishis hätten sie wahrscheinlich »die aus Dualität (Spaltung) entstandene Angst« genannt und hätten sie durchaus nicht nur als Komponente bezeichnet, sondern als Grundursache aller Krankheit.

Der Körper sendet viele Signale aus, um anzuzeigen, daß ein Krieg im Gange ist. Kürzlich kam eine junge Kanadierin zu mir, die an Morbus Crohn litt, einer schweren Störung des Verdauungssystems, die durch chronischen und unkontrollierbaren Durchfall und schmerzhafte Entzündung gekennzeichnet ist. Zwar ist die Ursache von Morbus Crohn unbekannt, doch befällt er meistens junge Erwachsene, und geht möglicherweise auf einen Defekt im Immunsystem zurück. Bekannt ist jedoch, daß der Verdauungstrakt sehr empfindlich auf Gemütszustände reagiert, und im Falle dieser Patientin war ich deshalb nicht erstaunt zu hören, daß der Arbeitstag bei einer Werbeagentur in Boston lang und voller Streß war.

Nachdem ich eine Weile mit ihr gesprochen hatte, erfuhr ich, daß sie vor Jahren einmal zu meditieren begonnen hatte. Ich fragte sie, ob sie immer noch meditiere. Sie verneinte dies und meinte, dafür sei keine Zeit; wenn sie sich zur Meditation hinsetze, sei das zwecklos, denn sie schliefe meistens nach wenigen Minuten ein.

Ich fragte sie daraufhin, ob sie ihre Ernährungsweise verändert habe, um ihren Zustand zu bessern, ob sie etwas weniger hektisch lebe oder sogar überlegt habe, sich nach einer weniger streßreichen Arbeit umzusehen. Sie sah mich einigermaßen ungeduldig an, verneinte meine Frage erneut und meinte, sie werde nicht zulassen, daß ihre Krankheit, die ihr so viele Schwierigkeiten bereite, ihr Leben beherrsche.

»Schauen Sie einmal«, sagte ich, »Sie sind in einem sehr ernsten Zustand. Wenn die Entzündung fortdauert, kann es dazu kommen, daß man Ihnen einen Teil des Darms entfernen muß. Was wollen Sie also tun?« Sie war sich über ihre Krankheit sehr im klaren, und ich brauchte ihr eigentlich nicht zu sagen, daß einige schwere Entscheidungen vor ihr lagen. Der Eingriff entstellt den Patienten erheblich, denn infolge der Entfernung eines Darmteils muß ein künstlicher Darmausgang geschaffen werden, durch den die Entleerung geschieht. Und auch dann kann man von keiner eigentlichen Heilung sprechen, zumal oft in anderen Darmabschnitten erneut Beschwerden auftreten.

»Deshalb bin ich ja hier«, antwortete sie. »Ich möchte eine geistige Technik, die mir hilft, ein normales Leben zu führen.«

Ich hatte da ein klassisches Beispiel von »Pragya aparadh«, dem Fehler des Intellekts, vor mir. Der Körper dieser Frau schrie förmlich nach Heilung; er tat es jedesmal, wenn sie einen Anfall hatte. Sie konnte noch nicht einmal ihre Augen schließen, um zu meditieren, ohne daß ihr Körper verzweifelt nach etwas Erleichterung in Form von Schlaf griff. Ihr Geist jedoch interpretierte diese Heilungsversuche als entweder unwichtig oder sogar als lästig. Sie bestand darauf, ein »normales Leben« voller Streß zu führen, für dessen Bewältigung ihr Nervensystem einfach nicht ausgerüstet war.

»Auf diese Art können Sie Ihre Krankheit nicht bekämpfen«, sagte ich. »Denn auf der Gegenseite ist ja niemand anderes als Sie.« Ich erklärte ihr, daß die gleichen Neuropeptide, die in ihrem Gehirn Streß meldeten, in ihrem Darm erzeugt wurden. Wenn sie Angst, Frustration und Sorge spürte, würde dies in ihrem Bauch in derselben Weise wahrgenommen werden. Ich sagte ihr, sie brauche meiner Ansicht nach keine neue geistige Technik – sie solle ihren

Körper das tun lassen, was er tun wolle, nämlich gesund werden. Das Beste in diesem Fall sei, dem Körper die Ruhe zu geben, die er verlangte, weiter zu meditieren, ihre Ernährungsweise zu verändern und zu begreifen, daß keine Vergütungen für ihre Tätigkeit in irgendeiner Weise die Gefahr aufwiegen konnten, in die sie sich begeben hatte. Die Natur versuche, ihr etwas sehr Wichtiges mitzuteilen, und sobald sie ihr Aufmerksamkeit schenke, würden sich ihre Probleme von selbst lösen.

»In einem Fall wie dem Ihren«, sagte ich, »haben Sie bereits die beste Medizin, die Sie überhaupt erwarten können, nämlich Ihre eigene Aufmerksamkeit. Im Moment ist diese Aufmerksamkeit noch angsterfüllt und gespannt, deshalb geht es Ihnen auch nicht besser. Sobald aber Ihr Bewußtsein ruhiger wird und seine Angst verliert, wird Ihr Körper sich erholen. Alles hängt von Ihnen ab.«

Sie hörte mir aufmerksam zu, doch spürte ich, daß sie sich innerlich sperrte. Der Fehler des Intellekts ist heimtückisch. Der Intellekt weigert sich zu glauben, daß alles innerhalb einer Geist-Körper-Wirklichkeit geschieht; er erzeugt die Fiktion, daß der kranke Körper in einer anderen Situation ist als er selbst.

Krankheit ist ganz offensichtlich ein Zeichen dafür, daß ein Krieg stattfindet. Dem Ayurveda zufolge wird der Konflikt »hier drinnen« ausgetragen und nicht – im Gegensatz zu der Theorie einer von Keimen erzeugten Krankheit – »da draußen«. Nach dieser Theorie wird der Krieg von Angreifern aller Art begonnen – von Bakterien, Viren, Karzinogenen und so fort –, die nur darauf warten, uns anzugreifen. Gesunde Menschen leben jedoch unbehelligt inmitten all dieser Gefahren. Erst dann, wenn das Immunsystem, wie im Falle von AIDS, versagt, stellen wir fest, daß unsere Haut, unsere Lungen, Schleimhäute, Eingeweide und alle anderen Organe es gelernt haben, in einem sehr fein abgestimmten Gleichgewicht mit äußeren Organismen zu koexistieren. Die Lungenentzündung, die typischerweise bei einem AIDS-Kranken auftritt, wird von einer Variante der Pneumocystis verursacht, die in der Lunge jedes Menschen vorhanden ist. Der AIDS-Virus aktiviert solche Krankheiten von innen her, indem er einen Teil des Immunsystems zerstört (die T-Helferzellen) und damit das Informationsnetzwerk zerreißt, das unsere Gesundheit aufrechterhält.

Und eigentlich *sind* wir ja dieses Netzwerk, das sich in Form unseres Körpers, unserer Gedanken, Gefühle und Handlungen äußert. Auch hört das Netzwerk nicht mit uns auf. Die etwas schülerhafte Vorstellung, daß Keime unsere Erzfeinde sind, ist nur die halbe Wahrheit, denn auch die Keime sind Teile dieses Netzwerks. Die gesamte lebende Welt ist in der DNS gebündelt, die sich in einer bestimmten Richtung zu Bakterien entwickelt hat, in einer anderen zu Pflanzen und Tieren und in einer dritten zum Menschen. Die Umwelt »da draußen« steht mit der »Innenwelt« in einem Wechselverhältnis. Beide sind einander entgegengesetzt, doch ergänzen sie sich vollkommen. Besieht man sich die Wirklichkeit unter dem Aspekt der gesamten DNS – und nicht nur der unseren –, so besteht ein globales Informationsnetzwerk, das lebendig und gesund erhalten werden muß.

Viren sind beispielsweise fähig, sehr schnell zu mutieren (ihre Eigenschaften zu verändern). Aus diesem Grund ist die Impfung gegen die Grippe dieses Jahres im nächsten Jahr schon nicht mehr wirksam. Der Grippevirus wird auf seinem Weg um die Welt inzwischen zu einer völlig anderen Art mutiert haben. (Eine der vielen beispiellosen Eigenschaften des AIDS-Virus ist die, daß er hundertmal schneller als der typische Grippevirus mutiert). Die Forscher haben vor kurzem die These aufgestellt, daß der Grund für die rasche Mutation von Viren der ist, daß sie mit neuen Bakterienvarianten Schritt halten müssen und auf diese Weise die Nachricht, daß sich das Leben verändert, in alle Himmelsrichtungen tragen.

Wenn man also eine Grippe bekommt, bedeutet dies, daß man auf den neuesten Wissensstand gebracht wird. Ihre eigene DNS erfährt von den Veränderungen der DNS in der Welt, die für sie eine Herausforderung sind, und Ihre DNS nimmt diese Herausforderung an, und zwar nicht passiv, sondern aktiv. Sie muß ihre Lebensfähigkeit unter Beweis stellen, indem sie den Angriff des Virus überlebt. Das Immunsystem eilt zu Hilfe, und es kommt zu einem Scharmützel, Molekül gegen Molekül. Das ganze Unternehmen ist auf den Bruchteil einer Sekunde geplant und läßt keinen Fehler zu. Die Makrophagen überprüfen die Identität der neuen Lebensform, testen sie auf wesentliche Schwächen, und mobilisieren dann die genetische Substanz in ihrer eigenen DNS, welche die Moleküle des Virus auseinandernimmt und ihn damit entwaffnet. Gleichzeitig zerstören die Immunzellen alle jene unserer eigenen Zellen, die mit dem Angreifer kollaboriert haben. Diese infizierten Wirtszellen sind der Grippe noch nicht erlegen. Sie sind randvoll mit lebenden Viren angefüllt, die eine bleibende Bedrohung darstellen, auch nachdem die Immunzellen der durch den Blutstrom zirkulierenden Grippe den Garaus gemacht haben. Um eine infizierte Wirtszelle auszuschalten, hängen sich bestimmte Immunzellen, sogenannte Killer-T-Zellen an ihre Außenseite und durchbohren ihre Zellwand. Wie ein platzender Ballon verströmt die Wirtszelle ihren flüssigen Inhalt und stirbt, nur noch ihre leere Hülle zurücklassend. Aber die Wirtszelle wird nicht nur ausgeschaltet; auch ihre DNS wird durch Signale von den Killer-T-Zellen regelrecht auseinandergenommen.

Dies ist ein wirklich faszinierender Aspekt des ganzen Vorgangs. Es ist ja so, daß ein Teil Ihrer DNS, nämlich die Immunzelle, einen anderen Teil Ihrer DNS, nämlich die Wirtszelle, auflöst. Beide sind Teile Ihrer selbst. Nur hat die DNS der Wirtszelle den Fehler begangen, mit dem Grippevirus zu kollaborieren. Niemand weiß, warum dies geschieht. Wie wir im letzten Kapitel sahen, lassen sich unsere Zellen seltsamerweise von innen her töten, wenn die Viren angreifen. Von der Größe her ist ein Virus der Zelle bei weitem unterlegen; er ist tausendmal kleiner und weniger komplex. Ein medizinischer Autor machte den Vergleich mit einem Basketball, der durch ein Fenster in einen Wolkenkratzer fliegt und das ganze Gebäude zum Einstürzen bringt.

Man könnte dies als einen Beweis für die Unvollkommenheit der Intelligenz des Körpers ansehen, doch wäre das zu oberflächlich. Was hier in Wirklichkeit geschieht, ist ein ausgezeichnetes Beispiel für das Wirken der Quantenheilung. Denn eigentlich ist die Vorstellung von einem Krieg auch nur eine Halbwahrheit: Wenn wir sehen, wie ein DNS-Teil ein anderes auseinandernimmt, so sind wir Zeugen eines völlig in sich geschlossenen Prozesses. Alle Schritte einer Abwehrreaktion, vom ersten Aufeinanderprallen von Abwehrzellen und Angreifern über die Einnistung bei den Wirtszellen, bis hin zu den Makrophagen, Killer-T-Zellen, Helfer-T-Zellen, D-Zellen und so fort, sind nur verschiedene Ausdrucksformen und Fähigkeiten ein und derselben DNS. Mit anderen Worten: Die DNS hat beschlossen, zu ihrem eigenen Nutzen ein Drama in Szene zu setzen, in dem sie jede Rolle selbst spielt.

Warum aber sollte die DNS die eine Maske aufsetzen und dem Grippevirus erliegen, und eine andere, mit der sie auf die Bühne stürzt, um ihn zu vernichten? Niemand hat diese tiefreichende Frage jemals beantwortet, und dennoch muß sie ihre Logik im Gesamtplan der Natur haben, in jenem größeren Drama, das von der DNS auf der ganzen Welt aufgeführt wird. Ich kann nur vermuten, daß dieses Drama der DNS dazu bestimmt ist, das Leben zu bereichern, indem so viele verschiedene Szenen gespielt werden, wie sie auf diesem Planeten überhaupt möglich sind.

Nichts, was der DNS zustößt, geht verloren. Alles bleibt innerhalb des geschlossenen Systems bewahrt. Nachdem der Grippevirus besiegt ist, zeichnet die DNS die Begegnung auf, indem sie neue Antikörper und spezielle »Gedächtniszellen« erzeugt, die noch Jahre später im Lymphsystem und im Blutkreislauf zirkulieren und die gewaltige Datenbank erweitern, welche die DNS seit Beginn des Lebens aufgebaut hat. Auf diese Weise macht unsere DNS uns zu Schauspielern auf der kosmischen Bühne.

Wenn ich aus dem Fenster blicke, kann ich eine achtspurige Autobahn sehen, auf welcher der Verkehr vorbeifließt. Manchmal überfliegt ein Düsenflugzeug das Haus und scheucht die Vögel auf. Möwen kreisen in der Luft, und selbst hier, fünfzig Kilometer vom Meer entfernt, liegt der typische Meeresgeruch in der Brise. Dieses ganze Schauspiel, mich eingeschlossen, ist von der DNS inszeniert, von einem Molekül, dessen Aufgabe es ist, neues Leben zu entfalten, ohne jemals das Leben als Ganzes aufs Spiel zu setzen. Irgend jemand hat einmal die Überlegung angestellt, daß die DNS aller Menschen, die bisher gelebt haben, bequem auf einem Teelöffel Platz hätte, und doch wäre der eng verdrehte DNS-Strang auch nur einer Zelle, zöge man ihn auseinander und reihte die einzelnen Stücke aneinander, über anderthalb Meter lang. Dies bedeutet, daß die Genfäden in den fünfzig Trillionen Zellen unseres Körpers achtzig Milliarden Kilometer lang sind, lang genug, um einhunderttausendmal von der Erde zum Mond und zurück zu reichen. Der Veda sagt, daß sich die Intelligenz des Universums »von kleiner als das

Kleinste bis größer als das Größte« erstreckt, und die DNS ist der physische Beweis dafür.

Es muß also falsch sein zu denken, daß der Konflikt die Regel ist. Im allgemeinen herrscht Frieden zwischen unserer DNS und der anderen DNS »da draußen«. Denn auf jeden der Fälle, in dem wir eine Krankheit bekämpfen müssen, indem wir krank werden, kommen Dutzende, wenn nicht Hunderte, in denen unser Körper damit fertig wird, ohne daß es zu akuten Symptomen kommt. Erst dann, wenn es »hier drinnen« zu einer Verzerrung kommt, verliert das Immunsystem seine Fähigkeit, sich zu erinnern und sich in aller Stille zu verteidigen und zu heilen.

Wir neigen dazu zu vergessen, daß Frieden die Norm ist, Psychiater und Soziologen gehen davon aus, daß ein tiefer Riß durch die Psyche des modernen Menschen verläuft. Das Aufkommen von streßerzeugten Störungen, Depressionen, Ängsten, chronischer Müdigkeit und ständigem Sich-gehetzt-Fühlen sind Zeichen der Zeit. Das hektische Arbeitstempo und überhaupt unser heutiges Leben haben uns daran gewöhnt, daß wir uns aufgewühlt fühlen. Man ist heutzutage förmlich indoktriniert durch die Auffassung, daß ein gewisses Maß von innerem Konflikt normal ist. Der Krieg – so scheint es – wurde von uns erklärt und fordert nun seinen Tribut in erschreckend alltäglicher Weise.

Ich wünsche, ich hätte dies alles Chitra erklären können, jener jungen Frau mit Brustkrebs, der wir die Entstehung dieses Buches verdanken. Sie hatte das Glück, eine Behandlung zu erhalten, die eine Wunderheilung zu bewirken schien, doch während ich dieses Buch schrieb, erschien ihr Fall in einem anderen Licht. Die Krebszellen waren zwar besiegt worden, nicht aber die in ihnen enthaltene Erinnerung. Da Chitra sehr besorgt war, ihr Krebs könnte erneut entstehen, kamen wir beide überein, daß die konventionelle Therapie fortgesetzt werden sollte. Gleichzeitig versprach sie mir, die Meditation und die Blisstechnik, die ich ihr beigebracht hatte, weiterhin auszuüben. Während eines Monats hörte ich nichts von ihr, dann rief sie mich an und hatte schlechte Nachrichten: Die Ärzte hatten ein Dutzend kleinerer Schatten in ihrem Computertomogramm entdeckt, die sie als Gehirntumor interpretierten. In einem Zustand äußerster Angst unterzog sie sich einer intensiven Be-

strahlungsbehandlung, die diesmal mit experimenteller Chemotherapie verbunden wurde. Noch geschwächt durch den Kampf mit
dem ersten Krebs, mußte Chitra starke Nebenwirkungen hinneh-
men, zu denen auch eine Depression gehörte. Sie hörte auf zu meditieren und kam auch nicht zur weiteren ayurvedischen Behandlung zurück. Ihre Blutplättchenwerte gingen stark zurück (diese
Zellen spielen eine wesentliche Rolle bei der Blutgerinnung), was
bedeutete, daß eine Fortsetzung der Chemotherapie gefährlich
wurde. Ihre Ärzte stellten fest, daß Chitras Knochenmark Antikörper erzeugte, die ihre eigenen Blutplättchen angriffen, was womöglich eine Folge der vielen Transfusionen war, die sie erhalten hatte.
Sie erwogen eine Knochenmarktransplantation, versuchten aber
zunächst, das Blutplasma auszutauschen. Während des Austauschs
hatte sie einen Schlaganfall, dem bald eine schwere Anämie und
verschiedene Infektionen folgten.

Ab diesem Moment wurde Chitras Fall zu einer Lawine von
Desastern. Sie verweigerte eine Bluttransfusion, da sie befürchtete,
AIDS zu bekommen. Ihre Erregtheit machte es nötig, sie an einen
Morphium- und Valium-Dauertropf anzuschließen. Ihr Bewußtsein
trübte sich mehr und mehr, und sie verfiel in ein wahrscheinlich
durch einen Schock ausgelöstes Koma, dem eine Lungenentzündung folgte. Die Ärzte bereiteten ihren Ehemann darauf vor, daß
sie kaum wieder zu Bewußtsein kommen würde, und tags darauf
starb sie dann. Sie war nicht das Opfer ihres Krebses geworden,
sondern ihrer Behandlung, und bis zum Schluß war nicht sicher, ob
nicht der Tod durch den Krebs menschenwürdiger gewesen wäre.

Der Tod dieser wunderbar unbefangenen und warmherzigen jungen Frau war für mich ein schwerer Schlag. Obwohl ich ihm keinen
Trost zu bieten hatte, rief ich ihren Mann an, der völlig niedergeschmettert war. Über Monate hinweg hatten wir Chitras Weg ins
Licht des Lebens und zurück in die Schatten des Todes verfolgt und
hatten die Freude und Verzweiflung miteinander geteilt. Die Bemühungen, sie zu retten, waren sehr intensiv gewesen, und dennoch
bleibt der bittere Nachgeschmack des Wissens, das ich mit allen
Ärzten teile, daß unsere heutigen Krebsbehandlungsansätze
schlechthin barbarisch sind.

Täglich sehen Ärzte in ihren Praxen Patienten, die sich einer

zerstörerischen Krebsbehandlung unterzogen haben. Zwar wird die
Behandlung als erfolgreich bezeichnet, wenn danach alle Krebszellen abgetötet sind, doch ist der ganze Körper dann so geschwächt,
daß die Gefahr eines erneuten Krebsbefalls größer geworden ist.
Dazu kommen die bleibende Furcht und Depression, die oft eine
solche »Heilung« begleiten. Ständig in Furcht zu leben, ist auch
ohne die Gegenwart von Krebs kein wünschenswerter Zustand. Der
Krieg ist nicht vorüber, er hat sich lediglich von offenen Gefechten
in unvorhersehbare Terroranschläge aus dem Untergrund verlagert.
Die der modernen Krebsbehandlung zugrundeliegende Philosophie
ist die, daß der Geist einfach zusehen muß, wie der Körper verwüstet wird. Mit anderen Worten: Man provoziert geradezu einen offenen Konflikt im Geist-Körper-System. Wie kann das eine Heilung
sein? In einem Zusammenstoß zwischen Geist und Körper kämpft
der Patient auf beiden Seiten. Ist es nicht selbstverständlich, daß
es da keinen Gewinner geben kann?

Die zentrale Frage ist also nicht die, wie man einen Krieg gewinnt, sondern wie man den Frieden aufrechterhalten kann. Der
Westen ist noch nicht zu dieser Einsicht gelangt und hat nicht verstanden, daß die physische Ausprägung einer Krankheit ein Phantom ist. Die Krebszellen, vor denen sich ein Patient fürchtet und
gegen die der Arzt ankämpft, sind nichts anderes als Phantome. Sie
kommen und gehen, erwecken Hoffnungen oder Verzweiflung, während der eigentlich Schuldige unentdeckt bleibt: die pathogene Erinnerung, welche die Krebszellen erzeugt. Der Ayurveda gibt uns
ein Mittel in die Hand, mit dem wir direkt auf jene Bewußtseinsebene gelangen, wo diese Erinnerung gelöscht werden kann.

Wenn ich an Chitra denke, so frage ich mich, wie lange es noch
dauern wird, bis wir unseren Blick erweitern. Wir verlangen Hel-
dentum von unseren Patienten zu einer Zeit, in der sie dazu wahr-
lich nicht in der Lage sind, oder aber wir behandeln sie als statisti-
sches Material und verwandeln die brennende Aktualität des
Überlebens in ein Zahlenspiel. Der Ayurveda klärt uns darüber
auf, daß die Verantwortung für Krankheit auf einer tieferen Bewußtseinsebene liegt, auf der auch der potentielle Heilungsansatz zu
finden ist.

Die Aussage, daß das Bewußtsein eines Patienten dessen Krebs verursacht hat, ist für viele Menschen beunruhigend – und das soll es wohl auch sein. Der Ayurveda dagegen, wie ich ihn verstehe, verneint die Existenz einer sogenannten »Krebspersönlichkeit« wie auch die Vorstellung, daß oberflächliche Gefühle, Verhaltensweisen und Lebenseinstellungen Krebs auslösen. Einige Forscher sind davon überzeugt, daß Patienten, die mit Hilflosigkeit und Depression auf ihren Krebs reagieren, eher der Krankheit erliegen als solche, die einen ausgeprägten Überlebenswillen haben. Dem ist nicht zu widersprechen, aber ist es hilfreich?

Ein Krebskranker macht alle Höhen und Tiefen der Gefühle durch. Sein Überlebenswille mag von einem Extrem ins andere umschlagen, und es besteht kein Grund anzunehmen, daß sich irgendein typisches »Krebspersönlichkeits-Profil« abzeichnet. Die ursprüngliche Forschung, die zu einer Ermittlung der »typischen Krebspersönlichkeit« führte, stützte sich wahrscheinlich zum Teil auf nichtsignifikante Patientengruppen (manche Gruppen umfaßten lediglich fünfundzwanzig Personen), die zudem fast alle dieselbe Krebsart (Brustkrebs) aufwiesen. Warum sollten die psychisch Gesunden, die sowieso einen beträchtlichen Vorteil haben, die einzigen hoffnungsvollen Fälle sein?

Das ist durchaus keine sinnlose Frage. Zwei Tage, nachdem ich mit einem an Darmkrebs Erkrankten gesprochen hatte, kam ich im Flugzeug mit meiner sehr lebhaften Nachbarin, einer Frau von etwa sechzig Jahren, ins Gespräch. Ich ordnete sie sofort als klassische Amerikanerin ein – sehr energievoll, praktisch und voll von unverrückbaren Grundsätzen. Ihre Familie lebte seit Generationen in Maine und war zu einigem Wohlstand gelangt. Da ich mit der Problematik der Krebsbehandlung innerlich sehr beschäftigt war, kamen wir auf dieses Thema zu sprechen.

»Ich glaube, daß keiner von diesen Ärzten weiß, wovon er redet«, meinte sie und reckte energisch das Kinn vor. »Meiner Mutter stellten sie 1947 eine Diagnose auf Brustkrebs. Sie ließ sich den Knoten entfernen und kam dann nach Hause zurück, um ihre vier Kinder zu versorgen. Mein Vater bat sie, nach Boston zurückzukehren und sich die ganze Brust entfernen zu lassen, aber sie entgegnete, daß sie zu beschäftigt sei. Und tatsächlich war sie es auch. Sie machte so weiter, als ob nichts gewesen wäre. Nach einer Weile

ließ sie sich dann doch überreden, aber damals gab es natürlich
noch keine Bestrahlung oder Chemotherapie.«

»Und was geschah mit ihr?«, fragte ich.

»Nichts geschah«, antwortete die Frau. »Sie lebte noch zwölf
Jahre, bis sie über siebzig war und dann eine Lungenentzündung
bekam. Die ganze Familie versammelte sich an ihrem Bett. Sie
nahm Abschied, und drei Tage später starb sie.«

Als ich dieser Geschichte zuhörte, wurde mir mit einem Male
mit einer Mischung aus Staunen und Trauer bewußt, worum es ging –
das Paradox des Normalseins. Es ist völlig normal, zu beschäftigt
zu sein, um sich eine Krankheit leisten zu können, denn das ist genau die Art von Bewußtheit, in der ein gesundes Immunsystem ge-
deiht. Wenn man einfach man selbst ist und kein »Krebspatient«,
kommt die komplexe Abfolge der Abwehrreaktion mit ihren Hun-
derten genauestens aufeinander abgestimmter Einzelschritte von
selbst in Gang. Sobald man sich aber der Hilflosigkeit und Furcht
überläßt, zerbricht diese Kette. Wir beginnen, Neuropeptide auszu-
senden, die mit Negativgefühlen belastet sind. Diese hängen sich
an die Immunzellen, was die gesamte Abwehrreaktion in ihrer
Wirksamkeit schwächt. (Was da genau vor sich geht, ist nicht bekannt, doch ist die herabgesetzte Abwehrkraft von depressiven Patienten ausreichend belegt.) Und hier setzt nun das Paradox ein:
Wenn man einen Krebs als keine große Bedeutung hinnimmt, so
wie eine Grippe, hätte man die besten Heilungschancen. Eine
Krebsdiagnose gibt jedoch jedem Patienten das Gefühl völliger Ab-
normität und ist das erste Glied eines Teufelskreises, durch den der
Patient immer enger eingeschnürt wird.

Ich empfand gleichermaßen Trauer und Staunen, weil mir mit
einem Male bewußt wurde, wie unendlich wunderbar das Immunsystem ist und wie bestürzend verwundbar zugleich. Es knüpft unsere Verbindung mit dem Leben und kann sie jederzeit unterbrechen. Das Immunsystem kennt all unsere Geheimnisse, all unsere
Sorgen. Es weiß, warum eine Mutter, die ihr Kind verloren hat, vor
Kummer sterben kann, denn das Sterben beginnt ja im Immunsystem. Es weiß von jedem Moment, den ein Krebspatient im Licht
des Lebens oder im Schatten des Todes verbringt, denn es ist der
Urheber, der diese Momente zu körperlicher Wirklichkeit werden

läßt. Krebs, wie überhaupt jede Krankheit, ist nichts anderes als eine Abfolge solcher flüchtigen Momente, von denen jeder seine eigenen Gefühle und seine eigene Geist-Körper-Chemie besitzt. Mit anderen Worten: Die befallenen Zellen sind nur ein Faktor unter vielen; nur sind die anderen weniger faßbar. Der Ayurveda vertritt die Ansicht, daß viele verschiedene Bedingungen bei der Entstehung einer Krankheit zusammenspielen. Der pathogene Organismus spielt eine Rolle, unterstützt von Immunschwäche, altersbedingtem Verschleiß, falscher Ernährung und anderen schlechten Gewohnheiten, Jahreszeit und vielen anderen Faktoren, die alle ihren Beitrag leisten, bis schließlich das klinische Ergebnis zustande kommt. Die medizinische Forschung des Westens hat erschöpfend nachgewiesen, daß Lebensgewohnheiten und die physische Verfassung eines Menschen seinen Gesundheitszustand bedingen, doch mangelt es uns an Wissen, all diese Dinge auszuwerten. Ein Krebskranker hat ein ganzes Leben hinter sich, voller Gedanken, Handlungen und Gefühle, die kein anderer Mensch mit ihm in dieser Form teilt.

Daß Gefühle so tief liegen, bedeutet nicht, daß Krebskranke sie nicht ändern könnten. Man kann diese Menschen aus ihrer Hilflosigkeit und Verzweiflung retten, indem man sich auf eine noch tiefere Ebene begibt. Es ist unwesentlich, ob man sich in den Fängen der Verzweiflung befindet oder voller Selbstvertrauen steckt. Beides könnte ein Phantom sein. Der Ayurveda widmet deshalb den Oberflächengefühlen weniger Aufmerksamkeit als die heutige Geist-Körper-Medizin. Das ganze Prinzip der Behandlung von Krebs oder AIDS mit Urklang- und Blisstechniken ist, daß sie auf einer tiefliegenden Bewußtseinsebene ansetzen, die jedem eigen ist, den Schwachen wie den Starken.

Der folgende Fall belegt den bisher eindeutigsten Behandlungserfolg mit diesen Techniken. Die Patientin ist eine Frau Ende Dreißig; nennen wir sie Eleanor. Im Jahre 1983, als sie in Colorado für eine dortige Computerfirma arbeitete, wurde bei ihr ein Brustkrebs in fortgeschrittenem Stadium diagnostiziert, der bereits Metastasen in den Lymphknoten unter den Armen gebildet hatte. Eine Brust wurde völlig entfernt, kurz darauf die zweite; ihre Reaktion auf die anschließende Chemotherapie war sehr schlecht. Da sie die Nebenwirkungen unerträglich fand, gab sie die konventionelle Behandlung gänzlich auf, obwohl die Ärzte sie eindringlich darauf hinwiesen, daß ihr Krebs mittlerweise auch auf ihre Knochen übergegriffen hatte. Die Überlebenschance für Patienten mit Metastasen dieses Ausmaßes liegt bei einem Prozent.

Zufälligerweise war Eleanor 1986, als ihre Krankheit schon recht weit fortgeschritten war, von ihrem Hausarzt empfohlen worden zu meditieren. Durch ihre Beschäftigung mit TM hörte sie von Ayurveda. Sie kam nach Lancaster in stationäre Behandlung, wo ich sie traf und sie in die Urklangtherapie für Krebs einführte. Die Ergebnisse waren bemerkenswert. Ihre heftigen Knochenschmerzen verschwanden (dieser Aspekt wurde bereits weiter vorne im Kapitel »Nirgends und überall« erwähnt), und bei jeder Röntgenaufnahme wurden weniger Knochenmetastasen festgestellt. Es war viel zuviel Zeit verstrichen, als daß man diese Rückbildungen auf ihre ursprüngliche Behandlung hätte zurückführen können. Im allgemeinen schrumpft ein Tumor unter dem Beschuß von radioaktiven Strahlen und Chemotherapie sehr schnell.

Wenn Eleanor noch weitere zwei Jahre überlebt, wird sie zu den privilegierten Patienten gehören, die entgegen aller Wahrscheinlichkeit ihrer Krankheit getrotzt haben. Was ich aber hier besonders hervorheben möchte, ist der Wandel, der sich insgesamt bei ihr vollzogen hat. Ich bat sie, die Geschichte ihrer Krankheit aufzuschreiben, so wie sie sich ihr von innen her darstellte. Was sie mir zusandte, ist ein erstaunliches Dokument. Es beginnt mit dem qualvollsten Moment ihres Lebens, kurz bevor man sie in den Operationssaal brachte, wo ihr die Brust entfernt werden sollte:

»Noch unbetäubt liege ich im Wartebereich neben der Tür zum Operationssaal im City of Hope Hospital. Eine Krankenschwester geht vorüber mit einer riesigen Brust in einem durchsichtigen Plastikbeutel. Meine Brüste scheinen so klein, hilflos und schuldlos zu sein. Ich habe meine beiden Söhne gestillt und war glücklich über meine Brüste; sie waren weiblich, weich und schön. Ich vertraute auf sie. Und nun liege ich hier und warte darauf, daß jemand zumindest eine davon herausschneidet.

Ich bin verängstigt und zittere. Jeder Nerv in meinem Körper scheint danach zu schreien, etwas zu tun, scheint mich dazu aufzurufen fortzulaufen, bevor es zu spät ist und ich durch die Tür des Operationssaals gerollt werde. Ich habe das Gefühl, als gäbe ich meinen Körper einer entwürdigenden Vergewaltigung preis. Ich bin fünfunddreißig Jahre alt, und diese ganze Sache widerspricht meiner Vorstellung davon, was richtig ist.

Als alles vorüber ist, beginnen die emotionalen Auswirkungen. Mein Körperselbstbild ist verheerend; ich will nicht, daß die Ärzte mich sehen, geschweige denn mein Ehemann. Ich bin mehr als entblößt. Ich bin meiner weiblichen Form entkleidet, für lange Wochen danach infiziert, an Schläuche angeschlossen, die in meinen Körper eingenäht sind. Die mit roten Verschlüssen versehenen Glasbehälter klappern bei jedem meiner Gehversuche.«

Schließlich hatte sich Eleanor ausreichend erholt, um eine sechsmonatige Chemotherapie beginnen zu können. Man versicherte ihr, daß ihre Heilungschancen sehr gut seien. Als dann aber eine Mammographie der verbliebenen Brust gemacht wurde, lautete der Befund ebenfalls auf Krebs. Eine zweite Mastektomie kam auf sie zu. Sie schrieb:

»Nun möchte ich wirklich auf und davon. Seit Monaten höre ich, daß ich Krebs habe, dann wieder, daß ich keinen Krebs habe, und dann wieder doch. Ich bin die Eingriffe und die Ungewißheit so leid. Ich leide unter Fieber, schrecklichem Nachtschweiß, Schmerzen, Erniedrigung, Zweifel an meinem Körper, an meinem Geist, an meinem Frau-Sein – an allem. Alles, worauf ich baute, hat mich im Stich gelassen.

Beiderseitiger Brustkrebs, beiderseitige Mastektomie und schließlich beiderseitige Brustplastik. Ich hoffe, daß damit dann Schluß ist und ich beginnen kann, mich von meinen anderen Symptomen zu erholen. Und mich dann wieder aufs Gesundwerden konzentrieren kann, aller Statistik zum Trotz.«

Bald darauf begann Eleanor mit TM. Zunächst ging sie an die Meditation mit großen Vorbehalten heran, doch trat an deren Stelle nach und nach ein »Gefühl der Bejahung«. Vier Monate später, im Juni 1986, stellte Eleanor fest, daß sie unbeabsichtigt schwanger geworden war. Ihre Ärzte hatten ihr gesagt, daß die Chemotherapie sie unfruchtbar gemacht habe, was bei einem Viertel aller jungen Krebspatientinnen eintritt und bei Frauen über vierzig in fünfund-

achtzig Prozent aller Fälle. Für diejenigen, die nicht unfruchtbar
werden, ist die Geburt höchst risikoreich, für Eleanor aber war der
Gedanke daran, noch ein Kind zu bekommen, von besonderer Bedeutung.

»Diese Schwangerschaft war für mich ein Symbol für die Ganzheit
und die Verbindung mit der Natur. Sie war ein Wunder, und ich war
überglücklich. Und dann rieten mir die Ärzte zur Abtreibung, um
mein eigenes Leben zu retten. Es war wie ein Alptraum. Im Verlauf
der Schwangerschaft wurde ich noch kränker. Meine Befunde wiesen
nun auf einen östrogenbedingten Krebs hin, und meine Überlebenschancen waren gering. Den Fakten zum Trotz trug ich das Kind aus –
eine Entscheidung, zu der ich uneingeschränkt stand.«

Nach der Entbindung von einem gesunden Knaben stellte Eleanor fest, daß sie erneut von Krebs befallen war; diesmal war es
Knochenkrebs.

»Wieder Krebs, und die Berg- und Talfahrt begann von neuem.
Die Ärzte meinten, ich würde vielleicht noch sechs Monate leben,
aber wahrscheinlich nicht mehr als zwei Jahre. (Das war im März
1987.) Der Krebs hatte sich überall in meinen Knochen eingenistet;
die Röntgenaufnahmen ließen ein Dutzend befallener Stellen vor
allem in den Rippen und Rückenwirbeln erkennen. Ich fühlte mich
todelend. Der Behandlungsplan sah eine maximale Chemotherapie
für den Rest meines Lebens vor. Und das klang nicht danach, als
ob ich es noch lange machen würde.«

Die Chemotherapie schlug bei Eleanor schlecht an, und auf die
Empfehlung ihres Hausarztes, der ihr schon zu TM geraten hatte,
suchte sie die Klinik in Lancaster auf. Als ich ihr begegnete, wußte
ich, daß sie eine Schwerkranke war. Ich konnte ihr keine Heilung
versprechen, sagte ihr aber, daß es mehr Möglichkeiten gab, als sie
vielleicht vermutete. Ihr innerster Kern war durch den Krebs nicht
angetastet worden, und wir würden versuchen, sie mit diesem innersten Kern in Berührung zu bringen. Innerhalb von zwei Wochen
begann sie, sich körperlich und geistig besser zu fühlen, und sie
verließ die Klinik schmerzfrei. Offensichtlich war dies der Wendepunkt:

»Nach meiner Rückkehr zur Arbeit, zur Chemotherapie und zu
den Zweifeln geschah etwas Merkwürdiges. Eine Wildtaube war ei-

nes Morgens in den Lagerraum unserer Firma eingedrungen und wollte ihn nicht verlassen. Als ich zwei oder drei Stunden später in den Raum kam, folgte mir der Vogel durch die Korridore nach oben in mein Büro und setzte sich still vor mich auf meinem Schreibtisch nieder. Ich nahm ihn vorsichtig hoch und war mit einem Male überwältigt von dem gemeinsamen Gefühl des Trostes.

Später ließen wir ihn auf dem Lande frei. Einige Monate vergingen. Im September waren dann meine Röntgenbefunde zwar nicht gut, aber auch nicht schlechter. Die Chemotherapie brachte zahlreiche Nebenwirkungen mit sich. Ich hatte zuvor nicht die Absicht, damit aufzuhören, aber wegen meiner schlechten Blutwerte mußte ich für kurze Zeit mit der Therapie aussetzen. Ich fühlte mich sofort besser und wurde mir bewußt, daß ich die Chemotherapie nicht fortsetzen wollte, auch wenn das den Tod bedeuten sollte.

Im Dezember kehrte ich nach Lancaster zurück. Mein Aufenthalt dort war wunderbar; einige besondere Heilkräuter waren für mich eingetroffen, und ich bekam eine Urklangtechnik für die Anwendung zu Hause. Ende Dezember ergab eine weitere Röntgenaufnahme keine Veränderung. Dies bestätigte meine Überzeugung, daß die Chemotherapie nur oberflächlich wirkte. Ich fuhr mit meiner Technik fort, und als im darauffolgenden März wieder eine Aufnahme gemacht wurde, ergab sie, daß bis auf eine winzige Stelle alle Krebsgeschwülste verschwunden waren.

Der Röntgenologe lächelte und sagte, er wisse nicht, wie dies ohne Chemotherapie habe geschehen können. Er umarmte mich und meinte beim Abschied: ›Das wird Geschichte machen.‹ Mein Hausarzt rief den Röntgenologen an, um eine Gesamtauswertung der Aufnahmen zu erhalten. Als er den Hörer auflegte, berichtete er mir, daß ich fast vollständig geheilt sei.

Ich konnte die Tränen nicht zurückhalten. Wie hatte ich nur jemals an diesem Ausgang zweifeln können? Berührt von Liebe und der Vollkommenheit der Natur, hatte ich nur den stillen, behutsamen Wunsch, mich auf die Erde zu setzen, inmitten eines Friedensfestes von Frühlingsblumen, und all das zu genießen, was geschehen war, und alles, was ich bin.

Ich möchte zum Abschluß hinzufügen, daß ich Realistin bin; ich verstehe den typisch westlichen Ansatz in dieser Angelegenheit. Ich weiß auch, daß es dort große Chancen gibt. Alle Wahrheiten meiner Erfahrung summieren sich zu einer einzigen Wahrheit, aber wann immer ich mir einbilde, sie zu begreifen, entgleitet sie mir. Ich fühle mich dann sehr demütig und gleichzeitig ziemlich albern, weil ich versucht habe, die Ganzheit auseinanderzunehmen. Aber ich bin sehr, sehr ruhig und zufrieden, denn mir ist immer wieder versichert worden, daß die Ganzheit vollkommen ist.«

Eleanor hat sehr große Fortschritte gemacht. Gehörte sie noch 1987 zu der Kategorie der aussichtslosen Fälle, so würden heute viele Autoritäten wie Dr. Ikemi ihren Fall als Spontanheilung ansehen. Ihr Allgemeinzustand ist gut; es gibt keine Anzeichen für einen körperlichen Verfall. Acht Monate seit ihrer letzten Chemotherapie ist von ihrem Knochenkrebs nur ein kleiner dunkler Fleck auf der Röntgenaufnahme zu sehen, und auch der ist nicht eindeutig kanzerös. Ihre Blutwerte, die sich infolge ihrer voranschreitenden Krankheit rapide verschlechtert hatten, sind wieder normal geworden, was ein noch deutlicherer Beweis für ihre Genesung ist als die Röntgenaufnahmen.

Ich mache mir um sie keine Sorgen mehr, selbst wenn sie den Kampf noch einmal aufnehmen müßte. Eleanor ist jenseits von Kampf – sie strahlt den Frieden aus, von dem sie berichtet, und wenn ich mit ihr zusammenkomme, fühle ich mich glücklich und sicher, um so mehr, als ich weiß, wie kostbar dieser Frieden ist. Aus der Verzweiflung der Krankheit hat sie den Weg zur Freude gefunden. Von dem Moment an, als die Erinnerung an die Gesundheit zurückkehrte, gab sie ihr genügend Kraft für ein ganzes Leben.

ADRESSEN
Zentren für Transzendentale Meditation
im deutschsprachigen Raum und
Bezugsquelle für Ayurveda-Produkte

AYURVEDA- UND TM-CENTER
IN DER BUNDESREPUBLIK
DEUTSCHLAND

Gesellschaft für Transzendentale
Meditation Berlin e. V.
Tempelhofer Ufer 23 / 24
1000 Berlin 61, Tel. (030) 2 15 93 24/5

VEDA Institut
Rothenbaumchausee 26
2000 Hamburg 13, Tel. (040) 45 20 80

Lehrinstitut für Transzendentale
Meditation
Hamburg Winterhude
Preystr. 4
2000 Hamburg 60, Tel. (040) 2 70 06 97

TM-Pension und Akademie Insel Föhr
»TM erlernen in den Ferien«
Dörpstrat 8
2270 Oevenum, Tel. (0 46 81) 21 85

Transzendentale Meditation
Christianistr. 10–12
2300 Kiel, Tel. (04 31) 6 46 22

TM Lehrinstitut für Schleswig und
Umgebung
Satruper Str. 23
2387 Böklund, Tel. (0 46 23) 812

Lehrinstitut für Transzendentale
Meditation
An der Mauer 142a
2400 Lübeck 1, Tel. (04 51) 7 75 86

SRM Internationale
Meditationsgesellschaft
Landesverband Bremen e. V.
Parkstr. 97
2800 Bremen 1, Tel. (04 21) 34 13 14

Lehrinstitut Zwischenahn-Bloh
Bloher Landstr. 35
2903 Bad Zwischenahn
Tel. (04 41) 6 94 82

TM-Center Norden
Zuckerpolderstr. 54
2980 Norden
Tel. (04 31) 1 61 52, (0 44 02) 72 62

TM Lehrinstitut
Reimersstr. 17
2950 Leer, Tel. (04 91) 1 47 85

Gesellschaft für Transzendentale
Meditation Hannover e. V.
Bürgermeister-Fink-Str. 15
3000 Hannover 1, Tel. (05 11) 80 61 51

Transzendentale Meditation
Lehrinstitut
Südfeld 12
3100 Celle, Tel. (0 51 41) 8 33 45

Transzendentale Meditation
Lehrinstitut Bad Sooden-A. e. V.
Am Kirschenrain 8a
3437 Bad Sooden-Allendorf
Tel. (0 56 52) 18 00

Transzendentale Meditation,
VEDA-Lehrinstitut Düsseldorf
Duisburger Str. 133
4000 Düsseldorf 30, Tel. (02 11) 49 12 17

TM-Center Essen
Maxstr. 11
4300 Essen 1, Tel. (02 01) 23 13 87

Transzendentale Meditation Münster
1. Waldeyerstr. 46, Tel. (02 51) 89 23 59
2. Staufenstr. 10, Tel. (02 51) 3 45 44
3. Falgerstr. 27, Tel. (02 51) 2 52 71
4400 Münster

Transzendentale Meditation
Lehrinstitut H.-Wanne-Eickel
Gustav-Hegler-Ring 37
4690 Herne 2, Tel. (0 23 25) 4 73 29

Transzendentale Meditation
Borchener Str. 4
4790 Paderborn, Tel. (0 52 51) 7 23 67
und (0 29 43) 25 46

Lehrinstitut für Transzendentale
Meditation
Hedwigstr. 6
4950 Cloppenburg, Tel. (0 44 71) 56 54

Kölner Lehrinstitut für
Transzendentale Meditation
Kaiser-Wilhelm-Ring 6–8
5000 Köln 1
Tel. (02 21) 12 46 33, 68 59 31

Veda-Lehrinstitut Ayur-Veda Beratung
Erlöserkirchstr. 14
5000 Köln 91
Tel. (02 21) 86 22 18, Telefax 34 11 54

Transzendentale Meditation Bonn
Rotkehlchenweg 20
5300 Bonn 1, Tel. (02 28) 66 91 19

Wolfgang Backaus
Emanuel-Felke-Str. 17

5600 Wuppertal 12
Tel. (02 02) 47 20 34 (ab 18 Uhr)

Transzendentale Meditation Hagen
Emster Str. 47
5800 Hagen, Tel. (0 23 31) 5 32 81

Meditationspraxis im Westend
Grüneburgweg 55
6000 Frankfurt 1, Tel. (069) 72 76 72

Transzendentale Meditation,
Lehrinstitut Frankfurt
Staufenstr. 36
6000 Frankfurt 1, Tel. (069) 72 71 93

Ayur-Veda / TM-Center Frankfurt
Praxis Dr. med. Mathias Kossatz
Wiesenhüttenstr. 17
6000 Frankfurt 1, Tel. (069) 23 17 50

Transzendentale Meditation
Königstein
Am Eichkopf 16
6240 Königstein, Tel. (0 61 74) 40 33

Ayur-Veda / TM-Center Bad Homburg
c/o Dr. med. Mathias Kossatz
Heidweg 31
6380 Bad Homburg
Tel. (0 61 72) 8 12 48

Transzendentale Meditation
Saarbrücken
Fechinger Str. 9
6604 Saarbrücken-Güdingen
Tel. (06 81) 87 16 27, 5 49 69

Transzendentale Meditation
Heidelberger Ring 21
6710 Frankenthal
Tel. (0 62 33) 6 31 14

TM-Center Bobenheim-Roxheim
Theodor-Storm-Str. 1
6712 Bobenheim-Roxheim
Tel. (0 62 39) 63 90

Transzendentale Meditation
Schwarzbachstr. 13
6757 Waldfischbach, Tel. Leimen
(0 63 97) 363, Telefax (0 63 33) 53 03

TM / Ayur-Veda Center Gerlingen
Eibenweg 20
7016 Gerlingen, Tel. (0 71 56) 2 41 63

Transzendentale Meditation
Plüderhausen
Spittelberg 1
7067 Plüderhausen, Tel. (0 71 81) 8 27 70

TM-Lehrinstitut Heilbronn
Zehentgasse 25
7100 Heilbronn, Tel. (0 71 31) 8 03 87

Transzendentale Meditation
Panoramaweg 22
7100 Heilbronn-Frankenbach
Tel. (0 71 31) 48 47 81. (May) 4 28 26

Transzendentale Meditation
Lehrinstitut Öhringen e. V.
Röntgenstr. 28
7100 Öhringen, Tel. (0 79 41) 32 33

Gesellschaft für Transzendentale
Meditation Esslingen e. V.
Urbanstr. 19 / 1
Postanschrift: Kastanienweg 31
7300 Esslingen, Tel. (07 11) 37 20 22

Transzendentale Meditation
Scheefstr. 45
7400 Tübingen
Tel. (0 70 71) 5 29 58

Transzendentale Meditation
Konrad-Adenauer-Str. 40
7407 Rottenburg
Tel. (0 74 72) 4 23 64, 54 65

Transzendentale Meditation
Robert-Koch-Str. 21
7410 Reutlingen, Tel. (0 71 21) 4 74 22

Lehrinstitut für Transzendentale
Meditation
Peter-Rosegger-Weg 3
7750 Konstanz, Tel. (0 75 31) 3 31 23

Transzendentale Meditation Karlsruhe
Amalienstr. 63
7500 Karlsruhe 1, Tel. (07 21) 2 70 53

Institut für Ayurveda und TM
Anton-Fischer-Straße 34
7560 Gaggenau-Sulzbach
Tel. (0 72 25) 24 38

Transzendentale Meditation Ulm
Riedleinweg 12
7900 Ulm, Tel. (07 31) 5 62 97

Transzendentale Meditation Center
Biberach
Manlichstr. 19
7951 Ummendorf
Tel. (0 73 51) 2 48 21, 2 93 13

Transzendentale Meditation
Lehrinstitut München
Augustenstr. 79
8000 München 2
Tel. (089) 52 20 36, 52 20 37

Transzendentale Meditation Dachau
Bergstr. 3
8060 Dachau, Tel. (0 81 31) 7 96 27

Institut für Bewußtseinsentwicklung
Transzendentale Meditation
Prüfeninger Str. 3
8400 Regensburg, Tel. (09 41) 2 27 12

Transzendentale Meditation
Ziegelgasse 10
8493 Kötzting, Tel. (0 99 41) 88 87

TM Center Nürnberg
Hochstr. 33
8500 Nürnberg 80
Tel. (09 11) 26 10 90, 35 66 30

TM-Lehrinstitut Augsburg
Maximilianstr. 12/III
8900 Augsburg
Tel. (0821) 39734 und (08236) 1268

Transzendentale Meditation Landsberg
Stoffener Str. 3
8910 Landsberg, Tel. (08191) 5200

ÖSTERREICH

Internationale Meditationsgesellschaft
(IMS)
Österreichischer Verband, Sekretariat
Biberstr. 22/2
1010 Wien, Tel. (0222) 5127859

Österreichische Gellschaft für
ayurvedische Medizin
Maharishi Ayurveda
Gesundheitszentrum
Biberstr. 22/2
1010 Wien
Tel. (0222) 513452, Telex 75311490
IMS, Telefax (0222) 5139660

Dr. med. Johannes Stückler
Prakt. Arzt
8643 Allerheiligen, Tel. (03864) 3669

SCHWEIZ

TM-Info-Service
Kapuzinerweg 9
6006 Luzern, Tel. (043) 313938

TM-Center Zürich und Zürichsee
Hurdnerstr. 20
8640 Hurden, Tel. (055) 483968

Weitere Adressen in den deutschsprachigen Ländern und Gebieten sind in
der Bundesrepublik Deutschland über
die Gesellschaft für Transzendentale
Meditation, 4516 Bissendorf 2,
Am Berg 13, Tel. (05402) 8483, in
Österreich über das Sekretariat in
Wien (s.o.) und in der Schweiz über
den TM-Service in Luzern (s.o.) zu erfragen. Medizinische Forscher wenden
sich an den Dokumentationsdienst der
Deutschen MERU-Gesellschaft,
Am Berg 2, 4516 Bissendorf 2,
Tel. (05402) 8833.
Eine zunehmende Anzahl von Ärzten
hat eine ayurvedische Zusatzausbildung gemacht. Sie bieten in Zusammenarbeit mit den örtlichen TM-Lehrinstituten auch andere der insgesamt
20 Ansätze des Ayurveda (Maharishi-
Ayurveda) an. Ihre Adressen sind zentral bei der Deutschen Gesellschaft für
Ayurveda, Am Berg 11, 4516 Bissendorf 2, Tel. (05402) 7532 zu erfragen.
Dazu kommen drei ayurvedische Kliniken und medizinische Ausbildungszentren:

Gesundheitszentrum Maharishi-
Ayurveda
Akademie Schledehausen e.V.
Am Berg 11
4516 Bissendorf 2, Tel. (05402) 750

Maharishi Institut für Ayur-Veda
Breitenbrunnen
7595 Sasbachwalden
Tel. (07841) 21051
Telefax (07841) 23122

LIEFERANT FÜR MAHARISHI
AYURVEDA-PRODUKTE:
AMRITA Naturprodukte
Am Deutschen Eck 2
5144 Wegberg 3
Tel. (02436) 2404

REGISTER